幼儿园区域活动新思考

黄玉娇　周　霞 ◎ 编　著

西南交通大学出版社
·成都·

图书在版编目（CIP）数据

幼儿园区域活动新思考 / 黄玉娇，周霞编著. —成都：西南交通大学出版社，2019.7
ISBN 978-7-5643-6970-5

Ⅰ.①幼… Ⅱ.①黄… ②周… Ⅲ.①活动课程–教学研究–学前教育 Ⅳ.①G613

中国版本图书馆 CIP 数据核字（2019）第 136629 号

You'eryuan Quyu Huodong Xinsikao

幼儿园区域活动新思考

黄玉娇　周　霞　编著

责任编辑	梁　红
封面设计	严春艳

出版发行	西南交通大学出版社 （四川省成都市金牛区二环路北一段 111 号 　西南交通大学创新大厦 21 楼）
邮政编码	610031
发行部电话	028-87600564　028-87600533
网址	http://www.xnjdcbs.com
印刷	成都蜀雅印务有限公司

成品尺寸	185 mm×260 mm
印张	10.5
字数	256 千
版次	2019 年 7 月第 1 版
印次	2019 年 7 月第 1 次
定价	35.00 元
书号	ISBN 978-7-5643-6970-5

课件咨询电话：028-87600533
图书如有印装质量问题　本社负责退换
版权所有　盗版必究　举报电话：028-87600562

前 言
—— Preface ——

21世纪以来，随着"培养反思性实践者""反思性教学""培养研究型教师""培养卓越教师"等理念的深入，以及我国对幼儿园教师专业发展的日益重视，对幼儿园教师的理论素养、反思意识和能力等方面的培养越发重要。

2001年，《幼儿园教育指导纲要（试行）》颁布，其对我国幼儿园教师的反思性和探究性学习提出了很高的要求。2012年，教育部出台的《幼儿园教师专业标准（试行）》中更是明确提出了幼儿园教师专业理念、反思与发展的基本要求，进一步凸显了幼儿园教师专业理论培养和反思的重要性。理论性积累和反思性实践有助于幼儿园教师实现从"工具性"到"主体性"的超越，并引发幼儿园教师职业形象的重构和培养体系的变革。幼儿园教师必须在持续的教育实践中获得丰富的经历和体验，不断积累理论知识，并对理论和实践进行反思，以不断重构自己的信念、知识和技能体系。但通过实际调研发现，很多一线幼儿园教师往往不敢反思、不擅反思，存在不敢写、不愿写、不想写、写不出的现状，对幼儿园区域活动案例的阐述也不例外。

幼儿园区域活动是自主性、创造性、探究性都很强的游戏活动形式，已被广大幼儿教育工作者所认可、接纳，并进行本土化改造运用。积累有关区域活动的理论知识有助于幼儿园教师专业素养的提升。对区域活动实践教学进行深入反思并形成科研性文章，既有助于幼儿园教师反思自身的工作情况，厘清区域活动开展思路，又有利于幼儿园教师专业成长。本书是在与重庆市北碚区学前教研员和各级幼儿园教师进行充分教研和实践的基础上完成的，是对《幼儿园常规区域活动指导》一书的延续、丰富和升华，全面展示了重庆市北碚区一线幼儿园教师的专业性、实践性和反思性，充分体现了幼儿园区域活动中以周霞老师为首的名师工作室骨干成员们对区域内非骨干教师专业成长的指导理念，凸显了老师们在区域活动中的有效观察、介入与指导艺术，进一步促进了幼儿在游戏中的自主发展和深度学习。

本书是贵州省教育科学规划（重点课题）"基于'U-T(G)-K'合作模式下贵州农村卓越幼儿园教师培养的实践研究（课题编号：2017A051）"的研究成果之一，同时也是重庆市教育科学"十二五"规划2012年度继教专项课题（渝教规办〔2012〕6号）"幼儿园区域活动中骨干教师指导非骨干教师专业成长研究"的研究成果之一。

重庆市北碚区幼教工作者开展区域活动多年，在不断地摸索中积累了丰富的实战经验，在此过程中，老师们不断反思、勤于笔耕，开出了智慧之花，结出了丰硕之果。本书共收录有关区域活动理论与实践方面的优秀反思性教研论文三十余篇，涉及区域活动的意义、区域环境的创设、区域材料的投放、区域规则的制定与空间的设置、区域活动的组织与指导、区域活动的评价等六大方面。其中大部分文章都是团队成员对北碚区各幼儿园区域活动实践的反思，是老师们教育智慧的集结，同时也是高校理论工作者、进修校研训工作者与幼儿园实践工作者密切合作、共同教研的成果。老师们撰写的反思性科研文章标题新颖独特，观察视角独到，内容全面丰富，分析深入浅出，可读性强，具有参考和借鉴的价值。

本书可作为学前教育专业本、专科学生的辅导教材，也可作为从事幼教事业工作者的参考用书。本书具有以下特点：

1. 语言平实，浅显易懂

本书弱化烦琐的理论知识，突出一线教师的实践性反思经验，力求语言上简明扼要、浅显易懂，内容上深入浅出，学生学习后能加深对内容的理解和掌握。

2. 体例新颖，理念前沿

本书体例新颖，层次性较强，充分体现了幼儿园区域活动的新理念、新思想和新思考，让学生通过学习理论知识了解何为区域活动及当下区域活动的研究动态；通过学习区域活动中教师的深入反思性文章，了解区域活动开展背后隐含的教育哲学和价值诉求等问题。为培养道德厚重、知识面广、能力强、后劲足的卓越幼儿园教师打下良好基础。

3. 智慧集结，互促共进

本书是"高校教师—进修学院（教育行政部门）—幼儿园教师"合作成果，各方优势互补，合作愉快，各取所长。

4. 信息量大，值得深思

老师们所撰写的教研文章形式新颖、角度独特、内容丰富、分析到位、观点鲜明，是对幼儿园开展区域活动现状的真实反映。值得一提的是，很多文章已发表在国家级或省级刊物上，如《早期教育》《教育导刊》《幼儿教育》《保育与教育》《家教世界》《今日教育（幼教金刊）》等，体现了重庆市北碚区在区域活动方面"研训合一""教研一体""联片教研""以赛促训"等有益做法，可供其他幼儿园参考、借鉴。

5. 活动完整，反思性强

老师们撰写的一系列区域活动教研性论文不仅是对日常开展区域实践活动的反思与总结，很好地体现了区域活动开展的完整三部曲思路，即"计划—工作—回顾"，凸显了高瞻课程价值理念，有效培养了幼儿敢于并善于反思的良好学习品质，还进一步让老师们实现了从怕写作到善写作的华丽蜕变。

本书是课题研究成果的拓展和升华，也是课题组全体成员汗水和智慧的结晶。本书历时6年，由遵义师范学院教师黄玉娇规划、设计、修改并定稿，并由重庆市北碚区教师进修学院学前教育教研员周霞带领区域幼教团队进行课题实践和成果提炼。课题的主要研究成员及编写人员包括重庆市北碚区教师进修学院学前教育教研员周霞、遵义师范学院教师秦建勋、遵义职业技术学院教师郑卫、重庆市北碚区教师进修学院学前教研员李春雨、重庆市北碚区澄江镇幼儿园园长欧隆芳、重庆市北碚区实验幼儿园副园长汪清娅、重庆市北碚区缙云幼儿园园长王琳，参与研究及编写的人员还有黄先梅、童莉娅、柏承健、李晓林、龚国莲、刘小娟、潘文锐、屈宸羽。

本书在编写、出版的过程中，自始至终得到了编写团队成员、编写人员所在单位及西南交通大学出版社领导和职工的大力支持，在此一并表示最诚挚的谢意。尤其要感谢重庆市北碚区教师进修学院周霞名师工作室团队及重庆市北碚区各幼儿园（包括重庆市北碚区缙云幼儿园、重庆市北碚区朝阳幼儿园、重庆市北碚区实验幼儿园、西南大学实验幼儿园、重庆市北碚区澄江镇幼儿园、重庆市北碚区复兴幼儿园、重庆市北碚区商业职工幼儿园等）在前期做了大量工作，付出了辛勤的劳动，提供了大量的优质幼儿园反思性教研文章与图片。本书在编写过程中参考、引用、借鉴了许多国内外学者的研究成果，在此特做说明并对他们表示衷心的感谢。

虽然全体编写人员为写好本书做了最大的努力，付出了艰辛的劳动，但因时间仓促，水平有限，研究工作才初见成效，仍有很多疏漏和不当之处，诚请幼教界专家和广大读者批评指正，以便不断修订完善。同时，也希望本书的出版只是开始，将来有更多反映一线实战经验的好书不断推出，与广大同行分享。

黄玉娇
2019 年 3 月 30 日
于遵义师范学院教师教育学院

目 录
Contents

上篇　理论篇

第一章　幼儿园区域活动概述 ·· 3
　　第一节　区域活动的核心定义 ·· 3
　　第二节　区域活动的基本特点 ·· 4
　　第三节　区域活动的潜在价值 ·· 5
　　第四节　区域活动的倡导理由 ·· 6
　　第五节　区域活动的设置体系 ·· 7
　　第六节　区域活动的实施建议 ·· 10

第二章　幼儿园区域活动研究动态 ·· 13
　　第一节　区域活动现存的问题 ·· 13
　　第二节　区域活动的发展走向 ·· 15
　　第三节　区域活动的创新模式 ·· 17

下篇　实践篇

第三章　幼儿园区域活动的意义 ·· 21

第四章　幼儿园区域环境的创设 ·· 23

第五章　幼儿园区域材料的投放 ·· 52

第六章　幼儿园区域规则的制定与空间的设置 ·· 67

第七章　幼儿园区域活动的组织与指导 ·· 77

第八章　幼儿园区域活动的评价 ·· 149

参考文献 ·· 158

上篇　理论篇

第一章 幼儿园区域活动概述

【情境导入】

过了年，甜甜就 3 岁了，一眨眼就到了该上幼儿园的年纪。为了甜甜上幼儿园的事情，爸爸、妈妈可愁坏了。家里就只有这一个宝贝女儿，爸爸、妈妈想给孩子提供最好的教育条件，于是爸爸、妈妈开始多方咨询和打听。有人说 H 幼儿园不错，一看就很气派，设施、设备很齐全，活动室也宽敞；又有人建议说 X 幼儿园不错，那里的老师很细心、很贴心，教的东西也多，孩子能学到很多东西。看着邻居家的孩子，有的每天都开开心心的，而有的则哭闹着死活不去幼儿园，甜甜的爸爸、妈妈纳闷了：到底什么样的幼儿园才能让孩子接受到好的早期教育？孩子到幼儿园会喜欢和新同学一起玩吗？怎样才能让孩子在幼儿园健康、快乐地玩耍和学习呢？

近年来，随着学前教育改革浪潮的不断高涨，人们对幼儿主体性学习的认识日益加强。在提倡个性的时代，相较于集体教学模式，幼儿园区域活动作为实施个别化教育的重要组织形式正受到越来越多的关注。因此，本章将围绕幼儿园区域活动的核心定义、特点、潜在价值、倡导理由、体系设置以及实施建议等一系列问题，在理论上对幼儿园区域活动进行系统的阐述与分析。

第一节 区域活动的核心定义

区域活动（area activities）也叫活动区活动、区角活动、学习中心等。区域活动在英文中有多种名称，如游戏区（playing area）、学习区（learning area）等。区域活动是 20 世纪 70 年代从美国引入我国学前教育界的新概念，是幼儿教育阶段一种重要的教育教学形式，这种教育教学形式是以游戏为基本活动，以活动区为空间结构展开的。

关于区域活动，我国学者认为：区域活动是指教师以幼儿感兴趣的活动材料和活动类型为依据，在幼儿园中为幼儿设置一定的教育环境，即活动区，后将活动区的空间相对划分为不同的区域，让幼儿自主选择活动区域，在其中通过与材料、环境、同伴的充分互动进行学习和发展。具体来说，这个概念包含三层意思：

一、区域活动是教师通过材料的投放为幼儿创设的宽松、自由的学习环境

心理学家皮亚杰指出：一个被动的观察者无法获得知识，必须在分析种种活动中自行挖掘或建立知识。由此可见，幼儿的主动活动与教师根据目标精心设计的活动环境及所投放的材料之间有密切的关系。活动区材料的投放是影响幼儿学习兴趣及学习效果的重要因素之一，因而，教师在投放材料时，既要考虑材料的教育用途，又要考虑材料是否能引起幼儿的兴趣。换句话说，所投放的材料既要体现教育价值，同时也要有利于宽松、愉悦的活动氛围的创设，

幼儿能根据兴趣爱好自由地选择活动材料。

二、区域活动强调幼儿的自主选择，关注幼儿的个别需要

区域活动中，幼儿可以根据自身的兴趣自由地选择活动内容、活动材料甚至是活动伙伴，也可以自主决定活动材料的使用方法。这样一来，充分尊重和满足了幼儿的个别化需要，也使幼儿的个性在区域活动中得到展现，最终的目的是促进幼儿身心全面、和谐、健康地发展。

三、区域活动倡导幼儿主动探索，强调幼儿的自我发展

在区域活动中，幼儿是主动的，他们在与环境、材料的互动中不断地进行自我探索并逐渐理解客观存在的现象，从而积极主动地把外部的、物质的东西纳入自我已有的知识和经验中，不断进行同化和顺应，自我教育，自然发展。

第二节 区域活动的基本特点

相较于幼儿园生活活动和教学活动，区域活动主要凸显出以下特点：

一、自由性

由于活动区为幼儿提供了丰富的感性认知材料，因而玩什么、和谁玩、怎样玩，幼儿都完全可以按照自身的兴趣、爱好自由地选择，且选择的余地较大，幼儿有时也可以同时在几个区域中游走，教师一般不会干涉控制，除非是材料争抢、角色争演等幼儿之间的小摩擦上升到恶意冲突时，或幼儿遇到困难、危险等情况时，教师才会介入。

二、自主性

幼儿主动学习的基本条件是幼儿能根据自己的需要选择活动。幼儿在区域活动中具有很大的自主性，区角中的自主主要表现在幼儿对活动内容的自选和活动过程的自主上。区域活动既有助于幼儿自信心和独立性的培养，又能让幼儿在没有压力的环境中自主、愉快地活动，体验到自主的乐趣。

三、个性化

区域活动的目的在于使幼儿的个性得到充分的发展。因而区域活动既强调尊重、关注幼儿的个别差异，又强调教师应深入区域活动进行个别化观察，了解每个幼儿的特点，在此基础上，针对不同的幼儿进行有针对性的个别化指导，助力其成长。

四、指导的间接性

区角活动的教育价值主要依附于各区角操作材料、情境及相应的活动。幼儿通过直接参与多式多样的区角活动而获得多种直接的、自然的经验。因而，在区角活动中教师较少直接

指导，主要以间接指导为主，只有当幼儿的学习活动难以进行或幼儿之间发生严重冲突、争执等情况下，教师才适当介入，进行指导。

第三节 区域活动的潜在价值

一、促进幼儿个体独特性的发展

长期以来，由于受经济水平和传统教育观念的影响，我国现行的教育模式主要还是以集体教学为主，在这种讲求班级固定、场所固定、教师固定的教学模式指导下，学生的个性无法有效突出，个性化教育缺失。新的教育改革思潮不断涌起，尊重个性差异、发展个体独特性是教学的主要目的和价值追求，幼儿教育作为终身教育的开端，更应该引起我们的重视。而在学前教育阶段，区域活动的组织及开展很好地诠释并践行了尊重幼儿个体差异，实现了幼儿个性化发展这一教育理念，其对幼儿发展所产生的教育价值不可估量。另外，其因为符合幼儿的探索学习的特点而成为幼儿最喜爱的教育组织形式。因此，幼儿园教学组织的开展应充分利用区域活动的优势，促进幼儿个体独立性良好地发展。

二、促进幼儿社会性的发展

幼儿的社会特性总是在与一定的社会环境相互作用中得以发展的。而区域活动为幼儿营造了宽松、自由的活动氛围，成功地为幼儿创设了一个小型的社会环境。幼儿在适应环境、与同伴交往的过程中，逐渐习得了符合社会规范的行为方式，有效地促进了自身社会性的发展。具体说来，幼儿在与同伴的活动交往中，会产生一些矛盾、冲突，在冲突的解决过程中，幼儿逐渐学会处理问题、解决问题，在解决问题的过程中，幼儿慢慢学会去自我中心化，学会站在对方的立场上考虑问题，能以客观、公正的态度处理问题，也能快乐地与他人分享合作。与此同时，能适当地评价他人的做法，能对问题进行比较深入的思考，并做出合理的判断。总之，在这一过程中，幼儿逐渐习得合作、分享、谦让等良好的社会性品质。在这一方面，区域活动与教育目的完全契合，即最大限度地挖掘幼儿的社会性潜能，使其心理特征或行为方式不断符合社会规范，区域活动的社会性在教学过程中逐步显现。

三、促进幼儿认知水平的发展

幼儿认知的发展包括幼儿对事物的一切认识和体会。认知不仅是指主体的感觉，同时也包含幼儿对客观事物的自主理解。幼儿在自身所参与的每一项活动里不断地探索，不断地建构、增加或改进认知。无论是从对材料的认识和操作，还是从对活动意图的主观理解上，我们都能看到幼儿的认知能力在不断提升，区域活动以其独特的教育形式为幼儿认知的主动建构搭建了良好的活动平台。

第四节 区域活动的倡导理由

一、符合"以儿童为本位"的教育理念

随着《3~6岁儿童学习与发展指南》(以下简称《指南》)的深入贯彻及幼儿园课程改革的不断深化,广大教师的教育观念有了很大的变化,逐渐从以教师为本向以幼儿为本转变。从《指南》那简短而意味深长的文字中,我们能解读出教师的任务就是为幼儿保持童真、童趣创造各种有利的学习条件,教师能读懂童心,最大限度地让幼儿的成长需求得到满足。区域活动既是幼儿园一日生活的重要组成部分,也是幼儿最喜爱的活动形式,可以为幼儿提供更多自主学习的时间和空间,最大限度地满足幼儿的个体发展差异,关注幼儿身心全面、和谐的发展。从这个意义上说,区域活动的确是以儿童为本位的教育实践,能满足班级中大部分幼儿的需要,能有效地促进幼儿的发展。

二、有助于改变幼儿教育"小学化"倾向

幼儿园区域活动的有效开展对深入贯彻《指南》,促进幼儿主动发展有着重要的意义。我国学者华爱华教授这样说道:"值得欣慰的是,我们至少找到一种有别于中小学的课程组织的特殊形式,那就是'区域活动'。"幼儿园的教育是以游戏为基本活动的,这可以以上课为基本形式的中小学教育区分开来,从而真正体现学前教育的特殊性。近年来,我国幼儿园"小学化"倾向日渐明显,尤其是在偏远的农村地区,主要体现在:第一,教学内容小学化,过早把小学内容搬入幼儿教育;第二,教学形式小学化,主要采用填鸭式的教学组织形式组织授课,幼儿坐着听讲的时间较多,活动较少;第三,教学方法小学化,偏重于知识的灌输,强调技能的训练,相对忽视了幼儿主动学习与探索,违背了幼儿教育的规律和宗旨。而区域活动为幼儿提供了自我学习、自我发现、自我完善的便利条件,其活动氛围相对宽松,活动形式也灵活多样,是幼儿主动、自主探索的游戏活动,可有效避免幼儿园小学化倾向。

三、强调幼儿的主体性地位

每个幼儿不仅是具有独立人格的整体,也是一个具有主体性的整体,是一个主体性正在发展、需要发展的完整个体。对于学龄前儿童来讲,主体性主要表现在自动性、活动性和探索性上。具体来说,自动性是主动性的低级水平,是幼儿在外界刺激下表现出倾向于客体的特性,即当外界新奇事物引发了幼儿的好奇心时,幼儿的探索欲望也自动被激发。活动性是能动性的低级水平,现代幼儿发展理论和教育理论在"幼儿是如何发展的"这一问题上已基本达成共识,都认为幼儿的发展是其个体因素与环境主动、积极地相互作用的结果,这一相互作用的结果就是活动,而活动是幼儿发展的基础和动力。探索性是创造性的低级水平,表现为幼儿在探索的过程中求知、发现的特性。而区域活动具有自主性、整体性、个别性、社会性等多方面的特征,为幼儿提供不同的实践活动,是使学龄前儿童主动性获得适宜发展的有效的教学组织形式,也从根本上改变了幼儿被动接受教育的状况,使得幼儿教育更加的优化和科学。

四、保护幼儿的创造性和想象力

皮亚杰认知发展理论认为：幼儿的创造想象是在与环境的相互作用中发展起来的。只有创设良好的物质环境才能使幼儿的自主活动有所体现，从而更大程度地促进幼儿创新能力的发展。区域活动注重为幼儿创设生动、活泼、自主的学习环境，提倡教师的隐形指导，寓教育目标于看似松散的小组活动中，这种学习方式对幼儿创造性和想象力的培养有着特殊的作用，区域活动也成为促进幼儿创造性和想象力发展的有效途径。理由主要有以下几个方面：首先，区域活动为幼儿提供了丰富、多层次、富有创造想象的活动材料。幼儿的想象及创造离不开物质材料，各式各样的活动材料保证了幼儿活动的质量，促使幼儿在不断地尝试中激发出更多创造和想象的火花；其次，区域活动允许幼儿自由选择，自主探索，即幼儿可以根据自身的兴趣、爱好和性格特点，选择自己喜欢的活动内容和活动方式，给予了幼儿自由活动的机会，营造了一种相对宽松的心理氛围，这种心理氛围也最容易激发幼儿的自由创造和大胆想象，促进幼儿创新能力的提高。

第五节　区域活动的设置体系

一、区域活动种类

幼儿园区域活动是幼儿选择某一个区域空间进行的游戏活动。对幼儿园区域活动的类型以及每一类区域活动的理解是教师有效开展区域活动的前提。我国学者董旭花认为，按照区域活动的性质可以把区域活动分为三种类型：常规性区域活动、特色性区域活动、主题性区域活动。一般来说，我国幼儿园区域活动的实施主要是这三种类型，但大多数幼儿园较为常见的是常规性区域活动，常规性区域也是本书重点探讨的区域。

（一）常规性区域

幼儿园常规性区域大致又可以分为：创造性游戏区和自主性游戏区两种类型。

1. 创造性游戏区

创造性游戏区主要分为角色区、表演区、建构区。这种类型的区域强调幼儿的自主创造。一来，这种区域一般较为热闹，是幼儿喜欢参与的；二来，这种区域具有较大的创造性和情节的多变性，因而适合幼儿创造性地表现自我想象和情感。

2. 自主性游戏区

自主性游戏区主要包括美工区、阅读区、益智区、运动区、科学区、沙水区。这一类型的区域带有较强的学习目标性，教师通常会依据一定的教育目标投放材料，幼儿通过对材料的操作习得一定的生活技能，掌握一些学习方法。因此，这类区域既强调操作和实践，也强调幼儿在区域中学会主动思考，以及幼儿在这一过程中自主学习习惯的养成。

（二）特色性区域

在创设区域活动时，教师要考虑幼儿的个体差异，让每个幼儿在原有水平上实现富有特色的发展，特色性主题活动区就这样应运而生。特色性主题活动区旨在为幼儿创设自由、自主的活动环境，组织和开展丰富多彩的、具有特色的区域活动，以此来满足不同幼儿的发展需求，同时，在特色性主题活动区中也强调最大限度地利用特色材料，使材料充分地"活"起来，以材料作为影响幼儿的媒介，充分发挥其价值。

（三）主题性区域

主题性区域主要指根据主题教学活动中的目标、活动内容，在区域中投放跟主题教学活动相关的活动材料。简单地说，就是指教学活动与区域活动相融合，根据主题教学活动的需要，随时把主题教学中需要的材料投放到相应的常规区域之中，或根据主题活动需要有计划、有步骤地创生主题性活动区，让幼儿能在区域活动中自主活动，实现主体性发展。

二、活动区设置的原则

活动区的设置既要考虑幼儿的发展，又要考虑幼儿园各方面具体的情况，形成具有本园特色的兼具艺术性、教育性、发展性、多样性的有特色的空间，促进幼儿的发展。活动区设置应遵循以下原则。

（一）教育性原则

幼儿园活动区的创设应遵循教育性原则，应根据一定的教育目标来设计幼儿园的区域环境和进行相应的材料投放。幼儿园教师根据自身设定的教育目标和本班幼儿发展的实际水平，有目的、有计划地选择合适的教育内容和主题，创设有效的活动区域供幼儿探索学习。

（二）整体性原则

一方面，将活动室的空间布局想象成一个整体。因此，在创设区角环境时，应先有一个整体的活动室空间布局，而不仅仅指向某一个区域的环境创设。为此，强调活动区内的墙面设计、矮柜摆设，以及色彩、造型上一致、和谐，要达到一种整体的即视感，能让幼儿在整体、舒适、有序的环境中尽情地展现童真、童趣。另一方面，幼儿的发展是连续不间断的，因而活动区的创设也应涵盖幼儿发展的每一个方面，即应包含五大领域的内容，从而满足幼儿知识与技能、过程与方法、情感态度与价值观等多方面发展的需求，各个区域相互渗透，有机地组成一个整体，这样就保障了幼儿完整的、独立的、整体发展的需求。

（三）共同发展性原则

在活动区域设置上，首先，要考虑幼儿的年龄发展特点。在小、中、大班的区域环境创设中，要以幼儿的年龄特征为出发点，建构适合不同年龄幼儿发展的区域环境。与此同时，要充分尊重幼儿个体发展水平的差异。活动区的创设应以幼儿的发展水平为依据，充分尊重幼儿的身心发展规律和特点，在此基础上投放多层次、多样式的活动材料，以供不同水平的幼儿操作，从而使所设置的区域和所投放的材料既符合幼儿的发展水平，又满足幼儿个别活动的需要。

（四）动态性原则

区域活动的内容和主题不是一成不变的，而是可以根据需要，随时由幼儿进行创新和演变。具体设计如下：材料的操作方式、规则的制定等都可以由幼儿自行商定，使幼儿主体性地位得到充分的发挥，而教师要做的就是根据幼儿的发展水平和活动需要随时补充、替换材料，如空间不足，要随时对空间进行展开和收拢等处理，方便幼儿与区域同伴共同学习、共同探索，从而得到更好的发展。

三、区域活动的空间创设

《幼儿园教育指导纲要（试行）》（以下简称《纲要》）中明确提出："幼儿园的空间、设置、活动材料等常规要求应有利于引发、支持幼儿的游戏和各种探索活动，有利于引发、支持幼儿与周围环境之间积极的相互作用。"从《纲要》中我们可以看出，要通过空间、设施、材料引发和支持幼儿的活动与探索，主张给幼儿创设多种多样、层次丰富和具有自主选择性的空间环境，让每个孩子都有机会通过自我探索的方式与环境产生积极的互动。那么活动空间又该怎样进行安排和利用才能发挥较大的价值呢？活动区的安排一般有两种，一种是开放式的，另一种是区隔式的。开放式的空间方便幼儿进行规则游戏、大规模的团体游戏，而区隔式的空间便于幼儿开展组群的合作性游戏，以及通过操作材料而进行的探索性游戏。下面，主要围绕"区域空间的分隔""公共空间的利用"以及"区域设置的配备参考"具体展开论述。

（一）区域空间的分隔

区域空间的分隔是指用不同的分隔物把活动空间分为若干个区域，玩具和材料分别固定在各个区域内，游戏时幼儿可以根据需要自行选择区域。区隔物必须轻便、灵活，能为幼儿的游戏需要提供便利。幼儿园常见的区隔物主要有：（1）矮柜。便利之处在于柜面可以当操作台，柜子里可放置相应的玩具材料，且矮柜不会阻挡幼儿的视线，便于幼儿在各个区域选择和流动，不仅如此，矮柜还较容易重新组合，可进行灵活调整。（2）垂吊饰品（布帘或屏风）。用垂吊饰品分隔能使每个区域的空间设计一目了然，而且节省了空间，使区域活动能在有限的空间里顺利进行，同时也便于幼儿在各个空间活动。

（二）公共空间的利用

幼儿园每个班都有一个相对独立的教学活动室和午休室。传统观念认为，除了主要的活动室外，其他空间都属于非活动空间，但也可以进行充分的利用，使其发挥区域的功能。一般来讲，午休室、盥洗室、走廊、过道、门厅、楼梯拐角处和楼梯下面或者人为创设的双层空间等，在保证安全的情况下，都可以作为活动空间加以充分利用。

（三）区域的空间布局

首先，每个班级应根据具体的情况明确活动区的数量，如果幼儿园的硬件设备较好、师资力量充盈且能有效地保障活动区活动的顺利开展，则可以根据条件多设置一些活动区。有条件的幼儿园还可以设置大型的专项活动区（室），如音体室、陶艺室、美术创意室等，提供完整的设施和丰富的材料。空间环境较为紧张的幼儿园，在保障安全的前提下，也可以充分利用睡眠室、走廊、门厅及室外活动场地为幼儿打造灵活、多变的活动区。其次，具体的活动区域布局应以幼儿的实际水平和发展需求为依据，将幼儿的探索兴趣、经验及作品展示有机整合起来，为幼儿在各个活动区进行便利的活动创造有利的条件。具体来讲，在对活动区进行规划时，既要考虑偏向安静的区域与偏向喧闹的区域之间的分隔，如阅读区与表演区、音乐区与绘画区应分开，与此同时，也要考虑区域之间资源的有机整合，如美工区和表演区相邻，可将美工区创造的材料很好地变成表演区的活动材料，这样一来，不同区域之间的资源得到了有机整合，便于幼儿互动。此外，活动区域也强调遵循一定的客观特点进行创设，如美工区、科学区设置在靠窗户等相对明亮的光线环境中。

第六节　区域活动的实施建议

由于受场地的限制，所投放的活动材料也较为有限，如果教师不进行合理的组织指导，幼儿园组织和实施区域活动将举步维艰。鉴于此，我们应该思考如何最大限度地利用区域活动促进幼儿获得真正发展。下面，具体围绕空间、材料以及规则展开讨论。

一、空间实施策略

区域活动是一种通过创设若干区域，让幼儿通过自主学习获得个性发展的活动组织形式。其中，活动区域空间的布局是影响幼儿活动效果的重要因素，为此，教师需要注意以下几个方面：

（一）合理安排不同性质的活动空间

首先，偏喧闹的活动区应与需要保持安静的活动区分开，避免使正在安静的活动区开展活动的幼儿被扰。例如，需保持安静的阅读区、益智区等可以设置在离门较远的地方，而偏喧闹的表演区可以设置在离门稍近的地方。其次，相关的区域应尽量靠近。如幼儿美工区完成的作品可以作为表演区的道具，因此这两个区域可以安排在一起，方便幼儿互动。最后，用水较多的区域，如美工区等可以设置在离盥洗室较近的地方，以方便幼儿展开活动。

（二）主张封闭性与开放性相结合

在创设活动空间时，教师应尽量选择诸如矮柜、开放式栅栏以及布帘、屏风等垂吊饰品作为区域空间的隔离物，这样一来，既能使每个区域具有相对独立的空间，又能使区域与区域之间保持一定的互通性。封闭是为幼儿提供了一个独立的空间开展活动，使其免受打扰，而开放是将区域之间的价值有机组合成一个整体，促使活动向纵深化方向发展，从而最大限度地满足幼儿的发展需求。

（三）尽量避免"死角"的出现

若区角设置在教师无法观察到的区域，那么极易导致两个方面问题的产生：一方面，幼儿的安全不能得到很好的保障；另一方面，教师无法直接观察幼儿，并对其正在进行的活动进行指导，导致幼儿的发展长时间停留在原有水平上。为此，教师在设置区域时，应尽量避免"死角"的产生，以便教师能对所有区域进行观察，从而及时地为幼儿提供帮助，指导幼儿更加有效地开展活动。

二、材料实施策略

皮亚杰说："儿童的智慧源于材料。"在区角活动中，影响幼儿活动效果最主要的因素之一就是材料。材料是区域活动的物质支柱，是幼儿活动顺利开展的前提，如何才能做到有效地投放区域活动材料？以下几个方面值得注意。

（一）活动材料的投放要有目的性

区域活动材料的投放既要考虑幼儿身心发展的特点，又要具有教育性，即材料是为教育目的服务的，要依据一定的教育目的投放材料。为此，强调教师应对本班幼儿的培养目标有一个清晰的认识，并在此基础上有针对性地投放促进幼儿发展的活动材料，如为促进幼儿精细动作的发展，教师可有选择地投放一些与"夹纸团""穿线板""扣纽扣"等活动相关的材料。

（二）活动材料的投放应具有多样性

首先，活动材料类型多样，即既有现成的活动材料（成型的玩具），也有自然的材料（树叶、贝壳、种子等），同时也包含自制的活动材料（玩具）；其次，强调活动材料样式多样，即投放材料时应注意投放不同颜色、形状、大小、特征的活动材料，让幼儿能在反复的操作过程中对这些材料加以仔细观察和辨认，反复尝试，不断思考，增强幼儿活动的持久性，拓展幼儿思维的宽度。

（三）活动材料的投放应具有层次性

不同年龄的幼儿具有不同的心理发展特点，因此，他们对区域活动材料的需求也各不相同。教师应根据不同年龄阶段的幼儿投放适宜他们的活动材料。例如，小班幼儿操作能力较弱，注意力不够集中，教师可以为其投放种类较少、数量较多的简单的活动材料；中班幼儿动手操作能力有了一定的发展，并且积累了一定的生活经验，教师可以为其提供一些有一定操作难度的半成品材料，促进其群体合作行为的发生。相较于小、中班的幼儿，大班幼儿的语言表达和逻辑思维能力发展迅速，教师应为大班幼儿投放一些富有挑战性的材料，让其探索性活动得以继续深化。

三、规则实施策略

区域活动符合幼儿爱玩的天性，能够满足他们自己动手的心理需要，是幼儿园实施个别化教育、促进幼儿个性发展的有效途径。在以个性化学习、探索为目的的区域活动中，合理化规则的建立极为必要，它能促使幼儿区域活动的顺利开展。

（一）规则的制定策略

区域活动规则的制定应由教师和幼儿共同协商完成，教师要积极鼓励幼儿参与到活动规则的制定中。幼儿园区域活动的组织涉及活动的编排、玩法的介绍以及材料的准备等多方面的工作，因而规则的制定也是形式多样的，总的来说，一般可分为以下三种情况：

1. 影响活动正常开展的必要规则应由教师提前制定

由于幼儿年龄小，自我保护意识还比较弱，出于安全、卫生、秩序等方面的考虑，教师在活动开展前就要制定明确的规则，以保障幼儿区域活动的正常进行。

2. 以区域活动中的"问题"为向导，教师与幼儿共同商定规则

当幼儿在区域活动中发生矛盾或起争执且不能自行解决时，教师就应与幼儿共同商讨制定相应的活动规则，以避免类似的问题再次出现，使活动开展受到阻碍，或陷入"僵局"。在协商的过程中，教师要尝试引导幼儿对他人的愿望和意图加以理解，学会站在他人的立场上思考问题。

3. 出现"争执性"的冲突问题，幼儿应自行商定规则，修正解决

在区域活动的开展过程中，同伴之间难免会发生一些小摩擦，起一些争执，争执的过程既是幼儿保持自我、展现自我、争取主体权利的过程，又是幼儿认识到他人合理权利存在的过程，因此，幼儿在区域活动中发生争执时，教师应积极地鼓励其自行商讨解决的办法，把主动权交到幼儿手上，让他们自行商定规则，解决矛盾。

（二）规则的遵守策略

具体来说，规则的遵守策略主要有以下三点。

1. 暗示指导

幼儿教师可以通过区域环境的布置告诉幼儿这个区域的规则，如有的活动区建立以后，最多能容纳5人，教师可以在活动区进门处挂5个小手牌，或者以控制活动区椅子的数量等方法告诉幼儿这个活动区的活动规则。

2. 图示指导

有些活动区的活动规则可以通过贴标识图的方式让幼儿知晓。幼儿教师可将标识图贴在显眼的位置，提醒幼儿遵守活动规则，如用贴"筷子"的标识图告诉幼儿用完活动材料后应将其放回原处，或贴上"小熊"的标识图表明这是"小熊之家"。

3. 教师提醒

幼儿教师的提醒主要有两种方式，即语言提醒和动作提醒。如当有些幼儿不了解活动规则而干扰了其他幼儿的正常活动时，教师可以用温柔的语气对其进行善意的提醒。如"宝贝，这样做是不对的""你觉得这样做好吗？"又如，当幼儿由于不懂规则而无法进行活动时，教师可以通过扮演角色的身份帮助幼儿理解活动规则。以"娃娃被乱扔"为例，教师看到布娃娃被扔在地上，衣服也没穿好，就过去抱起布娃娃，并扮演布娃娃，教师哭着说："我被摔得好疼呀！""我好冷呀！""我头有点疼。""妈妈（爸爸）赶快抱我去医院看看吧！"这样的行为提醒既帮助"妈妈（爸爸）"认识到不应该乱扔布娃娃，同时使游戏情节生动有趣。

第二章　幼儿园区域活动研究动态

【情境导入】

某幼儿园的运动场上摆放着攀爬网、独木桥、高跷、跳袋、推车等运动器具，小朋友们自由选择好器具后便开始玩了起来。教师C观察发现攀爬网、独木桥等器具被冷落，较少幼儿喜欢玩。过了一会儿，一个叫天天的幼儿对自己的好朋友亮亮说："我们一起去玩攀爬网，好吗？"亮亮一个劲地挥手摇头说："不，不，不！很吓人，我害怕！"天天又指着一架稍微矮一点的独木桥说："那我们一起去玩独木桥吧，这个矮一点，就不用害怕了。"可亮亮还是很害怕，对天天说："还是你自己去吧，我不喜欢玩那个。"说着就和旁边的朋友去玩小推车了。天天也没了兴致，就这样，也没玩了。后来，运动区的攀爬网只有天天一个人在那里玩，一连许多天都是这样。虽然教师C不断鼓励幼儿，但是在运动活动区内，能像天天那样想去、敢去玩攀爬网的小朋友比较少。教师C认为运动区中像攀爬网、高一点的独木桥没能真正吸引孩子们，运动区的价值没有得到真正的发挥。为此，老师C深感困惑，该如何准备、投放活动区的材料，以及如何指导活动区活动的开展才能使其价值得到最大限度地体现呢？

第一节　区域活动现存的问题

纵观幼儿园区域活动的开展情况，发现存在以下问题：

一、区域活动目标不明确

（一）对区域活动的认识不够

受传统教学观念的影响，在实际的区域活动的教学过程中，部分教师对区域活动没有形成正确的认识，通常把区域活动看成是一种教学形式的补充，认为区域活动可有可无。有的教师即便组织开展了区域活动，也将其当作集体活动来进行，没能正确认识到区域活动与集体教学活动以及一日生活活动的不同，对区域活动的独特价值没有形成一个客观的认知。

（二）设置区域活动的目标含糊

幼儿园教师对要设置哪些区域、设置的区域最终要实现哪些目标、通过什么材料帮助其完成这些教育目标等还不够明确。幼儿园每一类区域活动都有其专属的游戏材料、专属的活动内容，幼儿通过操作这些材料进行探索学习，不同的区域活动对幼儿的各方面能力和技能的发展搭建了良好的学习平台。这些区域活动是与幼儿园五大领域教育有机融合的，是与五大领域课程目标相呼应的。如果教师对这些区域活动的目标考虑不足，极易导致区域活动形式化、区域活动的教育价值被弱化等问题。

二、材料投放存在问题

（一）区域活动材料匮乏

区域活动中所投放的材料匮乏主要表现在两个方面：一方面，各区域中可供幼儿操作的活动材料过少；另一方面，材料的利用程度不高，在很多区角中投放的材料大都成为一种"摆设"，如有的幼儿园设置的"娃娃家"，有小床、小桌子、小椅子和小柜子，以及其他幼儿需要用到的"生活用品"，像洗衣机、电视机、冰箱、录音机等，这些"生活用品"都是利用废旧的包装盒改装的，但这些材料本身不是真正供幼儿操作的，而且占用了大部分区域空间，活动区材料的价值没有得到体现。

（二）区域活动材料投放较为固化

活动区教育功能的发挥是通过所投放的材料实现的，幼儿通过对活动材料的操作和探索获得关键经验。而材料是否新颖会影响幼儿参与活动的兴趣，新颖的材料更容易引发幼儿的探索行为，反之，则难以使幼儿保持兴趣和热情。而现实的境况却是，大部分幼儿园活动区活动的材料长期固定不变，没能及时更新，活动区的材料有时一放就是好几个月，甚至是一个学期，这无疑让幼儿处于一种被动选择的尴尬境地，时间一长，幼儿对活动区材料进行探索的欲望也渐渐消退了。

（三）所投放的材料层次性体现不足

很多幼儿园可能存在相同的问题，即不同年龄段班级活动区的材料"雷同"，材料投放缺乏层次性。换句话说，所投放的材料忽视了幼儿的年龄特点和兴趣需要，幼儿对教师所提供的材料缺乏操作兴趣，材料的应有价值没有得到体现。

三、幼儿园教师指导不合理

（一）教师限制过多

区域活动强调以幼儿自主、自由的活动为主，教师间接指导为辅，然而在实际的操作中，还存在着部分教师对幼儿指导过多的现象，有些教师甚至限制幼儿自主选择、自由活动。教师为保证秩序，常安排幼儿玩这个区域，或者玩那个区域，与此同时，对于幼儿的操作活动进行过于细微的指导，忽视了幼儿自主性的发挥。

（二）指导的随意性大

有些教师在区域活动中充当"知识的传授者""纪律的维持者""矛盾的调节者"等角色，他们东走走、西看看，甚至不知道幼儿在想什么、打算干什么，也未能及时关注幼儿的活动进展，而盲目地进行指导，指导的随意性较大，流于形式。

四、区域活动评价方面存在问题

（一）对区域活动评价的重视不够

活动评价是幼儿教育体系中不可或缺的重要组成部分，是检验活动目的达成与否的关键所在。幼儿园区域活动评价是教师对幼儿在区域环境中玩玩具、与同伴交往的自然表现进行观察记录，据此评价幼儿活动中的情绪状态、认知和经验水平、兴趣需要、利用游戏材料的情况、语言水平、社会性表现以及游戏的自主性、创造性等，教师对幼儿区域活动的评价有利于其了解幼儿的活动水平，以便更有针对性地指导幼儿的活动。但在大部分幼儿园区域活动的实践中，教师的评价活动往往被忽略了，没能引起足够的重视。美国幼儿教育协会（NAEYC）视教师的评价为"观察、记录幼儿的活动内容和活动方法的过程，是各种影响幼儿发展的教育决策的基础"。

（二）评价过程不合理

1. 评价的"套路化"

我们经常能听见教师这样问孩子："你今天都玩了一些什么呀？""玩得开心吗？""你觉得你们的小房子搭得好不好看呀？""嗯，你今天做的剪纸作品特别好看。""哇，你画的花可真好看。"教师每天都重复同样的话，这样的评价不仅语言单调，而且作用不大。

2. 评价的"层次低"

大部分教师对幼儿活动的评价主要体现在幼儿对活动的操作方面，忽视对幼儿情感、态度和价值观等方面的评价，难以深入化，存在评价水平不高、层次低的问题。

3. 评价的"一言堂"

在区域活动的评价中，教师与幼儿常常处于一种不平等的状态，只是教师一人对幼儿的活动进行评价，没能发挥幼儿自主评价的功能。如在区域活动中我们经常听见老师这样评价："×××小组收拾玩具最快。""××小朋友做得真像。""××小组活动时比较安静，玩得最好。"等。老师说完活动就结束了，缺乏多元主体的良性评价机制。

第二节 区域活动的发展走向

近一二十年来，区域活动作为我国幼儿园课程的重要组成部分，在幼儿园日常教学中发挥其独特的作用和价值，许多幼儿园纷纷探索有效开展区域活动的方法及策略。值得欣慰的是，一些幼儿园园长和教师已经不再简单借鉴和模仿欧美国家有关幼儿园区域活动的经验，而开始把目光投向区域活动或活动教学区背后的教育哲学和教育理论，关注其知识基础和价值诉求，开始走向一种反思、以儿童为中心的教育实践。

一、以幼儿活动为载体，实现课程资源的整合和共生

现今，整合教育资源在幼儿学习与发展中的作用已逐渐为人们所认知。为幼儿提供整合的课程资源，也成了幼儿园改革的一个重要方面。《幼儿园教育指导纲要（试行）》要求教师"注重各领域内容的相互渗透，强调从不同的角度促进幼儿情感、态度、知识、技能等方面的发展"。将"整合"作为一条主线贯穿于区域活动中十分必要，这是因为幼儿身心发展规律和特点决定了幼儿教育必须是整体性的教育。也就是说，幼儿园活动内容设计应该而且必须是

从幼儿素质全面、综合地发展出发，积极关注各教育因素间的相互融合及渗透，活动内容的设计须体现出幼儿教育的整体观。在具体的实践过程中，教师应围绕幼儿生活的核心经验选择活动主题、创设活动环境、投放相应的活动材料，努力实现各区域间的有机互动和整合，以此来实现幼儿的发展，使幼儿获得全面综合的影响。除此之外，还应积极关注幼儿活动中生成的有价值的活动内容，合理、有效地将其纳入教师的预设活动中，与此同时，教师也应努力为幼儿设计具有探索性的区域活动环境，为幼儿的自由发展搭建更宽、更广的平台，从而实现幼儿更加全面的发展。

二、以专业指导为支点，促进幼儿活动水平的提升

区域活动中教师的专业化指导是其专业水平发展的一部分。区域活动是学前教育区别于中小学教育的特质，对其进行组织和指导是学前教育专业特殊性的体现，因此，提升教师的区域活动专业化指导水平是充分发挥区域活动的特殊价值较为关键的一环。我国颁布的《幼儿园教师专业标准（试行）》把教师对幼儿游戏活动的支持与引导作为幼儿园教师必备的七大专业能力之一，提升幼儿教师专业指导水平一直是幼儿园区域活动指导研究的前沿问题。在教师的专业化指导中，最重要的就是观察，通过观察，教师可以全面了解幼儿的发展状况，了解幼儿个体化的行为，与此同时，在观察的过程中，教师应全面掌握幼儿的游戏进程，了解幼儿存在的问题，选择恰当的介入时机和合理的介入方式对幼儿的活动展开指导，在促进幼儿活动水平提高的同时，教师的专业化水平也得到了提升。总的来说，教师指导的专业化主要是基于观察的水平，对指导的必要性、时机、方法、手段等问题进行全面思考后所采取的适当的策略。

三、以"学习故事"为依托，革新幼儿发展的评价模式

对幼儿区域活动的评价是非常重要的，不仅可以帮助幼儿建构系统的学习经验，而且能使教师和家长看到幼儿的发展、变化。"学习故事"是一套来自新西兰的儿童学习评价体系，是一种叙事性儿童评价方法，由"注意、识别、回应"三个部分组成，与教师实践智慧生成的"认识、评价和决策"的逻辑线索高度吻合。它不仅是一种评价幼儿学习的手段，更是一种理念，一种以幼儿为中心的，教师与幼儿一起工作的思维和行为方式。采用"学习故事"对区域活动进行评价，以"叙事"的方式记录、评价和支持幼儿的学习，评价的焦点落在幼儿的学习过程上，可以体现幼儿在活动学习时的情境性，可以把学习的社会性特征和学习效果结合在一起。但将"学习故事"作为一种评价方法运用到区域活动中还需要在本土化的基础上不断地进行实践探索与研究。集大家的智慧于一体才能更好地将两者结合起来，从而更好地促进幼儿在区域活动中健康成长。

综上所述，幼儿教师要充分发挥区域活动促进幼儿快乐成长的作用，必须正视幼儿园区域活动中存在的问题，秉持儿童本位、培养幼儿全面发展的价值理念，了解幼儿园区域活动的发展趋势，采取有效措施优化幼儿区域活动。

第三节 区域活动的创新模式

一、三点架构——推进区域内容，凸显生活特色

（一）捕捉生活焦点，创设区域内容

在幼儿日常的生活中，有很多的焦点话题能深深地吸引幼儿，引起幼儿的兴趣。为此，教师可以围绕幼儿感兴趣的话题，或者与幼儿密切联系的生活现象，选择其中有教育价值的焦点，为幼儿创设新的活动区域的内容。这样做，不仅满足了幼儿的需要，也兼顾了活动的生活教育价值，同时，也使得区域活动具有浓浓的班级特色。

（二）聚焦活动热点，丰富区域内容

幼儿的个体差异不同，幼儿对区域活动的喜爱也不同。但总有一些区域活动以其独特的魅力吸引着大多数幼儿的兴趣。为此，教师可以多思考，将这些热点活动变成丰富区域活动的素材，用于拓展幼儿的创造空间。

（三）关注材料亮点，拓展区域内容

材料是引发幼儿活动思考、智力发展的关键。因此，及时发现幼儿热衷的活动材料，可以有效地拓展区域活动的内容。让幼儿在活动材料的探索过程中感受到自由、自主的快乐，从而能尽情地释放、真实地表达自身的情感。

二、双向挖掘——推新材料价值，形成班级特色

（一）"一物多玩"巧发现

在区域活动开展的实践过程中，我们经常能看到幼儿对活动材料进行出其不意的新改造，变幻出新玩法。幼儿热衷于对生活中随处可见的材料进行多种玩法的探索，因此，教师可带领幼儿一起对废旧材料进行深层次的挖掘利用，经过精心设计，使之变为能体现层次性、渐进性、差异性的区域活动材料。对废旧物品进行巧妙的开发、利用，既增加了幼儿对活动材料改造的乐趣，同时也体现了低碳、环保的理念。各个班级的幼儿如都能在老师的带领下进行材料的改造、利用，班级特色及区域活动特色将逐渐形成。

（二）"一物多玩"妙运用

一种游戏一成不变的玩法很容易让幼儿失去兴趣，而同一种游戏用不同的材料完成，则有助于保持游戏的新鲜度，延长幼儿的游戏兴趣。因此，教师与幼儿应充分挖掘材料的多种玩法，在这个过程中，教师应激励幼儿积极思考，努力促进幼儿创新能力的提高。

三、三维共享——创新活动方式，打造开放特色

（一）同龄区域互访

为使教师们精心设计的区域活动得到最大化的利用，幼儿园可以进行统一部署，安排同

龄不同班级一周一天或一月一天共享区域活动，这样不仅能使幼儿有更多的机会感受到班级以外的区域活动带来的乐趣，促进自身的发展，同时，出于对新鲜事物的好奇，幼儿的探索欲望能较好地保持。

（二）混龄区域共享

关注幼儿的兴趣和爱好，强调幼儿的感受和体验，突出幼儿的个性化和社会性的发展，推广多元化的教育模式已经成为学前教育的发展趋势。混龄区域活动作为一种新的活动组织形式，符合学前教育的发展要求。目前，大部分幼儿园已经认识到混龄区域活动的特色，并积极进行实践探索。在混龄区域活动中，环境的布置、制度的制定、材料的投放、活动的频次等，教师都应精心安排和设计，力求最大限度地发挥区域活动对幼儿发展的积极作用。

（三）特色区域异园互补

近年来，联片教研活动在各省、市、县级幼儿园中如火如荼地进行，围绕各幼儿园（包括民办园和公办园）之间联手实现区域活动的联动的探究也不在少数，但大都以提升教师专业发展为落脚点，即讨论教师该如何更好地组织和开展区域活动。对各园特色区域活动联动研究关注的程度还不够。为此，想真正打造出具有开放性的特色活动区域，各个园之间相互进行有特色的经验学习必不可少。幼儿园应组织教师对其他幼儿园有特色的区域活动进行学习和借鉴，再结合本园的实际情况，总结创造性地开展区域活动的实践经验，积极打造具有本园特色的区域，从而促进孩子身心全面、健康地发展。

下篇 实践篇

【情境导入】

小吴是幼儿园里公认的教育教学能手，她思维活跃，热爱幼儿，干起工作来风风火火，工作能力被园领导和家长们所认可。有一次，区教委组织全区幼儿园开展教研论文比赛，园长积极鼓励园内老师参加，小吴老师内心很抵触也很紧张，她不想写、不愿写也写不出来。其实小吴老师很想参赛，内心有很多想法想要表达，自己也做了很多事情，但就是写不出一篇像样的文章，写的文章跟记流水账一样，她觉得写幼教类论文比登天还难。眼看身边的很多同事都得到晋升或评优评骨干，她更是着急。为什么小吴老师写不出文章，觉得写文章比登天还难呢？

上述案例中，为什么小吴老师不想写、不愿写、写不出呢？笔者认为小吴老师缺乏专业理念和反思意识。一个教师的专业技能固然重要，但更为重要的是价值取向、专业理念及反思意识等。本章旨在通过收集和呈现有关幼儿园区域活动的一系列优秀教研论文，丰富教师的专业知识面，提升教师的专业综合素养，引导教师学会从各个不同维度思考问题，培养反思意识和批判精神，将理论与实践有机结合，开出智慧之花，结出丰硕之果。

第三章 幼儿园区域活动的意义

共享区域：开展幼儿园混龄教育的有效形式

遵义师范学院教师教育学院　黄玉娇

混龄教育为儿童提供了一种独特的教育生态环境，对促进儿童的身心发展和社会化进程具有积极意义。特别是随着我国计划生育政策的实施，独生子女越来越多，这些独生子女在个性发展上普遍存在着独立性差、交往能力弱及自我中心等特点。因此，有必要在幼儿园中通过一定程度的混龄教育的形式，让幼儿在异龄交往中增强积极情感体验和提高社会性交往水平。而"共享区域"作为一种利用班与班之间相邻或共用的空间设置的活动区域，可以在不同年龄班之间设置，其能增强孩子们的交往能力和积极情感体验，实现幼儿园混龄教育的有效开展。

一、共享区域能促进幼儿社会认知能力的发展

社会认知是社会行为的基础，它是个体对自我、他人及人际关系的认知，是幼儿社会性发展的重要内容。已有研究证明，幼儿的社会性认知具有明显的"自我中心"特点，幼儿不能站在他人的立场上看问题，缺乏社会观点采择能力。而共享区域游戏活动能实现幼儿自选内容、自选玩伴、自选材料、自主活动等，幼儿能在游戏中扮演不同角色，从而获得不同的角色意识，更重要的是，其创设了不同年龄段幼儿进行互动的机会和环境，包括区域空间和材料等。而年幼幼儿有强烈的与年长幼儿交往的愿望，他们对年长幼儿的观点、意愿及情感

等表现得更为敏感，他们在游戏交往中更相信年长幼儿对交往情境和规则的认识与判断。而且年长幼儿也喜欢与年幼幼儿交往，因为在与其交往中能满足自己被肯定和追随的愿望，从而获得心理上的"成人感"。因此，应在共享区域中为幼儿创设异龄交往的物质和心理环境，让幼儿在异龄游戏交往中逐渐学会多方位、多角度地看待某些问题，从而促进其社会认知能力的发展。

二、共享区域有利于幼儿亲社会行为的增多

亲社会行为主要是指幼儿的帮助、合作、分享、谦让、责任心及良好的角色扮演等的行为。根据班杜拉的社会学习理论，学前期幼儿的主要学习方式是观察和模仿。已有研究发现，"幼儿约有60%的亲社会性行为来自同伴群体。"因此，混龄同伴群体作为其生活的一个特定的环境，为幼儿亲社会行为的实现提供了更为有利的机会。而共享区域突破了传统幼儿园单一的一个活动区内几名幼儿小范围共同分享经验的局限，而走向了更多幼儿经验的分享和社会交往。在共享区域中，幼儿不仅能结交同龄伙伴，还能结交非本班的新朋友。共享区域能为幼儿营造一个"大带小""小跟大"的游戏交往环境，扩大幼儿的接触面，为幼儿提供了更多的角色体验的机会，使其角色承担能力、角色定位能力以及合作、分享、助人、谦让等亲社会行为得以更好地发展。

三、共享区域能实现幼儿健康情绪情感的培养

情绪情感能力是指个体对情感进行体验、交流和调控的能力。人类社会学表明，情绪情感是人特有的一项能力。人的健康情绪情感的培养是个体在相对复杂的社会关系和交流中产生和发展的。传统幼儿园由于细分活动区功能，设置活动区的边界，造成了区域之间的封闭与隔离，而共享区域既强调活动区的相对独立性，又强调活动区之间的互动，将活动区之间的"边界"变成了"边缘"。这样的边缘活动区更有利于混龄群体的交往，增加了群体互动的复杂性和层次性。它为幼儿创设了一个更为动态的、复杂的与现实相符的小型"社会环境"，为幼儿良好情绪、情感、能力的发展提供了动力和源泉。幼儿在交往中位置、角色、心理体验及沟通方式不断变化，而他们不得不不断地适应和接受角色的变化，如年幼幼儿对年长幼儿的尊重、敬畏、钦佩、嫉妒；年长幼儿对年幼幼儿的关怀、爱护、轻视等。共享区域不仅有利于不同年龄段幼儿的交往，而且为幼儿提供了更多的交流机会，能促进幼儿健康的发展。

总之，完善的个体发展离不开同龄伙伴和异龄伙伴的交往，它们各自获得的益处是不同的。而共享区域作为同龄教育的补充，能很好地弥补幼儿混龄教育的缺失，实现不同年龄段幼儿之间的有效互动，让幼儿在自主的区域游戏活动中增强自身的合作意识及责任感等，进而实现其良好的社会性发展。

第四章 幼儿园区域环境的创设

一、区域环境创设实例

与墙面"做游戏" 为梦想"搭积木"
——中班"爸爸妈妈的职业"主题墙方案设计

西南大学实验幼儿园 刘 洋 张潇月

"搭积木"是幼儿最喜爱的游戏活动之一。在主题墙创设过程中,我们借鉴了作为全纳教育的"搭积木"模式,教师在主题活动开展过程中为幼儿提供"搭积木"的支持,同时幼儿在游戏中完成自我经验的一步步"搭建",使主题墙成为展示、教育与审美价值并存的高品质"游戏场",让幼儿在与环境的对话中收获更多。在本次主题墙创设中有以下几块重要"积木"应用:

一、创生班本化课程,让主题墙走进童心

《3~6岁儿童学习与发展指南》指出,尊重幼儿发展的个体差异,教育者应支持和引导他们从原有水平向更高水平发展,按照自身的速度和方式达成"小步阶梯式发展"。本主题实施过程中允许儿童全面参与,适时改变和调整教育活动,让"积木"搭出特色,彰显个性,让主题墙走进童心,留下美好。

(一)以幼儿为本,深度聚焦

原主题网络清晰明了地划分为"各行各业"和"我的梦想"两个部分,班级教师在审议时发现:本班34名幼儿的家长中88.2%的家长均为高校教师或相关工作人员,因此相对"各行各业"而言,本班幼儿最先了解、最熟悉的职业是"教师"。因此,在抓住中班幼儿喜欢象征性游戏的特点以及忠于原主题的基础上,我们进行了班本化创生:

1. 微调主题目标(见表4.1)
2. 明晰课程网络

聚焦"教师"这一职业,从亲子调查"爸爸妈妈的专业"入手,家长代教活动相伴,让幼儿了解爸爸妈妈虽同为"教师",但授课专业及工作时间、场地却千差万别,从而体会父母努力工作养育自己的辛劳;接下来,通过科学探索、外出参观、体验游戏等多种方式了解不同类型的职业,知道从事这些职业的人是如何为我们服务的;最后,用意愿画、慢递活动等表达"我的梦想",放飞对未来的畅想!(见图4-1)

表 4.1 目标调整

序号	原主题目标	调整后主题目标
1	知道父母的职业,能体会父母为养育自己所付出的辛劳;愿意与家长一起参加社区的一些群体活动	了解父母的专业,体会父母努力工作养育自己的辛劳

续表

序号	原主题目标	调整后主题目标
2	了解一些与自己生活紧密联系的职业,如警察、农民、美发师、出租车司机、运动员、医生、厨师、教师、服务员	了解一些与自己生活紧密联系的职业,如警察、医生、美发师、运动员、厨师等,知道从事这些职业的人是如何为我们服务的
3	能通过简单的调查收集信息,能用图画或其他符号进行记录	通过职业体验游戏大胆畅想——未来的自己
4	在生活情境中感知物体的位置和运动方向以及序数、数字的意义,会用数词描述事物的顺序和位置	能通过简单的调查收集信息,能用图画或其他符号进行记录

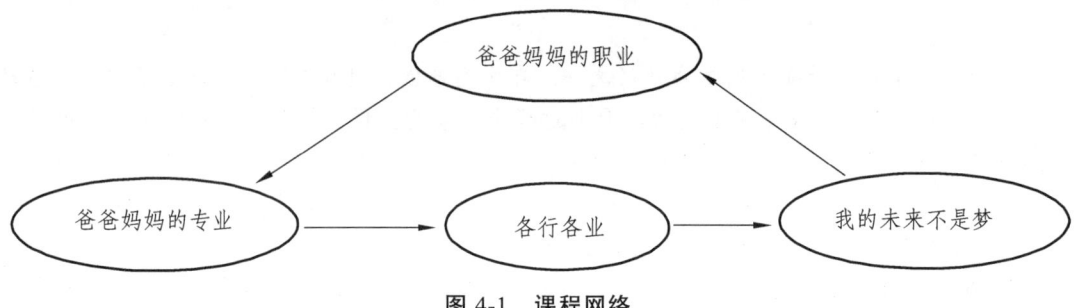

图4-1 课程网络

(二)以大船为型,乐享童趣

将主题墙的背景设计为一艘大船,这是幼儿的"能力之舟""经验之舟"……寓意天马行空。根据调整后的网络将主题墙分为三个板块,以明度和纯度较低的黄、白、绿三色作为背景,幼儿将其解读为他们喜闻乐见的消防员、医生、解放军三种职业的代表色。辅材大面积采用快递纸箱,自然环保,文字部分以相近色填充,金银两色点缀,自然清新。各板块之间不设界限,与"大船"整体形象融合(见图4-2)。

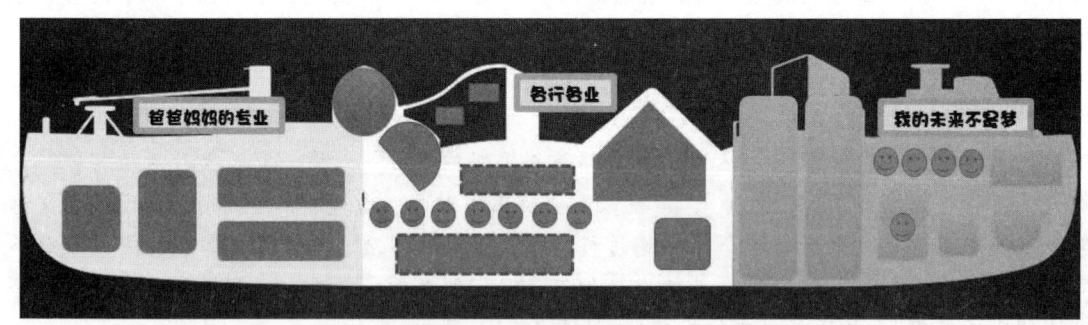

图4-2 设计草图

(三)从需求出发,回归成长

在主题实施过程中,教师还根据本班幼儿发展水平对个别活动进行了微调,如科学记录活动"色彩魔术师"。由于本班幼儿对三原色的色彩融合非常熟悉,因此挑战性较小,观察记录中的"猜想"与"验证"失去意义,于是教师在试验中添加三间色和黑白两色,再次开展科学记录活动,让幼儿接受新的挑战,"跳起来摘桃子"(见图4-3)。

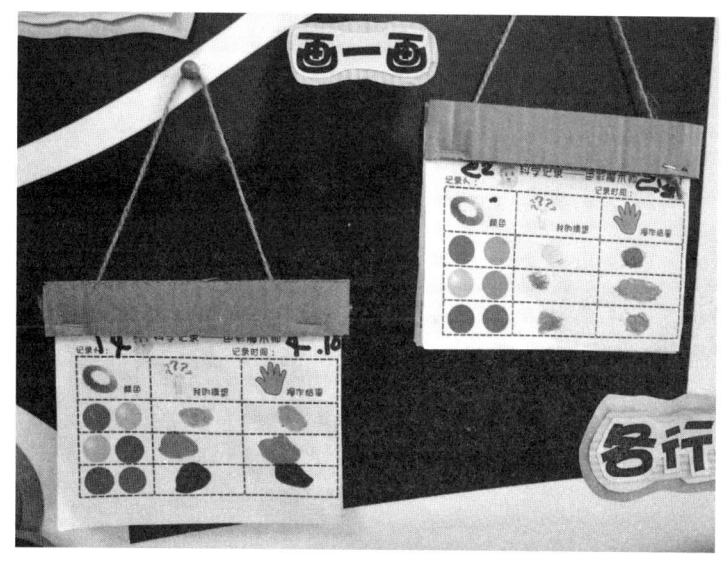

图 4-3 色彩魔术师

二、开展浸入式学习，一切都是游戏

儿童需要游戏。教师在"搭积木"过程中持续为儿童提供"浸入式学习机会"，让孩子"浸入"游戏的海洋（见图 4-4）。

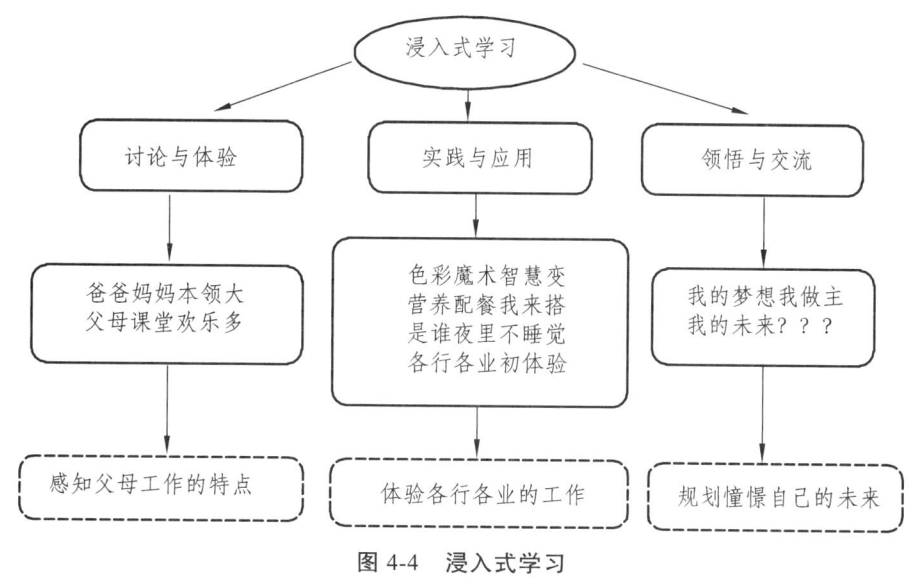

图 4-4 浸入式学习

（一）初调查，细观察

要为幼儿营造浸入式学习氛围，首先要有针对性地提出问题、观察体验。中班幼儿具象性思维表现最突出，在调查的基础上，将我班与中四班长期合作开展的"父母课堂"系列活动与主题相结合，整合园内及班级家长资源，邀请各院系家长将所学所长深入浅出为孩子们展示：趣味英语、水果发电、神奇的石头……一次次生动鲜活的家长代教活动让孩子们通过近距离观察父母职业行为来获得具象的体验，拓宽视野，真正体会父母努力工作养育自己的辛劳（见图 4-5）。

图 4-5 各行各业初体验

（二）重体验，乐操作

"色彩魔术智慧变"板块中，同样参考"搭积木"模式为幼儿提供猜想（彩色转盘）—验证（色彩观察镜）—领悟（记录表）的支持，幼儿在游戏中自觉建构色彩融合的相关经验（见图 4-6）。

幼儿有了前期观察体验，能够有意识地回味自己内心的感受。我们在墙面设计了"营养配餐我来搭"这一有趣的互动板块（见图 4-7），在学习常见膳食营养金字塔后，与时俱进地融入"中国儿童平衡膳食算盘"这一新理念，促使幼儿调动原有的经验，联系当前实际，自己动手配餐，所有元素均来自幼儿绘画作品，采用魔术贴固定，方便取放，这种触手可及的操作方式也成了"搭积木"模式的升华。

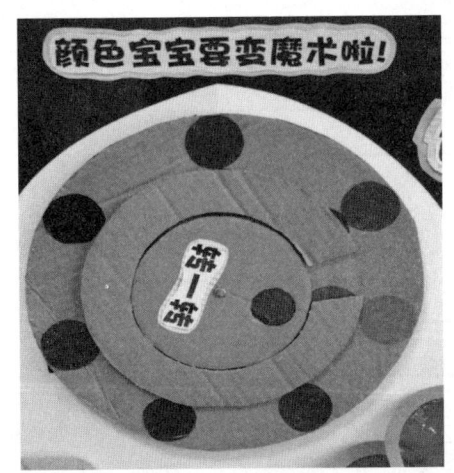

图 4-6 色彩转盘

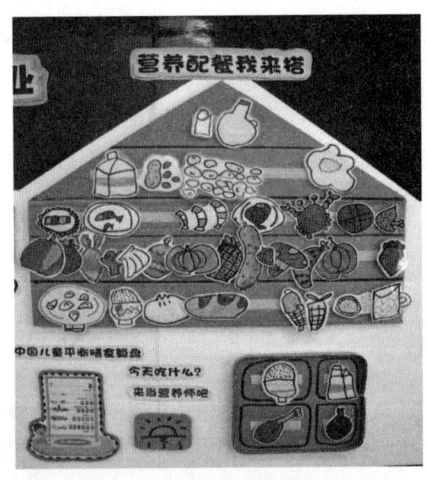

图 4-7 营养配餐我来搭

为了逐步扩大幼儿的社会体验，进一步深化幼儿对职业的分类和辨析，教师尽力为幼儿提供学习的机会，如访问体育馆、蚕学宫、蝴蝶馆等；与友邻班级和家长开展合作，活动区开展混龄串班游戏，以"大带小"的方式为幼儿游戏提供额外的支持。

儿童是一切的中心，要想"积木"搭得好，还需以儿童为中心，开拓符合儿童审美水平、重趣味多互动的创意展示形式。本次主题墙设计中汇集了许多创意展示，如相册式展示调查表，每张可单独取放；幼儿自制彩色观察器，并以特殊方式将其"固定"在主题墙上，可供幼儿随时取放，方便幼儿开展观察活动；自制小书——采取三种不同方式装订，均可供幼儿翻阅，同时展示了通过不同方式装订的图书的效果（见图 4-8 和图 4-9）；家长带来的"多彩职业装"让孩子们足不出户体验花样人生……本次主题墙共包含八项内容，其中七项均可供幼儿与墙面互动游戏（见图 4-10）。

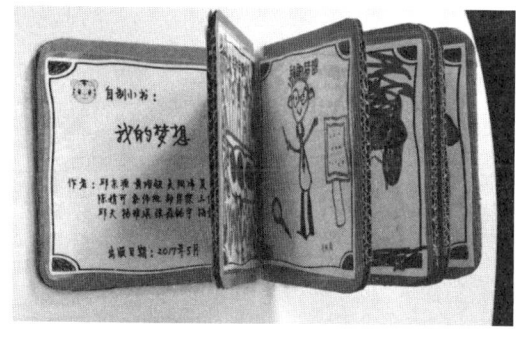
图 4-8　自制小书（1）

图 4-9　自制小书（2）

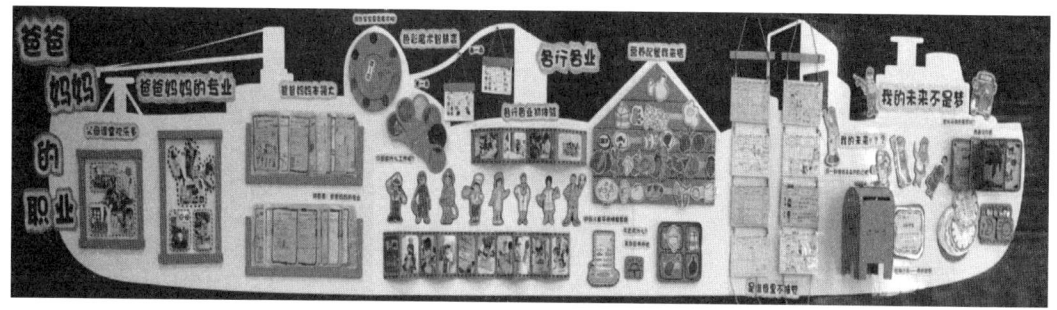
图 4-10　全景图示

（三）促领悟，尽畅想

通过前期活动，幼儿对"爸爸妈妈的职业"已经有了较深入的了解，此时让幼儿立足于体验过程中的感受，发挥想象力去描述未来，画出自己的梦想，畅想未来，与父母共同记录，并将结果塞进信封，将信封封存在主题墙的慢递盒中，作为原生课程的个性化替代和延伸，同时成为幼儿体验升华的一个信物和目标（见图 4-11）。

图 4-11　爱心慢递

三、探寻创设策略，师幼共同进步

主题墙的创设过程也是教师团队思维碰撞、共同提升课程领导与执行力的过程。教师团队经历了课程的前审议、中实施、后反思，最终探寻出以下几点创设策略：

（一）共性与个性兼顾

主题墙的内容是幼儿学习成果的展示，幼儿通过"分享信息"增强自我效能感。在本次主题墙创设活动中，教师在规划设计活动墙时既保障素材有共性，又适度突出个性特点，如自制小书、亲子调查表，引起共鸣和争议，利于幼儿在交流中进一步展开学习。

（二）自主与支持兼顾

"搭积木"不仅是教师在游戏中支持幼儿的一种模式，也是幼儿在游戏中建构自我经验的行为模式。如活动最后旨在鼓励幼儿大胆畅想未来，然而没有到来的明天充满未知，因此许多幼儿在记录时给无法预知的未来打上"？"，教师选择尊重幼儿，将子板块名称改为"我的未来？？？"，为想象留白。

（三）开放操作与展示收藏兼顾

主题墙创设操作性强，深受孩子们欢迎，这就意味着其中各个元素会被幼儿多次使用，因此，教师在前期预处理素材时尽量将调查表、幼儿作品等纸质素材进行塑封、装订，延长展示寿命，活动结束后及时将其放回活动区，以实现让幼儿作品走向"有价值的收藏"。

看着孩子们在与墙面的对话中或抽取，或拨弄，或思考，或翻阅，沉浸在墙面游戏中流连忘返，教师被深深地感动了。在游戏过程，教师支持幼儿彰显特色，鼓励幼儿享受游戏，引导幼儿发现乐趣，与幼儿共同搭建智慧之舟、梦想之舟、和谐之舟，满载着欢乐与希望，共同驶向灿烂的明天！

参考文献

[1] 王翠玲. 幼儿园社会教育中幼儿体验式学习研究[D]. 福州：福建师范大学，2011.

[2] 张林. 长沙市岳麓区幼儿园班级主题墙设计研究[D]. 长沙：湖南师范大学 2014.

[3] [美]朱莉·布拉德. 0～8岁儿童学习环境创设[M]. 南京：南京师范大学出版社，2014.

[4] 谢芳. 不破不立 起承转合——基于《3～6岁儿童学习与发展指南》的幼儿园主题活动重构[J]. 今日教育（幼教金刊），2017（04）.

"谋"而后动　多元整合
——中班"我的安全我做主"主题墙方案设计

重庆市北碚区实验幼儿园　黄　艳　汪清娅

一、主题说明

让幼儿远离危险是我们共同的愿望，幼儿学会自我保护，学会生存，才能更好地健康成长。本主题以保护幼儿生命、促进幼儿平安成长为出发点，开展"平平安安在家中""安安全全玩游戏""安全标志我知道"三个分主题活动，从家中的安全、社会环境中的安全、活动中的安全等维度，利用多种活动对幼儿进行园内园外的安全教育，丰富幼儿的安全知识，增强幼儿的安全意识，提升幼儿自我保护能力。

二、主题目标

（1）观察环境中不安全的事物，了解避开危险、应对危险的基本知识，具有初步的安全意识和自我保护能力。

（2）认识生活中常见的安全标志，理解其意义和用途。

（3）愿意与他人交谈，愿意通过绘画、手工、游戏等活动，发现或获得安全知识信息，丰富安全生活经验。

三、创设规划与过程

游戏是孩子学习的主要促进因素，但是，我们也应该了解，儿童通过游戏进行的学习，很大程度上会受到他们所在环境的影响。因此，为了更好地促进幼儿的学习与发展，教师应有目的地创设环境，为幼儿的学习提供鹰架式帮助。随着时代的进步和教育观念的不断更新，主题墙不再是一面简单的墙，作为幼儿园教育环境当中的重要一员，它所承载的教育使命日渐丰富、立体、多元。要打造出高质量的主题墙环境，教师必须对我们所希望达到的目标有深入的理解，并且以儿童发展促进者的角色去创设丰富的环境。因此，"谋"而后动，成为我们打造主题墙的执行策略。做有准备的教育，先思考先规划，有了骨架再填血肉，层层递进，层层叠加，让主题墙灵动起来，使其成为孩子们学习与发展中的一道靓丽的风景。

（一）"谋"内容与目标，富有童趣而简洁地呈现

主题墙内容源于教育教学计划，其受众是发展中的学龄儿童和关心教育的家长朋友。教师作为主题墙的设计者，在整个创设的过程中必须是一个先行者，了解课程内容和指导方针，了解幼儿的发展水平和兴趣，甚至是班级教师自己的教育风格。主题墙的价值虽然是隐形的，但是会通过我们的教育行为传递给受众。鉴于此，我们结合教育教学实际设计了"我的安全我做主"主题墙规划图（见图 4-12），并结合设计图思考了后期效果，包括颜色的搭配、每种材料的质地、可利用的空间以及操作密度等。

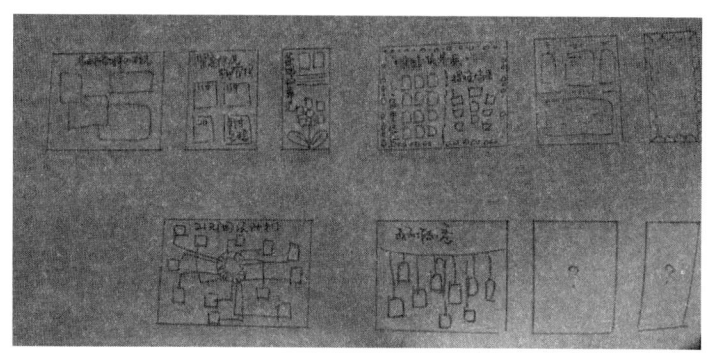

图 4-12　规划草图

主题墙面对的不仅是孩子，也包括家长，主题墙可以帮助家长了解幼儿园开展了哪些教育教学活动。其中，主题名称、主题说明和主题网络是主题墙不可缺少的部分。但是家长和教师不同，他们更想了解孩子们要学什么，老师要教什么。所以，简单明了是呈现的关键。因此，我们将教育目标浓缩为"具有初步的安全意识和自我保护能力""认识生活中常见的交通标志和安全标志，以及理解其意义和用途"。在呈现的方式上，我们将主题名称清晰地呈现出来，主题网络和主题说明采取了手绘风格的图画，显得既轻松又富有一定的童趣（见图

4-13）。特别是主题网络的分模块，结合内容设计相应的图示，暗示主题内容的相关领域，这看似很细小的设计，其实对于儿童来说非常重要。

图 4-13　主题网络图

（二）"谋"以幼儿为主，参与主题墙创设

幼儿是教育活动的主体，让幼儿参与到主题墙创设中，能让其对主题墙产生归属感。众所周知，归属和爱是人的正常需要，而情感是人整个生命的重要组成部分。幼儿很喜欢在活动材料、活动照片中寻找自己的影子，因此，让幼儿参与主题墙墙面创设，是拉近墙与人之间距离的有效策略。在"平平安安在家中之小小侦察兵"模块中，幼儿变身为小侦察兵，寻找隐藏在家中的安全隐患，并将自己的发现与其他幼儿分享；教师为幼儿提供了固定在墙上的文件袋，文件袋以不同的水果图案进行区分，孩子们根据自己的喜好自主选择担任不同的水果兵，并歪歪扭扭地写上自己的名字；文件袋上，漂亮的水果图案召唤着属于自己的小兵，鲜活的名字让孩子们为自己的任务单找到了一个"家"（见图 4-14）。幼儿可以在文件袋里寻找自己的侦察表，在与同伴分享后会按照标志把自己的任务单送回"家"。

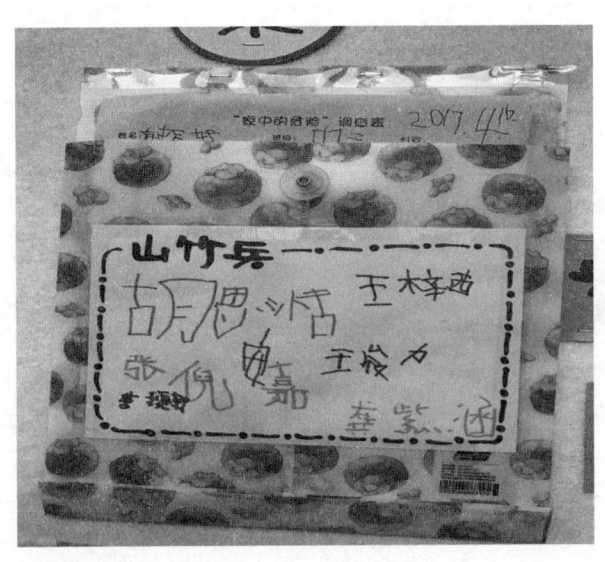

图 4-14　有趣的文件袋

有了积极的参与，接下来，充分地表达自己的思与悟，便是顺理成章的事情了，进阶性的活动"提醒大家来注意"应运而生。幼儿绘图呈现理念，教师运用文字帮助表达，师幼互动中，一幅幅内容充盈、立意丰富、充满了童真童趣的作品就诞生了。我们把幼儿的作品贴在墙上，孩子们的学习轨迹清晰可见。有的孩子以写实的方法将自己的所见真实地呈现出来，如客厅里的玩具不要乱扔，容易让人摔跤。有的孩子经过前期的学习与观察，已经可以预见一些可能存在的危险，并将之表达出来，如"坐成年人的马桶，小孩子要小心哦！"被马桶冲走的画面虽然夸张，但却充满了无限的创意与童真，这幅作品吸引了好多小朋友、老师以及家长（见图4-15）。还有一部分小朋友，在知道了什么不能做、不去做之后，还会思考背后的原因。以作品"不能翻越阳台"为例（见图4-16），数字1~12和加重的箭头符号都表明幼儿在思考为什么不能做某事的原因。

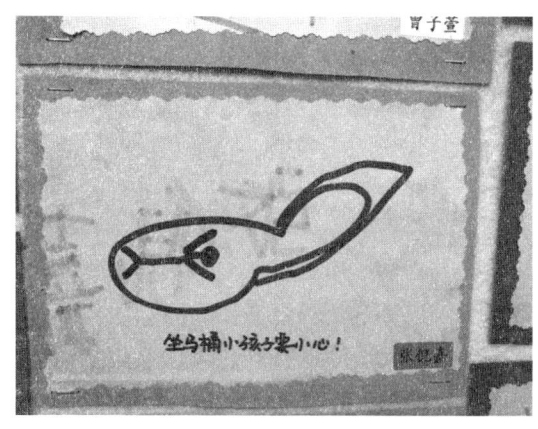

图4-15　作品《小心马桶》

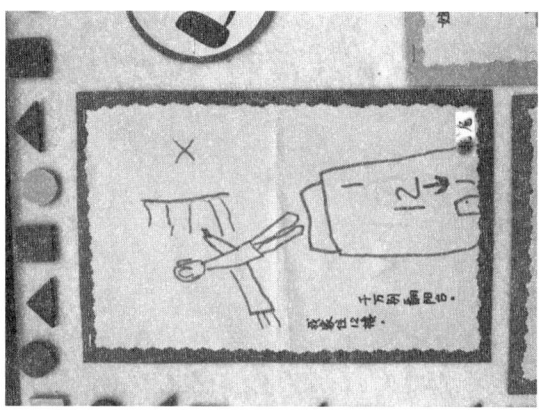

图4-16　作品《不要翻阳台》

（三）"谋"主题墙创设中的游戏元素，多元互动

在"我的安全我做主"系列活动中，认识和了解安全标志是其中一个比较重要的活动内容，一个充满着科学性、规范性的内容，我们如何让它动起来，活起来呢？我们做了这样的尝试：在"安全标志我知道"模块中，利用三维空间的理念，以分割式结构设计为主，结合课程推进，设计层层递进的呈现方式。第一个层次，利用图+文的形式，简明扼要地将各类标志的主要构成元素提炼出来并展现在幼儿面前；与课程相结合，让幼儿了解安全标志的分类及构成。第二个层次，以照片的形式展现生活中正在使用的各类安全标志，让幼儿将课堂中学到的知识经验进行转化，感觉课堂上学习的内容与自己的生活息息相关，标志照片按第一层次的图示进行分类，并设计成可取放的模式，幼儿可以抽选自己感兴趣的标志图片进行观察和表述，还能与第一层次的分解图进行对照，部分幼儿还能够结合图示与同伴幼儿进行互问互答的游戏。第三个层次，我们将第一个层次图解中底色、边框、图形、图案分别罗列在过塑薄膜纸上，利用过塑薄膜的透明性，让幼儿根据自己前期学习的经验，通过动手操作，呈现出一个完整的标志，这样既深化了对安全标志的了解，又增添了趣味性。孩子们在不断地观察、组合、纠错和互检互评中对安全标志的认识和理解逐渐深入，主题墙就以这样的方式活了起来（见图4-17、图4-18）。

图 4-17 "安全标志我知道"墙面设计　　　　图 4-18 幼儿组合安全标志

然而,"谋"与"动"并非那么简单。孩子们动起来了,教师又该如何"动"呢?教师是教育活动的引发者,不能被环境所束缚,当幼儿与环境互动时,教师需要通过一些方式支持儿童学习。首先,可以观察幼儿,发现幼儿的兴趣、发展、个性和需求,与幼儿建立和谐的关系,选择相关的材料设计后续活动。孩子们说:"老师,其实游乐场里也有很多危险,要注意哟!""老师,我觉得玩大型玩具也要注意安全!""对啊,孩子们,我们不如来一次活动专门讲一讲怎么样'安安全全玩游戏'。"在此基础上,课程推进很顺利。其次,可以为活动中的幼儿提供鹰架支撑,促进幼儿发展。可以示范,可以提问,例如:安全标志和禁止标志有哪些不一样?还有哪些地方会发现这样的标志?我们还可以在哪些地方运用这样的标志?当孩子们看到自己设计的标志被贴在了寝室、楼道、花园等地方时非常骄傲,安全意识进一步加强(见图4-19)。除此之外,教师还可以有针对性地给孩子提供额外的信息,以丰富孩子的知识面。"老师,这些标志都难不倒我了!""是吗?那你再看看,我这里还有一些标志,你能看懂吗?"多元互动,应该是交互式的,当这面墙周围的人动起来,"墙"才真正地活起来了。

图 4-19 楼道标志提示

(四)"谋"创设技法多元化,赋予主题墙艺术感和教育性

环境是促进幼儿发展的重要媒介。主题墙是幼儿园环境的重要组成部分,是丰富幼儿园教育环境,提升幼儿审美能力,促进幼儿审美发展的重要途径。赋予主题墙艺术感,能更好地发挥主题墙的多元交互作用。

主题目标和主题网络以手绘风格的画风呈现,主题墙充满漫画式的画面感,吸引幼儿的注意力;将废旧积木按一定模式排列,其边框既丰富了主题墙色彩,又分隔了区域,而且是幼儿已有经验的运用,孩子可以从对边框的探究中发现自己熟悉的模式,凹凸不平的触感也刺激着幼儿进行触摸体验（见图4-20）；可取放式纸相框颜色亮丽，便于分类，幼儿操作简单，既美化了墙面，又减少了操作材料的损耗；手账月计划圆形表格设计，方便幼儿以时间圈为起点寻找自己的作品，有走迷宫一样的游戏体验，增强互动的趣味性（见图4-21）。任何事物都可以艺术化地体现，但应该是幼儿喜欢的、感兴趣的、有趣味的形式。

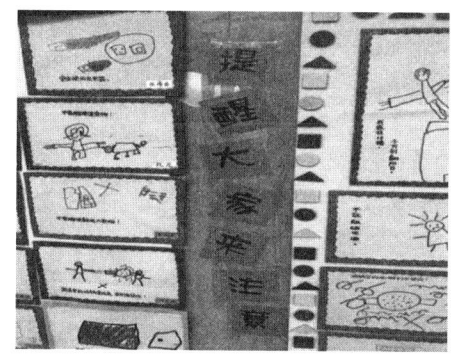

图4-20 "提请大家注意"板块设计

图4-21 边框设计

四、创设反思

正所谓境由心生，墙还是那面墙，只有围绕着这面墙的人动起来，墙才能活起来，整个环境才能灵动起来，所以，这面墙，不是阻碍，不是束缚，而是一片更为广阔的梦想之田，一起来，和孩子们种花种草种春风，圆一场桃李之梦。

与幼儿对话的墙
——大班"重庆非去不可"主题墙方案设计

重庆市北碚区缙云幼儿园　　王　琳　黄先梅

一、主题说明

"家乡到底是什么？我们的家乡是哪里？"带着孩子们的疑问，我们选择了"重庆非去不可"这一主题，旨在为孩子们解开谜底。《幼儿园教育活动指导纲要（试行）》中指出："环境是重要的教育资源。"基于此，我们计划给孩子们创设一面"会说话，能互动"的墙。

二、主题目标（见表4.2）

表4.2 主题目标

重庆非去不可	
1. 了解重庆的美食和美景。 2. 能用丰富的语言讲述对重庆的感知。 3. 会用多种艺术形式表达对重庆的印象，激发身为重庆人的自豪感。	
1. 体验与感受	2. 表现与创造
(1)对重庆的美食感兴趣,有寻找与探究的愿望。(2)了解重庆的自然风景和建筑特色。(3)了解重庆的名胜古迹,感受重庆的文化。	(1)与同伴一起分享美食,大胆表达自己品尝重庆美食时的感受。(2)能用版画、刮画、撕贴等多种艺术形式表现重庆的美。(3)能用方言剧、童谣等多种形式表达对重庆的印象。

课程框架如表4.3所示：

表4.3　课程框架

重庆美食，非吃不可	重庆美景，非看不可	重庆景点，非玩不可
内容： 1. 红红火火吃火锅（艺术、语言） 2. 舌尖上的重庆（科学、语言） 3. 美食一条街（艺术、语言） 4. 特产购买（科学、社会）	内容： 1. 神奇的山，美丽的城（语言） 2. 重庆地标建筑（社会） 3. 重庆的桥（科学） 4. 大桥多又多（艺术、健康） 5. 迷人的重庆夜景（艺术）	内容： 1. 铜梁龙（社会） 2. 黄丝蚂蚂（艺术） 3. 黄桷树（语言） 4. 好玩的地方在哪里？（健康）

在活动中我们整合实施五大领域内容，关注幼儿学习与发展的整体性。呈现丰富的主题板块，最大限度地满足幼儿通过直接感知、实际操作和亲身体验获取经验的需求。

三、创设规划

（一）板块设计

根据主题分析，我们将主题墙创设划分为4个板块：吃在重庆、美在重庆、乐在重庆、未来重庆。

（二）绘制主题墙草图

我们选择在走廊这个幼儿每天经过最多的地方创设主题墙，将前三个板块设置在走廊上，"未来重庆"立体呈现，这样一个长10米、立体延伸2米、高1.2米的空间将以"重庆非去不可"为背景，教师和幼儿一起创设与之发展相适应的教育环境。

（三）边框设计

边框用什么图案更好呢？主题墙是潜在的课程，还是交给孩子们来决定吧。我们和幼儿一起探讨，可以选择最能代表重庆的符号来做边框，我们一致认为非"山水"莫属。孩子们说：蓝色代表"水"，橙色代表"山"。在这一过程中，幼儿感受美、表现美、创造美的能力有所提升。

四、成果展示

这就是我们班创设的主题墙（见图4-22），我们将它命名为"外主题墙"，并用简短的文字描述了"重庆非去不可"主题说明，目的是让成人了解我们的活动（见图4-23）。

图4-22　主题墙全景

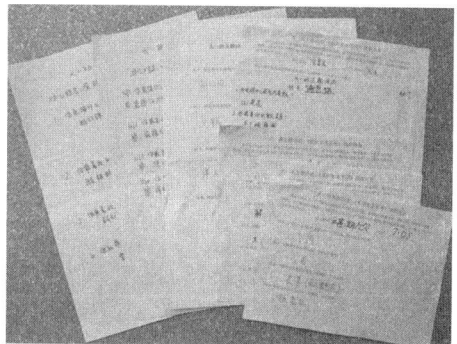

图 4-23 调查问卷

下面详细说明每个板块：

（一）板块一："重庆美食，非吃不可"

1. 板块目标

（1）对重庆的美食感兴趣，有寻找与探究的愿望。

（2）与同伴一起分享美食，大胆表达自己品尝时的感受。

2. 创设说明

我们请家长带幼儿去体验重庆的特色美食——火锅，通过活动"红红火火吃火锅"讲述、感受烫火锅的热闹景象。孩子们用绘画的方式记录自己喜欢烫的菜，并将绘画作品在主题墙上进行展示。我们除了呈现幼儿的美食绘画作品外，还将收集到的幼儿寻找、品尝美食的照片贴到主题墙上，再现了幼儿活动的过程（见图 4-24）。

（1）
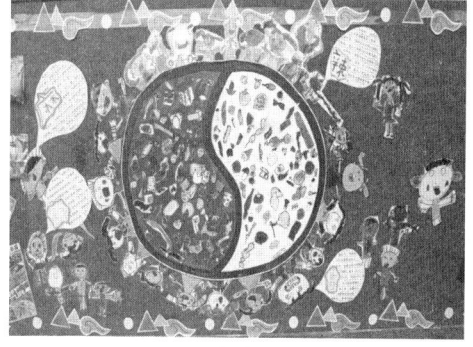
（2）

（3）

图 4-24 吃在重庆

3. 典型案例

本以为重庆美食的主题墙只是呈现每个幼儿的学习状态，没想到这面墙激发了幼儿更多的想法。孩子们时常来这里，一边看一边说："这是我喜欢烫的藕片。""快看，这是我喜欢吃的金针菇。"小小的主题墙成了孩子们对话的大天地。后来，孩子们在大的锅边添画了正在烫火锅的自己。谈论起火锅的"麻辣鲜香"。见到这一幕，我们生成了活动——"我喜欢吃的重庆菜"。孩子们把收集到的佐料在主题墙上呈现了出来，到这里闻闻、摸摸、看看的孩子多了。一天，睿睿发现新大陆似的跟大家宣布："我们幼儿园吃的都是川菜！"孩子们又展开了对中国美食的探讨，了解了中国的八大菜系。

通过此板块创设，我感悟到：主题墙是动态的教育环境，老师应该支持幼儿的想法，让幼儿跟主题墙对话。通过这个案例，我们清晰地看到幼儿玩了些什么，做了些什么；知道他们对什么事情感兴趣，发现和解决了什么问题。

（二）板块二："重庆美景，非看不可"

1. 板块目标

（1）了解重庆的自然风景和建筑特色。

（2）用水粉画、刮画、撕贴等多种艺术形式表现重庆的美。

2. 创设说明

孩子们用撕贴、颜料刷画的方式在主题墙上展示了长江和嘉陵江，用版画的形式展示了重庆建筑的特色。另外，还用美术创意课中的刮画形式描绘迷人的山城夜景。通过调查统计发现：重庆主城区的索桥有14座、梁桥有12座。我们用插标签的方式给这些桥分类（见图4-25）。

（1）　　　　　　　　　　　　　　（2）

图4-25　美在重庆

3. 典型案例

重庆是桥梁之都，我们在图书区投放的《世界名桥》《桥的秘密》等图书引起了幼儿的关注，他们产生了探索"各种各样的桥"的兴趣。从"家乡的桥"到设计"我们的桥"，幼儿积极参与。主题墙上贴有每一位幼儿设计的桥的纸样。一时间，幼儿由平面观察讨论主题墙上的桥转向立体化的建构。一次区域活动中，积木区的幼儿试着搭建千厮门大桥，可是被"拉索"给难住了。幼儿围在一起，商量解决的办法。最终讨论得出：第一步，大家讨论制作拉索桥需要哪些材料，如积木、剪刀、透明胶；第二步，提议绘制以"千厮门大桥"为雏形的设计图;第三步,准备材料;第四步,分工搭桥墩、桥面、拉索。最终桥搭好了,虽然歪歪扭扭的,可孩子们还是非常高兴,欢呼道:"耶!终于做好了!"游戏回顾环节,孩子们将搭桥的四个步骤记录下来,并张贴到主题墙上,供其他同伴欣赏(见图 4-26)。

通过此板块的创设,我感悟到:主题墙是以幼儿为主体的教育环境,是每个幼儿展示自己的舞台。丰富多彩的主题墙不是墙面的装饰,而是让幼儿围绕主题活动融入自己的思考,表现自己的经验、能力和感受的地方。这个板块体现了主题墙的主体性。

(1) (2)

图 4-26 我们的桥

(三)板块三:"重庆景点,非玩不可"

1. 板块目标

(1)了解重庆的名胜古迹,感受重庆的文化。

(2)能用方言剧、童谣等多种形式表达自己对重庆的印象。

2. 创设说明

(1)小班长广播站——"我去过的好玩的地方"。

(2)棋类游戏——"绿色出行"(见图 4-27)。

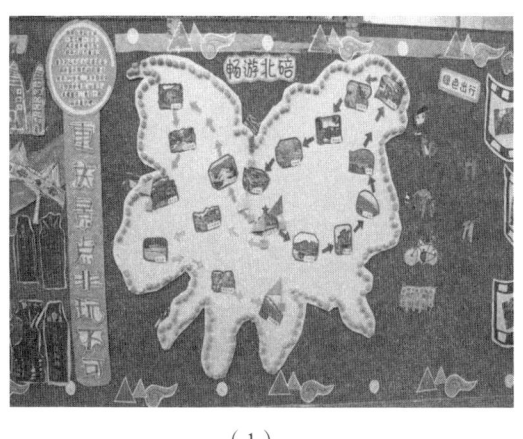 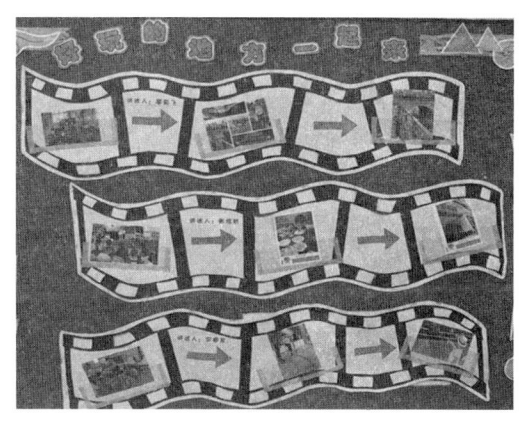

(1) (2)

图 4-27 玩在重庆

3. 典型案例

在"我去过的好玩的地方"环节,班长博博向大家讲述自己的故事。只见博博神秘地问:

37

"大家猜猜我去了哪里?"看大家没反应,他突然想起了什么。"老师,主题墙不是有照片吗?"哦,我们恍然大悟,赶紧来到主题墙边,把他在重庆海洋公园拍的照片取了下来。他像个科学家一样自信满满地讲述了海龟的特点。由于这个环节讲述的孩子很多,我们进行了小小的处理,每个孩子讲述完后,都可以把与讲述内容相关的照片插到固定的相框中,这样大家讲述的内容都可以在主题墙上展示出来了(见图4-28)。

小班长与主题墙的互动对我触动很大:主题墙是互动的教育环境,可以看、可以玩的主题墙才是孩子们喜欢的,才能满足他们发展的最大需要。这个板块体现了主题墙的互动性。

图 4-28 小班长讲述

(四)板块四:"未来重庆"

我们对这一板块进行了"留白"处理,旨在让幼儿用自己的方式表达对重庆的愿景与祝福(见图4-29)。

(1)　　　　　　　　(2)　　　　　　　　(3)

图 4-29 未来重庆

俊俊:我希望未来的重庆房子更漂亮。
杰杰:我觉得未来的重庆人会越来越多。
欣欣:我希望未来的重庆发展得越来越好。
尹伊:我希望未来的重庆树越来越多。
皓皓:我希望未来的重庆钱越来越多。
坤坤:我希望未来的重庆桥可以不用桥墩。
月月:我希望未来的重庆是独一无二的。
彤彤:我以后要上大学,就读我们北碚的西南大学。

晨晨：我要上朝阳小学，还要上大学。

妍妍：我希望未来的重庆到处都是小动物。

……

我们深深地感受到：未来的重庆很有希望！未来的重庆很有魅力！

五、创设反思

历时四周的主题活动"重庆非去不可"已经结束，新主题已然开启，但幼儿对家乡的关注并未结束。反观主题墙创设的形式，有与主题相关的经验调查，有与主题相关的知识与能力建构，有与主题相关的照片或图片、学习单、操作记录、谈话活动、美术作品、手工作品，有与主题相关的互动区域。在物质环境的创设上，利用了墙面、窗台、空地等集中展示呈现，还利用了二维、三维作品丰富主题墙；另外，对主题墙进行了合理的分配，如2%的墙面用于成人说明，98%的墙面用于孩子创造（见图4-30）。

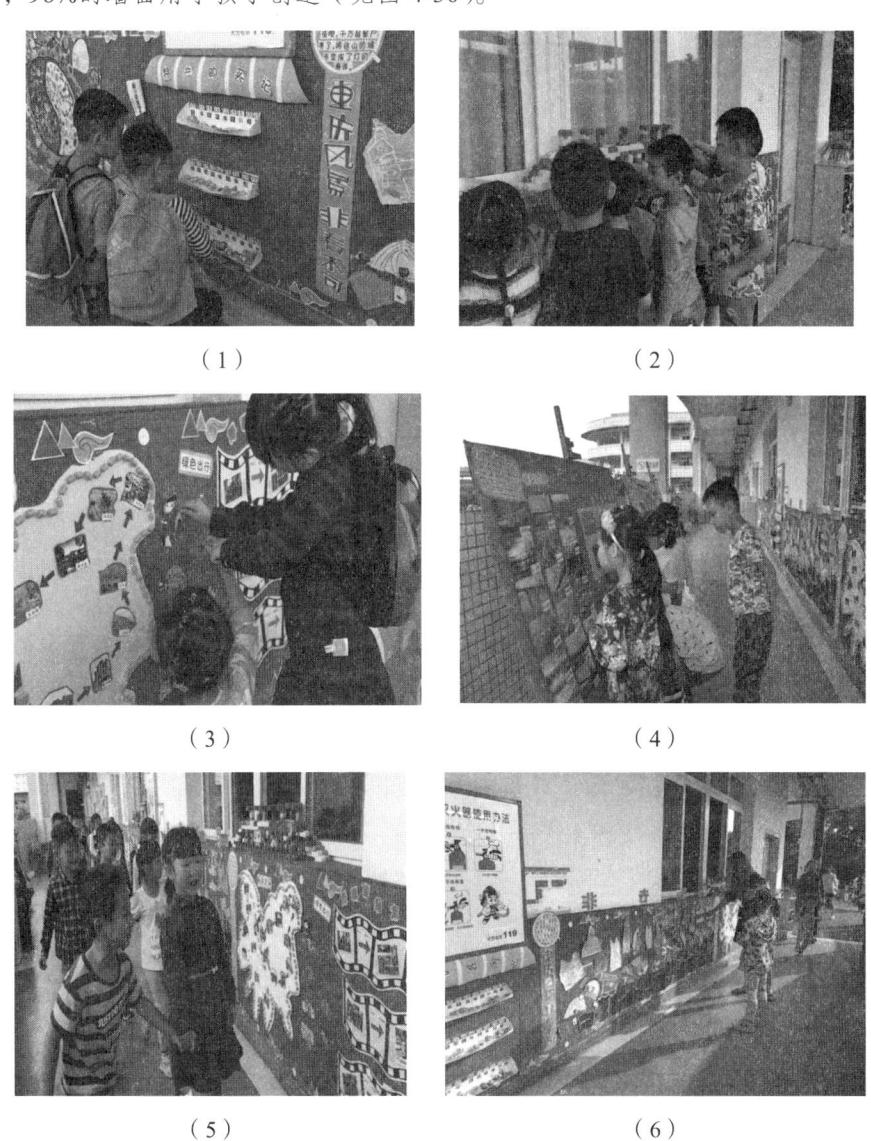

（1）　　　　　　　　　　（2）

（3）　　　　　　　　　　（4）

（5）　　　　　　　　　　（6）

图4-30　会说话的墙

主题墙创设，既不是教师一个人的手工劳动，也不是盲目仿效他人的流行趋势。我们应该以幼儿发展的需要为目的，做到三性，即尊重幼儿的"主体性"，跟随课程活动和幼儿发展的"动态性"，注重墙面和幼儿之间的"互动性"。

总之，我们要尽一切努力创设有意义的墙面，真正支持教师和幼儿实现自身的发展。

参考文献

[1] 孙芳，王蕾. 幼儿园主题活动的设计与实施[M]. 长春：吉林大学出版社，2016.

[2] 吴丽珍. 幼儿园主题环境创设与活动方案[M]. 福州：福建教育出版社，2015.

让色彩在孩子心间绽放
——小班"五颜六色"主题墙方案设计

重庆市北碚区缙云幼儿园　　王　琳　潘文锐

一、主题分析

（一）前期经验

孩子生活在五颜六色的世界中，无论走到哪里，他们最先感受到的就是缤纷的色彩，小班的孩子有的会用红色、黄色等词对感知到的颜色进行表达，有的还会用和生活相关的颜色来表达，例如番茄色、香蕉色。

（二）颜色对儿童发展的重要性

国外有学者对300名婴儿进行了长达5年的观察和研究，结果表明：一个在五彩缤纷的环境中成长的孩子，其观察、思维、记忆等方面的能力都强于在普通色彩环境中长大的孩子。《3~6岁儿童学习与发展指南》针对3~4岁儿童的发展提道："能用简单的线条和色彩大体画出自己想画的人或事物。"

著名心理学家皮亚杰提出："儿童的认知发展是在与周围环境的互动中积极主动地建构的。"幼儿既是活动的主人，也是幼儿园环境的主人，班级主题墙环境是幼儿园环境的重要组成部分，如何在主题实施的过程中为幼儿创设一个幼儿主动参与、共同制作、积极探索、发挥想象的墙面环境一直是我们在课程实施中探索的话题。

二、主题活动目标设定

（一）预设主题目标——明确线索，凸显脉络

基于对课程的理解和幼儿前期经验的了解，经过研讨，预设主题目标如下：

（1）观察、探索生活中各种事物的颜色，感知事物色彩的丰富性。

（2）有自己喜欢的颜色，能用色彩大胆创作，感受在此过程中的美感和成就感。

（3）能理解和复述简短的故事，会说关于颜色的词语。

依据小班幼儿学习的特点——直观、形象、操作，我们将主题逐层分解，形成具有递进关系的二级主题进行推进。

（二）预设分级目标——层层递进，多元参与

1. 生活中颜色（感知与表达）

（1）对身边多彩事物产生好奇，初步了解事物色彩的丰富性。

（2）乐意观察春天的色彩，大胆讲述自己的发现、感受。

2. 我喜欢的颜色（欣赏与表现）

（1）喜欢欣赏丰富多彩的美术作品。

（2）乐于通过画画、涂色、粘贴等方式进行创作。

3. 有趣的颜色（表现与创造）

（1）对颜色变化好奇，体验颜色变化过程的乐趣。

（2）能动手操作、探究用多种方法来感知颜色的变化。

三、主题网络绘制

根据设定的目标，我们从以下三个维度进行思考，并绘制了主题网络：

（1）整体性：整合五大领域活动，关注幼儿学习与发展的整体性。

（2）层次性：呈现具有层次、递进关系的主题板块。

（3）适宜性：适宜小班幼儿亲身体验、直接感知、实际操作。

四、主题墙创设

（一）主题墙设计

1. 主题墙设计原则

"尊重幼儿、自然生成"。幼儿是主题墙的主人，主题墙的创设应该尊重幼儿，顺应幼儿发展的节奏，自然生成。我们期望在这一过程中色彩能"活"起来，幼儿能真正感知色彩，与色彩互动，让色彩在幼儿心间绽放。

2. 板块设计

根据分析，我们将主题"五颜六色"分为三大板块：生活中的颜色、我喜欢的颜色、有趣的颜色（见图4-31、图4-32）。

3. 边框设计

围绕主题，以红、黄、蓝、绿为基调，色块搭配清新自然，同时富有春天的色彩气息。

图 4-31　主题墙全景

图 4-32　主题网络图

（二）主题墙创设过程及实施

主题墙的创设过程犹如从初春到仲夏，从草的萌芽到花的繁华，孩子们渐渐认识了五彩斑斓的世界。若用三个关键词来概括，即"共生""顺应""联动"。

1. 共生

幼儿、家长、教师共同创设这面墙。

（1）幼儿是主体。主题墙的内容要适合本班幼儿的年龄特点，并考虑孩子们的兴趣、能力、学习方式的差异。直观、简洁、鲜艳的色彩感知更适合他们，内容不宜过多、过杂，同时小班主题墙要彰显课程意义。

（2）教师是主导。教师是关键，是引导者。教师要及时跟进，发现幼儿的兴趣与发展水平，以此来推动主题墙进展。

（3）家长是支撑。家长参与，不仅能增进亲子关系，而且能推动主题开展。

本月结合主题"五颜六色"，我们还组织了一场"童画春天"亲子绘画活动，家长和孩子们参与其中，享受色彩盛宴。例如：生活中的颜色——"色彩图示+数字符号=启发思维"的《好饿的毛毛虫》墙面设计（见图4-33）。在绘本《好饿的毛毛虫》的基础上，墙面设计向立体化发展，同时，深入推进课程使幼儿真正成为环境的主人。幼儿从辨识色彩分类喂食毛毛虫，到用10以内的数字喂食毛毛虫，最后发展到既看色彩又看数字符号喂食毛毛虫。幼儿在与毛毛虫的"对话"中，数数、分类等多种思维得到发展。

图4-33 "好饿的毛毛虫"墙面设计

2. 顺应

所谓顺应，即顺应孩子的发展节奏，顺应孩子的兴趣，顺应孩子的想法与创意。当然，老师会基于幼儿的发展和需要，及时调整，促使主题更加深入。

例如：生活中的颜色。我们先利用照片展示生活中事物颜色的丰富性，让孩子们在认知中自由表达，当孩子熟悉之后，我们重新调整墙面的结构，将图片展示调整为可以取放的相框式；同时，将色彩分类与色彩下属的蔬菜水果分类的方法用图示法进行暗示。孩子们会怎么操作呢？幼儿可以选择自己喜欢的照片替换主题墙上的照片，在替换过程中按颜色、属性进行分类。这样一来，既激发了幼儿的兴趣，又增强了主题活动的操作性（见图4-34）。

图 4-34 生活中的颜色墙面

又如：我喜欢的颜色。孩子们喜欢"蔬菜水果印画"（见图 4-35）、"美丽的纸巾浸染"（见图 4-36）等主题活动，在欣赏了蒙德里安的著名作品《红、黄、蓝的构成》后，孩子们感受到了作品的美感并得到启发，从而引申出了另一个活动，即"色块与线条随想"（见图 4-37）。孩子们尝试用纸条和色块进行创意拼贴，制造重叠交错的美感。

 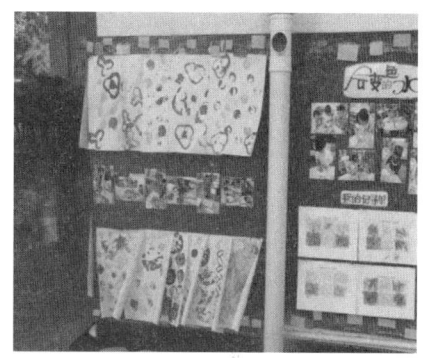

图 4-35　蔬菜水果印画墙面　　　　图 4-36　纸巾浸染墙面

图 4-37　"色块与线条随想"墙面设计

在入园时，孩子们还会拉着家长前去欣赏自己的作品。从孩子们的行为可以感受到他们充满了成就感和自豪感。

3. 联动

联动不仅仅是五大领域的联动，亦是板块与板块之间、幼儿与墙面之间的联动。因为联动，这面墙便是"活"的墙，富有生气，能"与孩子对话"。

例如："一只蜗牛爬爬爬，一爬爬到草莓上，咔吧咔吧吃掉它，变成一只红蜗牛。"（见图

4-38）我们将这样一首儿歌以文字的形式呈现在主题墙上：把儿歌的一部分内容做成可自由抽取的文字块，孩子们可随时替换，自己创编儿歌。

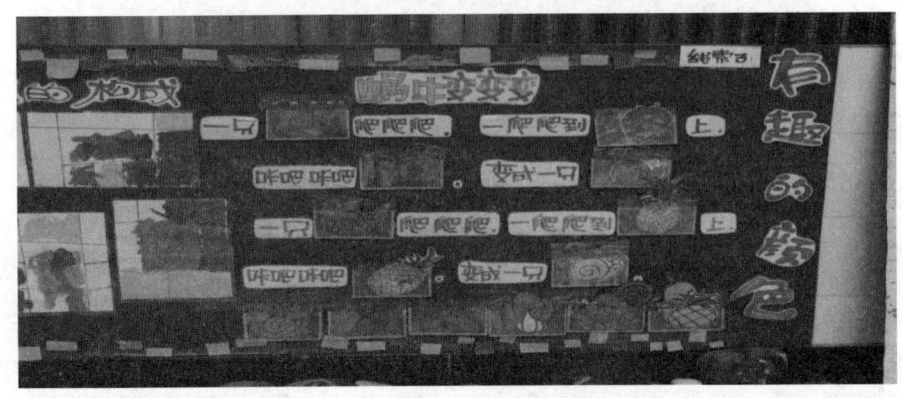

图 4-38　"蜗牛变变变"墙面设计

又如：有趣的颜色。窗台上摆放着孩子们用颜料和水制作的彩色水，这个活动由绘本故事《小蓝和小黄》拓展而来。小黄和小蓝——颜色变变变——会变色的水，幼儿由最开始感知颜色的变化，到对两种颜色混合后的变化产生好奇和兴趣，到自己尝试操作实验尽情体验变色的现象，并在老师引导下尝试做简单的变色记录。

主题墙上还有一个小板块——音乐区（见图 4-39），孩子们可将瓶子的颜色和乐曲色块的颜色一一对应，敲出美妙的音乐。其中，色块相当于一个媒介，孩子们通过色块感受颜色的多种用途。孩子们在感受颜色奥妙的同时，还可以欣赏到美妙的音乐。

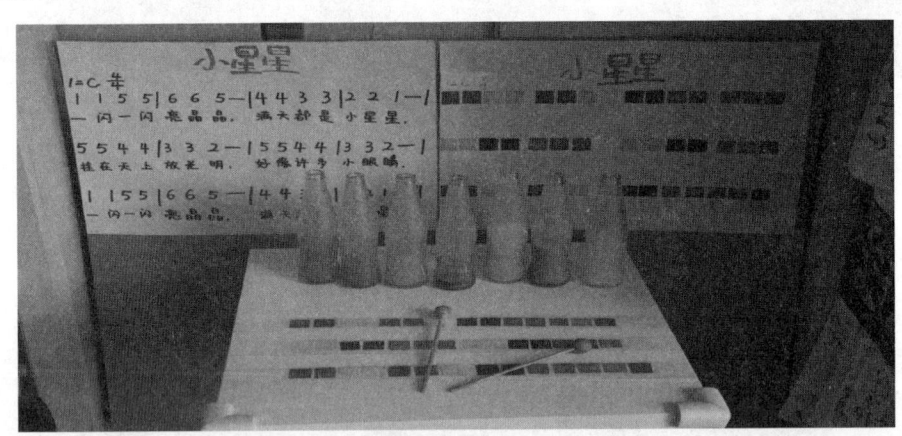

图 4-39　音乐区

五、主题墙创设反思

（一）主题墙不仅仅是"镜子"

主题墙是主题得以顺利开展的媒介，但它不仅仅如此。它承载着教师的教育意图，因此，我们要让主题墙"活"起来，启发幼儿，使其获得相关经验、提高能力水平。

（二）主题墙是"进行时"

主题墙的布置要与主题课程紧密地结合，主题进行到哪里，主题墙就应呈现出相应的内容。主题墙是记录幼儿活动过程和结果的载体，应始终是"进行时"。

（三）幼儿是主题墙创设的主体

在主题进行中，应多与幼儿进行讨论，结合幼儿的兴趣、意愿来布置主题墙，参与形式可以是个人也可以是小组。幼儿是一个能动的主体，教师要想办法让幼儿与主题墙积极互动，主动学习，发展自身能力。

参考文献

［1］教育部.3~6岁儿童学习与发展指南[Z].北京：首都师范大学出版社，2012．
［2］教育部基础教育司.国务院关于当前发展学前教育的若干意见[Z].2012（09）．
［3］张勤芳.围绕主题教学，幼儿与环境的互动[J].作文成功之路（上），2016（01）．
［4］高莉萍.以儿童为中心营造主题墙文化[J].新课程研究：学前教育，2012（03）．

在调查中发现　在环境中成长
——中班"我的安全我做主"主题墙方案设计

重庆市北碚区朝阳幼儿园　李　秋　柏承健

一、主题说明

让幼儿远离危险、远离伤害是我们共同的愿望。本期主题以保护幼儿生命、促进幼儿平安成长为出发点，开展"平平安安在家中""交通标志要牢记""安安全全玩游戏"三个主题内容，从家中的安全、社会环境中的安全、活动中的安全等维度，利用多种活动对幼儿进行园内园外的安全教育，丰富幼儿的安全知识，增强幼儿的安全意识，提升幼儿的自我保护能力。

二、主题目标

（1）观察周围环境中不安全的事物，知道避开危险，具有初步的安全意识和自我保护能力。

（2）认识生活中常见的交通标志和安全标志，理解意义和用途。

（3）喜欢参加艺术活动，通过各种形式加深对交通工具、安全标志、安全规则的认识，丰富安全生活经验。

三、创设规划

主题网络图。

四、创设过程

《幼儿园教育指导纲要（试行）》指出："环境是重要的教育资源，应与一定的教育目标和内容相连，通过创设和利用，有效促进幼儿的发展。"主题墙环境作为一种"隐形课程"存在于幼儿的学习与生活中，既是教育的背景，也是教育的手段，更是教育本身。为了更好地发挥主题墙的教育功能，我们不仅要注意墙面的呈现方式，还要重视其内容的教育价值；不仅要把主题墙作为幼儿学习、记录活动经验、反馈成长信息的形式，还要重视挖掘主题墙设计中的文化价值，创设并形成"墙壁"与课程，教师、幼儿和家长对话的互动文化。

（一）让调查成为主题墙环境创设的主线

中班主题活动"我的安全我做主"主题墙环境创设。首先，我们从五大领域入手设计了主题网络图，选择该主题下有价值的活动作为展示的内容，并根据班级场地等具体情况进行了整体设计与规划。本次主题活动以"调查"为主线，首先映入大家眼帘的是"安全调查大行动"主题板块，主要从三个方面展开调查，即"我知道的垃圾食品""家中的危险""马路上的不安全因素"。在健康领域"我知道的垃圾食品"中，孩子们像一个个小侦查员一样走进了重庆百货、新世纪、永辉等各大超市进行垃圾食品的调查，通过调查，孩子们知道了更多的垃圾食品种类，如膨化食品类、油炸类、冷冻类、饮料类等，以及这些食品吃多了对人体的危害（见图 4-40）。接下来，我们又生成了新的活动——"一周食谱记录"，通过记录一周食谱，孩子们发现我们每天的主食有米饭、蔬菜、肉类、牛奶、鸡蛋等，知道多吃有营养的食物对身体好，同时，通过美工活动"胶泥变变变"，孩子们初次尝试自己搭配健康餐（见图 4-41）。在"家中的危险"和"马路上的不安全因素"调查中，孩子们以绘画的形式将自己的发现记录下来，并与班上的小朋友一起分享交流（见图 4-42）。

 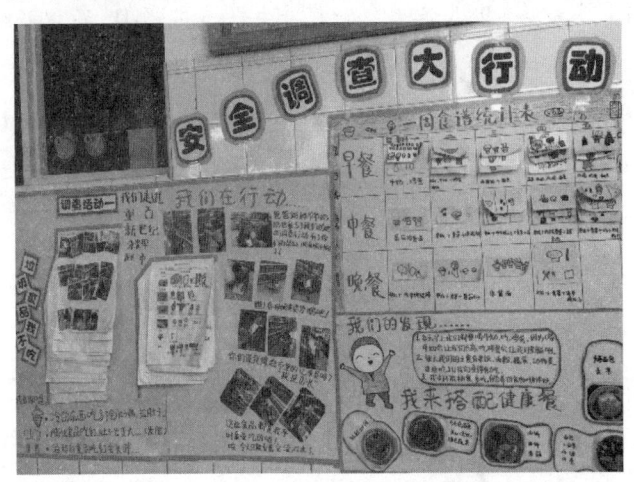

图 4-40　亲子调查　　　　　　　图 4-41　"垃圾食品我不吃"调查行动

图 4-42　马路上的不安全因素调查

（二）让家长成为主题墙环境创设的资源

家庭是幼儿园宝贵的教育资源，也是幼儿园得以持续发展的不懈动力，所以，开展主题墙设计活动要积极争取家长的支持、帮助与配合，有效实现家园共育。主题活动一开始，我们就对家长进行了调查，征集家长认为的热点话题（见图4-43）：（1）你希望幼儿园开展一些什么样的安全活动？（2）作为家长，你希望孩子了解、学习哪方面的安全知识？（3）你希望幼儿园开展哪些家长参与的安全活动？另外，我园邀请了重庆市利民消防中心的警官来我园作消防知识培训，家长安全教育课堂开始了。在社会领域开展的"我身边的安全标志"活动中，家长们带孩子寻找自己身边的、小区附近的、社区的安全标志，并用各种方式画下来，目的是让孩子们通过日常观察清楚地发现安全标志，知道安全标志随处可见，为下一个活动"我来设计安全标志"做知识经验的准备（见图4-44）。

图 4-43　家长热点话题征集

图 4-44　绘制交通标志

（三）让幼儿成为主题墙环境创设的主人

陈鹤琴先生说过，儿童自己亲手布置的环境，儿童会更加爱护。因此，我们让幼儿全程参与主题墙的环境创设，成为环境创设的主人。如在语言领域，我们开展"特殊的电话号码"活动，通过情境表演，孩子们再次清楚地知道了"110""120""119"等电话号码的作用，并能用连贯的语言讲述：咦！发生了什么事呢？我们快拨打电话……谁？开什么车？孩子们和老师一起将这个活动以可操作的形式呈现在了主题墙上，幼儿可边操作边讲故事，立体性、启发性、互动性都非常强（见图4-45）。

主题墙不仅能为幼儿提供表现自己、体验成功的机会，而且还能使幼儿更加自信。在艺术领域"创意角"展示了两个部分的内容，一个是"瓶盖变变变"（见图4-46），幼儿将平时收集的瓶盖做成了安全标志，在创作中，我们学会了用身边的物品来代替工具作画，如大篮子可以用来画大圆，透明胶可用来画小圆，比着纸块儿画直线……另一个是"立体交通标志"的制作，孩子们将制作的立体交通标志送到了建构区，搭建了"安全的马路"，体现了区域间的相容性。教师将幼儿的作品进行展示，会让幼儿体验到自我价值，感到自信，从而产生积极的自我肯定。

图 4-45　特殊的电话号码　　　　　　　图 4-46　瓶盖变变变

（四）让区角成为主题墙环境创设的拓展

幼儿的学习是以直接经验为基础，在游戏和日常生活中进行的。也就是说，幼儿的学习是建立在感知、体验、操作的基础上，以游戏为主要形式。而活动区活动很好地体现了这样的学习方式，幼儿非常喜欢，因此，主题环境创设当然也离不开区域背景墙饰。本次我们重点选择了两个区域的活动，即"小小建筑师"和"嗒嗒响小舞台"（建构区和表演区）。主题建构"安全的马路"，目的就是让幼儿用十字马路来对整个搭建内容进行板块划分（如小区、公园、停车场、游乐园等）。孩子们通过讨论，先用绘画的形式自己设计图纸，并现场施工（搭建）。在建构游戏中，大家用自己自制的彩色马路、立体交通标志、小人等丰富搭建的内容。在同一个主题中利用多种材料进行建构，形成不同的造型效果，幼儿的创造力、想象力、动手能力都得到了全面提升（见图 4-47~图 4-49）。在设计"小小建筑师"区域背景墙饰时，我们将水管涂上颜色并剪成一段一段的，然后像马路一样排列。我们将背景墙饰内容很自然地分成了三块，即"我的设计图纸""我们正在施工"以及"模拟的安全过马路"，同时，用各种立体图形来展示幼儿活动过程，这样的呈现，使主题墙面更加整体化。

图 4-47　"小小建筑师"施工现场全景　　　　图 4-48　自制马路、小人、交通标志

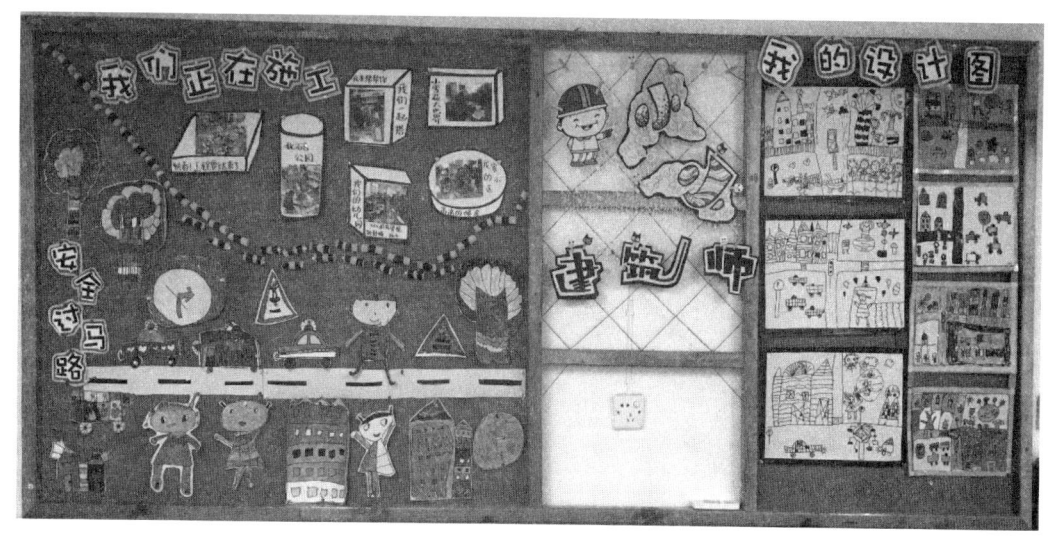

图 4-49 "小小建筑师"主题墙全景

在表演区,我们开展了"我是爱心小交警"的游戏,在区角新增了关于交通方面的一些材料,如小交警服装、自制的红绿灯、585 巴士车……孩子们学习交通指挥手势,这为后期将要开展的游戏做了很好的铺垫。孩子们在"我是爱心小交警"的游戏中,先合作搭建马路、小区、停车场等,并将自制的各种立体交通标志通过商量摆放在了一定的位置,然后扮演各种角色,如小交警、小司机、爸爸、妈妈、孩子、行人。在游戏中,我们进一步理解了何为"区域游戏中的深度学习"。考虑到司机、交警的职业涉及交通安全、生命安全,因此,在设计表演区区域背景墙饰时我们选用了各种小汽车造型作为主题背景,方便呈现幼儿作品及活动过程。最终,主题墙主要呈现了两个方面的内容:一是"学一学",即学习交通指挥手势;二是"玩一玩",即玩"爱心小交警"的游戏(见图 4-50～4-52)。

图 4-50 幼儿学习交通指挥手势

图 4-51 幼儿玩爱心小交警游戏

图 4-52 表演区全景

在本次主题墙的创设中,孩子们在调查中发现,在游戏中体验,在环境中成长。通过"我的安全我做主",孩子们的安全意识明显增强了,争做安全文明小卫士!

五、创设反思

本学期我园各班在"主题墙环境创设 我们在行动"活动中,通过"3+2+1"的模式,即三次深度培训、两次实地教研、一次分享交流,力争做到"让墙壁说话""让孩子与主题墙对话""让主题墙成为家园智慧的平台"。为此,幼儿园里呈现了一幅幅生动多彩的主题教育"风景墙"。这些主题墙主要具有以下特点:

(一)突出主题网络

顾名思义,主题墙应突出主题,在设计思路上,我以"安全"为主题,构思网络图,以"我"为基点,拓展"安全"方面的活动,衍生出"安全调查大行动""我是爱心小交警"等子主题。在"我是爱心小交警"中新增添了交通方面的材料以及交通指挥手势图片,孩子们通过学一学、玩一玩,扮演各种角色,进一步了解了交通安全标志的作用,增强了交通安全意识。

（二）体现课程层次

在突出主题的基础上，通过开展一次次主题活动，将各个领域的内容加以整合，主题墙的内容和目标层层推进。在"平平安安在家中"子主题中，"亲子调查"板块逐步增加了"我知道的垃圾食品""一周食谱统计""我的发现"以及"我来搭配健康餐"等环节。随着健康、美术、社会活动的开展，孩子们对垃圾食品有了更加深入的了解，这样一来，主题墙创设层层递进，形象地记录了课程的进展，内容不断丰富、深入和完善。

（三）注重家园参与

主题墙的创设是一个师幼互动、生生互动、家园互动的过程，不仅有教师、幼儿的参与，家长也是重要的合作伙伴。在本次主题活动中，我们充分调动了家长的积极性，邀请家长参与活动，搜集资料，提供与主题相关的图片、照片、生活用品资料等。另外，我们还为孩子们留出了相应的空间，让他们成为主题墙的主人，如"我的创意画""我设计的交通标志""我的设计图"等都是幼儿亲手创作的。整个主题活动，教师、幼儿、家长共同参与、共同感受、共同分享。

回顾本次创设活动，我真正了解了主题墙的意义与设计的关键点。主题墙面是重要的课程资源，必须使其具有知识性，这一点毋庸置疑，但其设计同样应具有趣味性，这是由幼儿年龄特点决定的。确定墙面内容后，还应增加情境性的设计，以体现教师对墙面的整理智慧。我将在今后的工作中认真做好主题墙设计，帮助幼儿创造一个真正属于他们的墙面。

第五章　幼儿园区域材料的投放

一、区域材料投放的策略

材料结构及投放方式对幼儿创造想象的影响研究

遵义师范学院教师教育学院　黄玉娇

本研究采用实验法，选取了幼儿园 3~6 岁共 72 名幼儿作为被试，以穿珠子和积木作为研究材料，探讨了材料结构及其投放方式对 3~6 幼儿创造想象的影响。结果发现：（1）幼儿创造想象能力的发展是随幼儿年龄的增长而不断提高的，且不同年龄阶段幼儿具有不同的创造想象特点。（2）材料结构会影响幼儿的创造想象，相对于高结构材料，低结构材料更有利于幼儿创造想象能力的发展，只是低结构材料具有年龄的适用性，中大班幼儿更能驾驭。（3）投放方式会影响幼儿的创造想象，相对于高结构投放方式，低结构投放方式更有利于幼儿创造想象能力的发展，且同种材料既可高结构投放，也可低结构投放，其具有不同的效益。（4）相对于高结构材料高结构投放和低结构材料高结构投放来说，低结构材料低结构投放和高结构材料低结构投放更能促进幼儿创造想象能力的发展。

一、问题提出

创造想象是幼儿个性形成和发展的重要条件，在幼儿认知和思维发展中起着重要的作用。在一定程度上，通过幼儿创造想象的发展水平还能预测幼儿创造性的发展状况。而结构游戏是以敏锐观察、自由想象、创造思维为基础的活动，因而，在结构游戏中幼儿对结构材料的操作情况也能很好地反映幼儿的创造想象及认知发展水平。与此同时，幼儿在对游戏材料的直接操作过程中能获得材料色彩、形状、大小及空间比例等方面的知识，增强对数量和图像的理解能力。由此可见，结构游戏对幼儿的早期发展起着重要的促进作用。从已有研究可以看出，材料的结构性与儿童行为的发展具有密切关系，其投放方式更制约着幼儿创造想象的发挥。因此，要强调结构游戏中的材料及其投放方式，它是使幼儿从操作过程中获得有关的知识和经验的保障，也是促进幼儿在结构游戏中创造想象得以发展的前提。

从以往的研究文献来看，国内外多数研究者主要针对创造想象本身及其教育、发展等进行了观察或相关研究，基本没有从不同材料结构及其投放方式角度入手，深入、系统地分析、验证其对幼儿创造想象的影响，且研究对象多为成人及中小学生，国内几乎没有涉及学龄前儿童创造想象的实验研究。而关于创造想象方面的研究，也大都采用问卷法、测量法、作图法及创作法等。除此之外，所得的研究结论也不统一，对结论的解释也比较含糊，甚至有些研究结论还存在争议，且很多研究结果的适用性不强。因此，在对已有文献进行梳理的基础上，本研究尝试提出适合学前儿童创造想象的评价标准，致力在幼儿园真实教育情境中，通过对一定条件的控制来进行实验研究,并配合幼儿园实地的观察和作品分析等方法,来探讨并验证幼儿园高低结构材料及不同的结构化投放方式对幼儿创造想象产生的影响。因而本研究值得研究者关注。

二、研究方法

(一)被试

研究人员从重庆市某区一所城市幼儿园中随机抽取小、中、大班共六个班,采用"幼儿创造想象的取样工具"对每个年级的幼儿进行测查,根据每个幼儿的最终得分,采用"蛇形分组法"将不同年级幼儿的成绩排名拉通配对,最终得到各个不同年级样本总量72人,具体被试样本分布情况如表5.1所示。

表5.1 被试的样本分布(N=72)

年龄	性别		总计	平均月龄
	男	女		
3岁组	10	14	24	39
4岁组	11	13	24	51
5岁组	12	12	24	63
总计	33	39	72	153

(二)实验设计与程序

1. 实验设计

本实验采用2(材料结构)×2(投放方式)×3(年龄)三因素被试间实验设计。自变量为材料结构、投放方式、年龄,因变量为幼儿的创造想象能力,控制变量为熟悉度、顺序性、时间段等。

2. 实验材料

高结构"穿珠子"的材料配置,数量6份;低结构"搭积木"的材料配置,数量6份。

3. 实验程序

游戏室的选择—被试配对分组—操作规定—培训主试—预实验—正式施测。

4. 研究工具

(1)记录工具。用数码相机拍下幼儿的作品,在实验过程中研究者还用纸笔记录了幼儿的自言自语和回答。

(2)幼儿创造想象的被试取样工具。测试题目分为四个部分,让幼儿在空间想象方面、图形想象方面、用途想象方面、填补成画的能力方面自由发挥,根据一定的评分标准测试被试的综合得分。

(3)评价工具。《幼儿创造想象的评价标准》(将幼儿创造想象分为三种品质,即丰富性、新颖性和独创性。丰富性:短时间内思维发散、想象的数量;新颖性:思维发散的形式和功能新奇;独创性:思维发散的独特和创新。每种品质分为四个等级,主试根据幼儿的表现综合打分,总成绩为三项品质的得分之和)。

(4)效度与信度。

① 内容效度。

基于预实验和讨论的结果进一步对该标准的语言进行仔细推敲和修订，最终形成评价标准定稿。

② 评分者信度。

根据拟定好的幼儿创造想象评价标准，由不同的两名评分者对随机抽取的10名幼儿进行综合评分，评分者一致性信度为0.89（$p<0.01$），这也表明，本研究的评分标准较为客观，具有良好的实践性和可操作性。

5. 统计处理

本研究采用质与量相结合的研究方法，对实验结果进行分析。所有量化数据均以Excel2003录入，采用SPSS16.0统计分析；在实验过程中访谈所得的质性材料均以年龄和处理方式的不同情况呈现，通过质和量的综合分析，多感官、全方位地了解幼儿的创造想象能力。

三、研究结果与分析

以下是实验结果的量化分析

1. 年龄对幼儿创造想象能力的影响

不同年龄的幼儿在创造想象总分上、丰富性成绩上、新颖性成绩上、独创性成绩上的单因素方差分析如表5.2~表5.5所示。

表 5.2　不同年龄的幼儿在创造想象总分上的单因素方差分析

（I）年龄	（J）年龄	均值差值	标准误差	P 值
3	4	-0.75	0.558	0.184
	5	-1.38*	0.558	0.016
4	3	0.75	0.558	0.184
	5	-0.62	0.558	0.267
5	3	1.38*	0.558	0.016
	4	0.62	0.558	0.267

（注：*表示$p<0.05$，**表示$p<0.01$，***表示$p<0.001$；基于观测到的均值；误差项为均值方（错误）= 3.741；*. 均值差值在 0.05 级别上较显著）

表 5.3　不同年龄的幼儿在丰富性成绩上的单因素方差分析

（I）年龄	（J）年龄	均值差值	标准误差	P 值
3	4	-0.08	0.226	0.713
	5	-0.21	0.226	0.359
4	3	0.08	0.226	0.713
	5	-0.13	0.226	0.581
5	3	0.21	0.226	0.359
	4	0.13	0.226	0.581

（注：*表示$p<0.05$，**表示$p<0.01$，***表示$p<0.001$）

表 5.4 不同年龄的幼儿在新颖性成绩上的单因素方差分析

（I）年龄	（J）年龄	均值差值	标准误差	P 值
3	4	−0.29	0.217	0.183
	5	−0.67*	0.217	0.003
4	3	0.29	0.217	0.183
	5	−0.38	0.217	0.088
5	3	0.67*	0.217	0.003
	4	0.38	0.217	0.088

（注：*表示 p<0.05，**表示 p<0.01，***表示 p<0.001）

表 5.5 不同年龄的幼儿在独创性成绩上的单因素方差分析

（I）年龄	（J）年龄	均值差值	标准误差	P 值
3	4	−0.38	0.247	0.134
	5	−0.50*	0.247	0.047
4	3	0.38	0.247	0.13
	5	−0.12	0.247	0.615
5	3	0.50*	0.247	0.047
	4	0.12	0.247	0.615

（注：*表示 p<0.05，**表示 p<0.01，***表示 p<0.001）

根据表 5.5 中单因素方差分析的结果可以看出，3 岁幼儿和 5 岁幼儿在创造想象的总分、新颖性及其独创性上都存在显著差异（P<0.05）；3 岁幼儿和 5 岁幼儿在创造想象的丰富性上不存在显著差异（P>0.05）；而 3 岁幼儿和 4 岁幼儿、4 岁幼儿和 5 岁幼儿不管是在创造想象总分上，还是在丰富性、新颖性及独创性上均不存在显著差异（P>0.05）。

2. 材料结构对幼儿创造想象能力的影响（见表 5.6）

表 5.6 不同结构材料的独立样本 T 检验

材料		方差方程的 Levene 检验		均值方程的 T 检验		
		F	T	均值差值	标准误差值	P 值
丰富性	高	0.001	−1.377	−0.250	0.182	0.173
	低		−1.377	−0.250	0.182	0.173
新颖性	高	2.275	−2.304	−0.417	0.181	0.024
	低		−2.304	−0.417	0.181	0.024
独创性	高	0.975	−2.076	−0.417	0.201	0.042
	低		−2.076	−0.417	0.201	0.042
总分	高	0.009	−2.386	−1.083	0.454	0.020
	低		−2.386	−1.083	0.454	0.020

（注：*表示 p<0.05，**表示 p<0.01，***表示 p<0.001）

从表 5.6 中 T 检验的结果可以看出，在高低两种不同的结构材料中，新颖性、独创性及创造想象总分始终表现出显著的差异（P<0.05），而丰富性没有显著差异（P>0.05）。

3. 投放方式对幼儿创造想象能力的影响（见表 5.7）

表 5.7 不同结构化投放方式的独立样本 T 检验

材料		方差方程的 Levene 检验		均值方程的 T 检验		
		F	T	均值差值	标准误差值	P 值
丰富性	高	0.460	-8.288	-1.083	0.131	0.000
	低		-8.288	-1.083	0.131	0.000
新颖性	高	0.828	-3.730	-0.639	0.171	0.000
	低		-3.730	-0.639	0.171	0.000
独创性	高	0.730	-4.402	-0.806	0.183	0.000
	低		-4.402	-0.806	0.183	0.000
总分	高	1.381	-6.967	-2.528	0.363	0.000
	低		-6.967	-2.528	0.363	0.000

（注：*表示 p<0.05，**表示 p<0.01，***表示 p<0.001）

由表 5.7 中 T 检验的结果可以看出，在高低两种不同的结构化投放方式中，丰富性、新颖性、独创性及创造性想象总分始终表现出极其显著的差异（P<0.001）。

4. 材料结构和投放方式对幼儿创造想象能力的影响（见表 5.8）。

表 5.8 材料×投放交互影响的单因素方差分析

效应	总分		丰富性		新颖性		独创性	
	F	P	F	P	F	P	F	P
材料	10.003	0.002	3.752	0.057	6.343	0.014	5.488	0.022
投放	54.459	0.000	70.455	0.000	14.914	0.000	20.512	0.000
材料×投放	0.533	0.468	0.046	0.830	0.705	0.404	0.610	0.438

（注：*表示 p<0.05，**表示 p<0.01，***表示 p<0.001）

表 5.8 中的方差分析显示了幼儿创造想象能力显著的材料结构主效应（F=10.003，P<0.01）和极其显著的投放方式主效应（F=54.459，P<0.001），即高低不同结构材料间的幼儿创造想象能力存在显著差异，高低不同结构化投放方式情境下幼儿的创造想象能力表现存在极其显著差异。然而，没有显著的材料×投放交互效应（F=0.533，P>0.05）。

5. 年龄、材料结构及投放方式对幼儿创造想象能力的影响（见表 5.9）。

表 5.9 年龄×投放×材料三因素交互影响单因素方差分析

效应	总分		丰富性		新颖性		独创性	
	F	P	F	P	F	P	F	P
材料	10.818	0.002	3.785	0.056	6.902	0.011	5.488	0.022
投放	58.898	0.000	71.075	0.000	16.227	0.000	20.512	0.000
年龄	5.825	0.005	0.888	0.417	5.920	0.005	2.854	0.065

续表

效应	总分		丰富性		新颖性		独创性	
	F	P	F	P	F	P	F	P
材料×投放	0.576	0.451	0.047	0.830	0.767	0.385	0.610	0.438
材料×年龄	0.149	0.862	0.421	0.659	0.092	0.912	0.220	0.804
投放×年龄	0.775	0.465	1.262	0.291	0.031	0.970	0.902	0.411
材料×投放×年龄	0.021	0.979	1.729	0.186	0.951	0.392	0.024	0.976

（注：*表示 $p<0.05$，**表示 $p<0.01$，***表示 $p<0.001$）

根据表 5.9 中的方差分析显示，幼儿创造想象能力显著的材料结构主效应（$F=10.818$，$P<0.01$），显著的年龄主效应（$F=5.825$，$P<0.01$）和极其显著的投放方式主效应（$F=58.898$，$P<0.001$），即高低不同结构材料间的幼儿创造想象能力存在显著差异，各年龄间幼儿的创造想象能力存在显著差异，高低不同结构化投放方式情境下幼儿的创造想象能力表现存在极其显著差异。然而，没有显著的材料×投放交互效应（$F=0.576$，$P>0.05$）、材料×年龄交互效应（$F=0.149$，$P>0.05$）、投放×年龄交互效应（$F=0.775$，$P>0.05$）及材料×投放×年龄交互效应（$F=0.021$，$P>0.05$）。

四、讨　论

1. 幼儿创造想象发展的年龄特点

已有研究认为，幼儿创造想象的发展与年龄有关。本研究的结果表明，幼儿创造想象力随幼儿年龄的增长而提高，幼儿年龄越大，其创造想象就越丰富、新颖和独特，操作的主题性、有意性、完整性及布局意识等也越来越强。尤其是 3 岁幼儿和 5 岁幼儿在创造想象总分上的差异始终较为显著（$P<0.05$）；而这也显示出各个不同年龄阶段幼儿在创造想象发展方面的特点。具体来说，3 岁幼儿创造想象水平很低，基本上是一种无意想象的结合，其能在主试的启发诱导下进行想象，但也以再造想象为主；4 岁幼儿伴随着思维表象的日益丰富及语言能力等的不断提高，其创造想象与 3 岁幼儿相比已表现出明显的进步，4 岁幼儿在材料操作过程中，已能初步理解指导语的含义，并展开丰富的想象；而 5 岁幼儿完全能听懂指导语的含义，大多数幼儿能根据自己所具有的材料想象两个以上的物体或场景并进行操作，而且能说清楚其中两种或两种以上的功能，丰富性、新颖性和独创性都有所增加，同时，其想象具有鲜明的主题性和目的性，整体布局意识也大大增强，想象的范围不断扩大，其操作场景也力求符合客观现实。

2. 不同结构材料对幼儿创造想象发展的影响

对于材料的结构性与儿童行为之间的关系，已有研究表明，材料的结构性会影响幼儿创造想象的发挥。本研究结果表明，高低两种不同的结构材料在创造想象总分上始终表现出显著的差异（$P<0.05$），即相对于高结构材料，低结构材料更有利于幼儿思维的发散和创造想象的发展，这与 Pulaski（1973）、Einsiedler（1986）等人的研究结论基本一致。另外，本研究还发现，中大班幼儿更倾向于玩低结构材料，而高结构材料更容易引发小班幼儿的假装性行为，小班幼儿反而不知道如何使用低结构材料，这与 Sutton-Smith（1986）、刘焱（1986）等人的研究结论也较为一致。

3. 不同结构化材料投放方式对幼儿创造想象发展的影响

本研究的结果表明，高低两种不同的结构化投放方式在丰富性、新颖性、独创性及创造想象总分上始终表现出极其显著的差异（$P<0.001$），即相对于高结构投放方式来说，低结构投放方式更有利于幼儿创造想象的发展。同一种材料既可以高投放，也可以低投放，即高结构材料可以高投放，也可以低投放；同样，低结构材料既可以高投放，也可以低投放，材料的投放方式决定了幼儿的使用方法。这与朱若华（2005）的研究结论也较为相似。

总之，本研究探索了不同年龄幼儿在不同实验情境中操作玩具材料时的创造想象表现。通过研究发现，年龄、不同结构材料及投放方式等因素都可能会影响幼儿创造想象的发展。因此，本研究结果也能为如何提高幼儿创造想象提供一些有益的参考建议。

五、教育建议

1. 针对特点，分层指导

促进小班幼儿创造想象的发展，应从积累小班幼儿的记忆表象入手，应为小班幼儿提供各种丰富的感性材料，让幼儿在看看、摸摸、动动、尝尝等多感官的学习和操作中，获得感官刺激，逐渐积累感性经验，从而促进其创造想象的不断发展；中班幼儿由于已具备一定的表象经验、独立性和主题性等，相对于小班幼儿，其创造想象力已大大提高，因此，应基于中班幼儿已有经验，在日常的学习或游戏活动中，为其提供多样化的具有挑战性的感性材料，并同时增加活动的难度和主题性，从而启发幼儿的发散思维，促进其"最近发展区"的提高；而大班幼儿由于其想象的情节性、丰富性、新颖性和独创性等均明显发展，因此，应注意引导大班幼儿借形、借色等进行大胆的想象，同时，引导大班幼儿树立建构或操作中的整体布局意识，例如幼儿虽然搭建了一座小区，但整个小区只有几栋楼房，而这时，教师就可以引导幼儿回答"小区里除了有楼房，还有什么？如果有，我们用什么做等"，从而提示幼儿可以以物代物、以物代人等，进而促进幼儿的创造想象向高水平发展。

2. 合理搭配，有效投放

为充分发挥各类材料的价值，增强学龄前幼儿的创造想象力，应在幼儿园日常的学习与游戏活动中，为幼儿提供各种丰富而具有针对性的材料，实现高低不同结构材料的合理搭配，有效投放，如在大班的晨间体育区域中，既可在平衡区投放幼儿园购置的、颜色鲜艳的过河石、直线与曲线路，又可为幼儿提供自制的高跷、脚踏板、梅花桩、纸盒汽车、提拉鞋等，既有成品材料、半成品材料，又有各种废物利用的自制物品等，这样一来，材料一物多玩，幼儿操作游戏的兴趣大增。另外，在材料投放中，还应充分认识材料本身对不同年龄幼儿的适用性，一般而言，练习性的高结构材料有利于引发小班幼儿的假装性游戏，因此不太适合大班幼儿；而针对中大班幼儿，应增加低结构材料的投放比例，比如在晨间体育区域的跑跳区中为幼儿提供自制的鞋盒，幼儿在玩的过程中既能单脚跳、双脚跳、前后跳、左右跳，还能高低跳、重量跳等，这样不仅使幼儿在活动中生发了各种创造性玩法，同时也满足了幼儿的个体差异。总之，材料投放的目的是有效，要让幼儿去控制材料，在有限的时间内实现教育效果的最优化。

3. 家园合作，共促共育

为促进幼儿创造想象的发展，幼儿园教师应本着尊重、平等及合作等原则，积极争取幼儿家长的理解、认同和支持，并促使家长自愿地、主动地参与到幼儿园教育教学活动中，从而形成教育合力。首先，幼儿园教师应通过家长会、QQ群、微信群、宣传栏等多种途径对家长进行宣传和引导，使家长正确认识幼儿学习和发展的特点，及在幼儿阶段培养其创造想象的重要性，促使家长在理念上转变。其次，要多与家长沟通、交流，争取家长在行动上支持和配合，如可通过邀请家长观摩幼儿园游戏活动、参与幼儿园教育教学活动或准备活动需要的材料等形式，激发家长的主动参与性，真正做到"家园配合"和"家园一致"，达到事半功倍的效果。最后，家长还应不断提高自身素质，努力为幼儿创设良好、民主及宽松的条件和氛围，促进幼儿创造想象的发展。

4. 个别差异，适当引导

针对幼儿的个别化差异，幼儿园教师应基于实际，适当引导。首先，教师不仅不能放弃那些想象力较差的幼儿，还应做到全面关注和积极接纳，可经常称赞和鼓励他们，还可适当地对他们进行思维发散、自由联想等方面的训练，如命名、变换、解释某物体的用途或功能等。其次，对于那些创造想象很丰富但又不着边际的幼儿，教师可引导其在作品想象的主题性和整体布局上下功夫。最后，提倡教师在幼儿园日常的教育教学活动中，采取个性化的方式投放材料，如对于游戏操作水平较高的幼儿，可适当增加主体操作材料；对于游戏操作水平不高但又喜欢用单个物体进行假装游戏的幼儿，则可适当考虑添加辅助材料，如在建构区中添加牛奶盒子、奶粉桶、易拉罐等，以增强幼儿的兴趣和成就感。

5. 全面评价，避免单一

为促进幼儿创造想象不断发展，对于幼儿创造想象的评价应客观而全面，尽量避免绝对化和单一化。首先，在集中教育活动中，教师应鼓励幼儿多尝试、多探索，而不是片面地看作品像不像或美不美；鼓励幼儿自由创造，从多角度思考问题，并能用与众不同的方式表达自我感受，而不是仅限于教师的范例。其次，在游戏活动中，教师应为幼儿提供多样化的游戏材料，特别是低结构的游戏材料，要鼓励幼儿大胆地凭借自己的经验和想象任意地对材料进行操作，对于幼儿提出的想法，教师要予以肯定，并对幼儿加以鼓励和表扬。最后，教师还要善于抓住一日活动其他环节中幼儿的表现，引导幼儿之间、幼儿自己、幼儿家长进行正确的、全面的评价，从而促进幼儿创造想象能力和水平的不断提高。

参考文献

[1] 陈会昌. 采用构造玩具教学对幼儿创造力发展的影响[J]. 心理学报，1987（03）.
[2] 王志芳. 4~6岁幼儿创造性想象培养的实验研究[D]. 临汾：山西师范大学，2008.
[3] 陈红香. 三至六岁幼儿创造性想象发展的调查分析[J]. 学前教育研究，1992（02）.
[4] 王连洲. 8~14岁儿童创造性想象发展的实验研究[D]. 保定：河北大学，2005.
[5] 刘焱. 象征性游戏和学前儿童的智力发展[J]. 北京师范大学学报（社会科学版），1986（06）.
[6] 华爱华. 幼儿游戏理论[M]. 上海：上海教育出版社，1998：195.
[7] 朱若华. 幼儿园活动区材料投放方式与儿童行为的研究[D]. 上海：华东师范大学，2005.
[8] 董素芳. 结构游戏材料投放方式对儿童结构游戏行为影响的研究[D]. 上海：华东师范大学，2007.
[9] 贾文萍. 不同学习方式对小学三年级儿童创造性想象发展的影响研究[D]. 苏州：苏州大学，2005.

[10] 唐立宁. 幼儿积木游戏中模拟搭建行为的研究[D]. 上海：华东师范大学，2011.
[11] 王连洲. 0~3岁幼儿想象的发展与教育[J]. 学前教育研究，2005（3）.
[12] 张莹，华爱华. 游戏时长对幼儿积木游戏行为与作品的影响[J]. 学前教育研究，2009（2）.
[13] 董奇. 元认知与思维品质关系性质的相关、实验研究[J]. 北京师范大学学报（社会科学版），1990（5）.
[14] 蔡雪. 玩具结构对幼儿社会观点采择、故事讲述的影响研究[D]. 杭州：浙江师范大学，2010.
[15] 刘雪. 角色游戏中幼儿使用物质材料状况的研究[D]. 南京：南京师范大学，2007.
[16] 朱家雄. 幼儿园活动材料的选择和准备[J]. 早期教育，1995（3）.

主题背景下晨间体育区材料投放的研究综述

遵义师范学院教师教育学院　黄玉娇

晨间体育区是幼儿园户外活动区，在幼儿的发展方面具有较大的价值，而材料作为区域活动的物质载体，其性质、数量、种类及搭配等不同，会对幼儿的行为产生不同的影响。

一、核心概念界定
（一）主题背景
关于主题背景，不同的研究者的定义不同。吉姆·比恩把"主题"看作课程的组织中心；冯晓霞（2001）在其研究中指出，单元主题活动"就是在一段时间内围绕一个中心内容来组织的教育教学活动"。有宝华（2002）指出："在课程内容的组织中，主题是指不同内容共同指向的核心问题。"虞永平（2002）在《论幼儿园课程中的主题》一文也说道："在幼儿园课程这个研究领域使用'主题'一词，意指课程的某一单元、某个时段所要讨论的中心话题，通过对这些中心话题的讨论，对中心话题中蕴涵的问题、现象、事件等的探究，使幼儿获得新的、整体的、联系的经验。"朱家雄（2003）在《幼儿园课程》中提出，通过主题方式开展教育活动是综合性课程实现的一种方式。因此，本研究在综合已有研究的基础上把主题背景看作是一个"系统工程"，具有延续性和一定的时间跨度；综合幼儿健康、社会、科学、语言及认知、情感等方面内容，是对彼此密切关联的一系列活动或经验的概括；另外，融合了教学活动、游戏活动、生活活动等组织形式，有利于教育活动的有效开展。

（二）晨间体育区
晨间体育区即晨间体育活动区，是幼儿园一日活动的开端之地，是幼儿在入园后至早操前这段时间，幼儿借助园内活动器械等开展的、以幼儿体能发展为目标的户外体育锻炼活动的区域，也是幼儿在幼儿园内进行自主自愿活动的体育区域。其设置遵循幼儿的生理特点及基本动作、运动能力发展的特点。幼儿在晨间体育区开展活动，锻炼自身走、跑、跳、攀爬以及平衡等基本能力，提高身体素质，增强动作的灵活性、平衡性，身体各个部分机能有所加强。在晨间体育活动区，教师有必要对幼儿进行适当的保护、引导，有针对性地投放丰富多样的游戏器械、玩具和材料。

（三）材料投放

材料投放主要是指教师根据儿童发展和教育的需要，有目的、有意识地按照一定的依据对游戏材料进行投放的过程。对于材料投放与儿童行为之间关系的研究，国内外学者已进行过大量的分析和探索。已有研究发现，活动区材料投放的数量、种类、性质及搭配不同，会对幼儿的行为产生不同的影响；此外，关于材料投放的建议和策略方面，国内外的研究也非常多，因此，对活动区材料的投放应注重从单一化的投放方式向多样化的投放方式转变，以更好地促进幼儿的发展。

二、相关研究

（一）主题背景下晨间体育区相关研究

1. 主题背景下的晨间体育活动

主题背景下的晨间体育活动是根据幼儿发展需求和幼儿园课程中某一个主题内容，确定区域教育目标，然后根据目标投放区域材料，开展有效的区域活动，运用集体、小组和个别相结合的活动形式，组织幼儿进行自主选择、自由交往、自由探索的活动。《幼儿园教育指导纲要（试行）》明确指出："幼儿园的空间、设施、活动材料和常规要求等应有利于引发、支持幼儿的游戏和各种探索活动，有利于引发、支持幼儿与周围环境之间积极的相互作用。"区域活动具有自由选择、自由活动、自我建构的特点，能够满足不同幼儿的兴趣和需要，使幼儿在自由空间中接收主题中的新知识。

2. 建构主题背景下晨间区的指导策略

（1）构建晨间区的双向活动主体模式。

有研究者（余霞，2011）在行动研究和观察研究的基础上，分别对区域活动、小组活动、集体活动中的师幼互动进行了研究，提出了建立有效师幼互动关系的建议。研究者认为在发挥幼儿的主体性地位的同时，应积极建立多元化的师幼互动的模式。在幼儿的晨间区域活动中，教师不再是活动的唯一组织者和决策者，要形成教师与幼儿互动参与的双向主题模式。教师要尊重幼儿的选择，与幼儿一起投入晨间活动，体会共同游戏所带来的快乐。现如今，新的课程组织方式改变了以往教与学的方式，也改变了旧有的师幼之间的地位关系。教师与幼儿之间变得更加平等，教师由权威者变为参与者，幼儿由被动的接受者变为主动的经验获取者。有了老师的参与，孩子们会对活动保持积极性，把教师当作他们中的一员，愿意在教师面前倾诉和展现自我。

（2）增加以合作游戏为活动特点的晨间体育区。

英国心理学家温尼科特认为，游戏为内在主观世界与外部客观现实之间的联系架起了桥梁，为梦想和现实之间的联系架起了桥梁。幼儿园以游戏为基本活动，适合幼儿的生理和心理特点。因此，利用游戏来吸引幼儿参与晨间区域活动的积极性和主动性，并结合幼儿的合作精神和行为融入好玩有趣的活动当中，设计一定的游戏情境，配上活动器械，这样，幼儿既能锻炼身体，又可以通过活动来增加与同伴的互动合作。比如，教师设计以幼儿小组为单位进行活动比赛，只有每一位幼儿都积极主动参与游戏，并与同伴合作才能完成任务，这样，通过活动，幼儿的群体意识得到显著增强。

（3）优化区域设置，引导幼儿一物多玩。

在晨间活动区中进行的一物多玩是一种常用的方法。一物多玩的创造性活动可以发展幼儿的好奇心和自主性，并让幼儿在活动中体验到快乐。因此，要引导幼儿进行一物多玩，首先就要消除场地的固定设置的弊端，依据幼儿园户外场地的特点来进行区域划分，并结合幼儿发展的特点，设计适宜的区域运动项目。在区域创设方面，要充分考虑建设与攀爬类、平衡类、速度类、反应类、灵敏性等能力训练相关的区域，并统一各大区域，构建大型的混合式的晨间活动区域。这样一来，可以充分调动幼儿活动的积极性、探索性以及创新性。另外，晨间体育活动应该是一项持续的活动，因而场地的设置不能一成不变，它应该随着幼儿的兴趣以及发展的需要而变化。因此，教师可以引导幼儿充分自由地玩出各种不同的花样。

（二）晨间体育区材料投放相关研究

1. 晨间体育区材料投放的原则

晨间体育区活动是幼儿在活动区中自由探索、自主选择活动器械、材料的非正式性体育活动。有效的材料投放可以促进幼儿社会交往及动手操作方面能力的提升。因此，晨间体育区材料投放应遵循适宜性、层次性及系统性等原则。

2. 晨间体育区材料投放存在的问题

目前，幼儿园的晨间体育区材料投放还存在着不足，主要体现在以下几个方面：（1）材料功能单一。目前，幼儿园的晨间体育区投放的材料种类较少，不能满足每个幼儿选择的需要；材料的功能较为单一，无法促进不同幼儿在不同发展水平上的提高。另外，活动区域也是教师提前划分好的，不利于幼儿自主性的培养。（2）教师组织不当。在实践中，有的幼儿教师目的性不明确。如一些教师为强化某个运动技能会人为地干扰幼儿的活动进程，从而造成幼儿情绪低落，失去活动兴趣。（3）没有形成具有内在统一的区域设置。晨间区域活动是一个大型的综合性的活动，其主要目的是为了发展幼儿走、跑、跳、攀爬以及平衡等基本动作。目前，晨间活动的区域设置大致还遵循着以不同发展目的为依据的区域建构划分，而忽视每一区域之间的内在联系。因此，每一区域单独划分功能显得比较单一。

3. 晨间体育区材料投放的功能研究

（1）晨间体育区活动促进良好师幼关系的形成。

晨间体育区活动可以增强师幼之间的互动，促进良好师幼关系的形成。在晨间体育区活动中，教师以玩伴的身份参与幼儿活动，既是活动的组织者，又是活动的参与者，与幼儿融为一体。教师加入幼儿的晨间体育区活动，不仅可以丰富活动内容，提高区域活动的质量，而且可以鼓励幼儿，活跃气氛，有助于良好师幼关系的建立。良好的师幼关系可以让幼儿感受到关爱以及安全感，自主、健康地成长，不仅如此，良好的师幼关系还有助于幼儿建立积极的同伴关系。

（2）晨间体育区活动能够创造更多同伴互动机会。

晨间体育区活动作为幼儿园集中教学活动的延伸，对幼儿的社会交往具有重要的影响。开展晨间体育区活动，另一个较为重要的意义就是要为幼儿创设一个轻松、和谐、主动交往的群体环境，增加幼儿同伴之间的交往机会，从中获得群体意识。比如跳橡皮筋、团体比赛等活动，都需要至少两个以上幼儿合作才能进行，这时幼儿就会去主动邀请同伴，互相配合进行体育活动。这样，幼儿在主动交流中发展了同伴交往能力。通过这个方式，幼儿在晨间活动中就能以积极主动的态度与同伴交往，共同完成区域活动的内容，其个性得到良好的发展。幼儿同伴之间的交往相比成人来说更加自由、平等，这种平等关系促使幼儿去尝试一种新的探索，特别是产生一种新的敏感性，这种敏感性将成为发展社交能力和爱的能力的基石。

（3）晨间体育区活动激励幼儿合作精神的发展。

3~6岁的幼儿处于前运算阶段，其认知特点具有"自我中心化"。在此阶段可促进幼儿合作行为的发展，而开展幼儿晨间体育区活动对于激发幼儿的合作精神和行为意义重大。有研究者发现（李颖，2000），幼儿自发的合作行为有90%以上都发生在游戏活动中。晨间体育区活动具有很强的接纳性和融合性，在促进幼儿身体发展的同时还能激励幼儿的合作精神和行为，促进幼儿同伴合作的开展。在晨间体育区活动中，教师创设合作条件，为幼儿创设一个预设与原有图式相冲突的情境，并且给儿童足够的时间让他们去尝试错误，在试误的过程中，幼儿与同伴合作完成活动，以此为契机建立新的图式。这样不仅促进了幼儿认知能力的发展，还促进了幼儿合作行为的发生。

（三）主题背景下活动区材料投放相关研究

蒙台梭利提出了将教育领域划分为不同活动区的教育思想，将教室设计为不同区域，借助自制教具达到教育目标。她主张教师为幼儿提供材料，让幼儿根据自己的兴趣和需要自主选择区域活动。美国学者约翰·托马斯主张各个区域之间要平衡，动区和静区要分开，以免互相干扰。根据幼儿的发展水平合理安排各区活动，在促进幼儿自我发展的同时，师幼互动很重要。纽约一托幼机构每日活动安排表中显示一天幼儿的区角活动时间约为一个半小时：10:00—10:45是区角学习活动时间，3:00—3:45是区角安静活动时间。瑞吉欧课程中教师是幼儿活动材料的安排者、幼儿活动的参与者和协助者、幼儿行为的记录者和研究者，教师鼓励幼儿运用各种可用作表达的、交流的和认知的语言去探索环境和表现自我。幼儿可用一百种甚至更多种"语言"来表达、表现对世界的独特感受。日本各都道府县的教育课程研究协议会就"物质的、空间的环境创设"展开了如何设置物质的、空间的环境，使幼儿全身心地投入各种游戏活动，并体验游戏的乐趣等几个方面的研究，研讨如何提升幼儿园教育教学质量。

三、对已有研究的述评

综观现有文献资料，国内外学者对主题背景下区角环境创设、区域活动材料投放及幼儿园晨间体育活动等问题进行了较为丰富的研究，对主题背景与区域活动、晨间体育活动与儿童健康发展、活动区材料投放与儿童发展之间的关系等进行了深入分析，为我们研究主题背景下晨间体育活动区材料投放问题提供了理论支撑和借鉴参考，但也存在一定的不足。

（一）研究内容方面

在晨间体育区材料投放方面国内外的研究都非常少，主要是一些基层幼儿园教师的行动研究和经验总结；在区域活动材料投放及幼儿园晨间体育活动的研究方面，国内外虽进行了大量的研究，但研究内容较为笼统，不够深入，缺乏对幼儿园户外活动中某一特定区域的相关研究。而且国内尚无研究者从主题背景下晨间体育区材料投放的角度入手，深入、系统地分析和研究的，应该说本研究具有一定价值和创新性。

（二）研究对象方面

关于晨间体育活动的研究对象，国外主要是针对成人进行研究，国内则基本上是针对中小学生且大多集中在某一年龄阶段的学生，很少涉及对学龄前儿童的整体研究。而对区域材料及其投放方面的研究对象虽主要为学龄前儿童，但国内外的研究都比较笼统，而且多为混龄研究，对分年龄段的研究较少。

（三）研究方法方面

活动区材料投放方面国内外研究者多采用问卷法、访谈法、观察法等，很少进行严格的实证研究。而涉及主题背景下活动区环境创设及晨间体育区材料投放方面，国内外则主要是一些经验总结，缺乏相关的实证研究，不成系统。

（四）研究结论方面

对于同一研究，研究者结论不统一，对结论的解释也比较含糊，有很多研究结果尚存在一定的争议，而且很多研究结果的适用性不强。例如，在晨间体育区材料投放方面，对于该设置什么区域、各区域如何投放材料、如何制定各年龄段的区域规则及如何对幼儿的区域活动进行科学、合理的介入指导等还存在很大的争议。此外，在晨间体育活动对幼儿发展的价值及如何通过晨间体育区的实践促进幼儿的发展方面也存在很大的争议。

在对已有研究进行文献梳理的基础上，结合本园特有的两年体育室内课和六年传统体操实践活动的成功开展经验，本研究尝试在户外开辟出一些丰富的、适合幼儿的晨间体育区，如攀爬去、投掷区、平衡区、综合区等，致力在幼儿园真实的主题背景下通过创设各类区域及对其材料投放进行研究，并配合幼儿园教师在观察的基础上对区域活动进行有针对性的介入指导等方法，来分析、探讨主题背景下晨间体育区材料投放的价值和意义。因此，本研究的创新性值得研究者关注。

参考文献

[1] 詹姆斯·A.宾．课程统整[M]．申文经，等，译．上海：华东师范大学出版社，2003．

[2] 冯晓霞．幼儿园课程[M]．北京：北京师范大学出版社，2001．

[3] 有宝华．综合课程论[M]．上海：上海教育出版社，2002．

[4] 虞永平．论幼儿园课程中的主题[J]．学前教育研究，2002（6）．

[5] 朱家雄．幼儿园课程[M]．上海：华东师范大学出版社，2003．

[6] 教育部基础教育司．幼儿园教育指导纲要（试行）解读[Z]．南京：江苏教育出版社，2008．

[7] 余霞．建立积极有效的师幼互动关系的研究[J]．基础教育，2011（16）．

[8] 刘晓东．解放儿童[M]．南京：江苏教育出版社，2008．

[9] 杨莉君，邓双．示范性幼儿园区域活动材料投放的有效性[J]．学前教育研究，2012，5（209）．

[10] 秦元东．幼儿园区域材料观的改变[J]．幼儿教育（教育科学），2008，12（424）．

[11] 丁璐璐．幼儿园游戏教学活动中的师幼关系研究[D]．济南：山东师范大学，2013．

[12] 张岩，刘文．气质与儿童同伴关系研究评价[J]．辽宁师范大学学报（社会科学版），2001，3（24）．

[13] 李颖．符号互动论视野中的儿童合作[D]．南京：南京师范大学，2000．

[14] 马叶秋．体育活动中幼儿合作学习的指导策略研究[D]．长春：东北师范大学，2010．

[15] 王玲．浅谈幼儿园区域环境中材料的创设与应用[J]．幼教天地，2006（4）．

[16] 高芬．幼儿园区域活动环境创设与材料投放的优化策略[J]．江苏教育学院学报，2009（5）．

[17] 金梅．自然材料在区域活动中的有效利用[J]．江苏经济报，2009，12（10）．

[18] 李建岚．充分挖掘幼儿园区域活动的潜能[J]．宁波大学学报（教育科学版），2004（4）．

[19] 王萍．幼儿园区域活动的环境创设与指导[J]．中国校外教育，2009（8）．

[20] 左文玲．幼儿园区域活动的新思考[J]．江西教育科研，2004（5）．

[21] 李生兰. 美国学前教育的特点及启示[J]. 学前教育研究, 2002（3）.
[22] [美]爱德华兹, 甘第尼, 福尔曼. 儿童的一百种语言[M]. 南京: 南京师范大学出版社, 2008.

兴趣是建立在好奇心上的
——例说益智区材料投放策略

重庆市北碚区和欣佳幼儿园　阳新红
重庆市北碚区实验幼儿园　　胡　霞

区域活动是幼儿自我发现、自主学习及和同伴进行合作游戏的活动形式，它灵活多样，能开发幼儿潜能，满足每个幼儿的不同发展需要，是最受幼儿欢迎的活动之一。因此，我们班在十月份学习"符号会说话"的主题时，开展了美工、益智、建构、表演等区域活动。本次主题区域活动令我受益匪浅。

一、案例回放

时间：2017年10月11日

活动情况：

区域活动开始了，孩子们根据自己的喜好自由地选择了不同的游戏区域。我发现，美工区爆满，但益智区一个幼儿也没有。这个时候，珮珮小朋友走到我面前伤心地说："阳老师，我想去美工区玩。但是，人员满了，又没有小朋友愿意和我交换，您可以去说说吗？"看着她祈求的眼神，我带她走到美工区，询问区里的小朋友："有谁愿意和珮珮小朋友交换？"这时幼儿们都微笑地摇摇头。于是，我故意提高音量："今天谁愿意去益智区玩呀？里面有迷宫、棋子和拼图！如果在益智区里玩游戏获胜，老师会奖励他一张星星贴哟！"这时，站在我身边的珮珮慢慢地移动着步子朝着益智区走去。后来，有几个在别的区域玩的幼儿也陆续响应，要去益智区玩。

益智区的游戏刚开始没多久就结束了。见此情况，我给益智区里的几个幼儿重新分配了角色，为鼓励他们，我还给每个幼儿贴了星星贴。在我的鼓励与辅导下，游戏总算顺利地进行了。在区域活动进行到一半时，我发现益智区里又乱成了一团，跑过去一看，原来玩棋子的小朋友在堆高，玩拼图的小朋友正在玩撒雪花的游戏。幼儿看到我来了又赶紧玩起来，嘴里不停地说："一点都不好玩。"

二、案例分析

我记得益智区原来是幼儿最喜欢玩的，9月份的时候大家也是争先恐后地去益智区玩，还有的小朋友因为动作慢，连续两次都没有进去，还给我提建议说让我选每天表现最好的小朋友去益智区玩。可是，今天怎么没有幼儿主动去玩呢？根据孩子们的反应我分析了原因：（1）所投放的材料单一；（2）活动内容缺乏挑战性；（3）教师缺乏对玩具新玩法的研究。本次活动后，我根据实际情况对益智区进行了改进和更新。

三、整改措施

通过对本次益智区材料投放等存在的问题进行综合分析后，我在益智区材料投放方面提出了以下整改措施。

1. 材料应品种多样

多变的刺激容易引起幼儿的注意。因此，材料不限于一幅画、一堆玩具、一个用品，幼儿生活中的任何物品都可以成为益智区的操作材料。

2. 材料应数量充足

要想真正发挥益智区的功能，使幼儿真正成为益智区的主人，就必须让幼儿置身于益智区中。假如益智区中材料有限，那么幼儿就无法交流，益智区也就失去了它本身的意义，成了摆设，因此，为了便于幼儿操作，益智区中材料数量要充足，这样，幼儿既对益智区产生了兴趣，同时也加强了与同伴的交往、交流。

3. 材料注意分层投放

每个幼儿的个性不同，能力也不同。为了真正发挥益智区的作用，使每个幼儿在原有的基础上自由地发展和提高，要对益智区的材料进行分类，要分出层次（难易结合、简繁结合、单一与多功能结合），使每一个幼儿都能轻松地使用材料，真正达到自我发展的目的。

第六章　幼儿园区域规则的制定与空间的设置

一、区域规则制定的策略

幼儿园活动区规则制定的问题及对策

四川省成都市第十三幼儿园　甘雪涛
重庆市北碚区教师进修学院　周　霞

在幼儿园活动区中，通常可以看到"操作规则""游戏规则""请你这样做"等显性以及隐性的规则标志。教师通过创设规则环境，引导幼儿逐渐形成规则意识，发展自律的品质。幼儿的道德发展处于前习俗水平，他们通过服从成人或规则，以保护自己不受惩罚。遵守游戏规则就是幼儿规范自身行为的一种表现，也是幼儿社会化，逐渐由"自我"走向"他我"的一种途径。因此，对幼儿园活动区规则进行探讨，有利于幼儿教师厘清活动区"规则"存在的问题，掌握区域规则制定的策略。

一、幼儿园活动区规则存在的问题与分析

1. 内容缺乏针对性

案例1：

某中班共设置了6个活动区，每个活动区规则按照统一模式制定，内容包括进区人数、合作游戏、爱惜游戏材料、收拾整理游戏材料等。如益智区的规则为：进区人数6人；爱护物品；保持安静；会整理。表演区的规则为：进区6人；选好主持人；穿好服装；会整理。

问题分析：

从案例中的两个区域规则可以看出，规则存在雷同内容，制定者并没有明确不同活动区操作材料的注意事项，我们不能通过规则知道"益智区""表演区"能为幼儿提供的关键经验是什么。而且规则并没有清楚地表达遵守规则的具体表现形式，如何才算会整理材料？整理的方法是什么？如果教师不能清楚地界定规则，那么幼儿就很难清楚地理解规则的内涵以及规则的作用，这种笼统而含糊的规则形同虚设。

2. 形式单一或烦琐

案例2：

某中班活动区，教师正在制作区域规则图，教师用多张A4大小的绿色长方形卡纸作底，然后用黑色水彩笔分别在每张卡纸上标注"规则1、规则2……"很快，教师分别制定出了语言区、角色区、美工区等区域的规则图，卡纸上只有大段文字，基本没有图案。

案例3：

某中班的益智区规则图是这样制作的：教师先在卡纸上写出建构区名称，然后在每个名称下画上一个人头，最后用彩色笔写出具体的规则，但没有标注顺序。整个规则图看上去有些混乱。

问题分析：

案例 2 和案例 3 指出了两种不同的规则表现形式。案例 2 的活动区规则由一段段文字组成，如果幼儿遇到不认识的字，便不能很好地理解规则所表达的意思，另外，纯文字表达无配图，画面死板，不能有效调动幼儿观察阅读的兴趣。

案例 3 中，教师在一张小小的纸上使用了过多的颜色，虽然很好看，但不便于幼儿识别。另外，在区域名称下方，教师以简笔画的形式勾勒，但图画和上方的文字没有直接关系，影响了幼儿对核心规则的理解。教师在叙述规则文字时，没有按点标注，而是直接写了一大段话，这样不利于幼儿简单快捷地识别。活动区规则图既是一种隐性教育内容的载体，也是环境创设的一部分，因此，教师在表现时应该注意幼儿直观形象的思维特点，让规则图具有较强的可读性。

3. 指导语多生硬、负强化

案例 4：

老师们在美工区规则中写道："注意安全使用剪刀""不要用手撕书""不要大声说话"等，教师使用了较多"不要""不能""禁止"等词汇。

问题分析：

制定活动区规则的目的在于唤醒幼儿自觉遵守秩序的自律感，强调幼儿的自觉、自主。因此，教师应该坚持以幼儿为中心，从幼儿的视角制定相关规则，而不是以命令的口吻要求幼儿该怎么做。案例 4 中，教师站在自己的角度制定活动区规则，整个过程缺少幼儿参与，不利于幼儿从心理上自主接受规则、内化规则。甚至有的老师采用"负强化"的字眼制定规则，比如使用"禁止"等词语。这种负强化的字眼给人一种"限制"的感觉，不利于调动幼儿参与活动的积极性。

4. 活动区人数安排不合理，角色分配不明确

案例 5：

某班级的美工区设置在楼梯的转角口，活动区内摆放了一张桌子，桌子的一面靠墙，另外三面可以让 6 名幼儿同时绘画。这样设置非常不合理，不但不方便幼儿操作使用，而且容易引发矛盾。

案例 6：

某班理发区的规则规定该区最多允许 7 人进入。但某天选择该区域的只有 1 名幼儿，没办法进行角色游戏。而超市活动区的规则规定该区最多允许 5 人进入，当天却有 10 名幼儿同时进入。一时间，有的活动区冷冷清清，有的活动区则人满为患。

问题分析：

区域活动受空间大小、材料种类、角色情境等方面的影响，在规定活动区人数时，应该结合上述因素来考虑。但在实际活动时，往往会出现某些区人数太多、空间拥挤、幼儿难以操作材料等问题。不同活动区应该容纳多少幼儿比较合适？如何核算幼儿人数，以更好地分配角色？这些都是教师在制定活动区规则时需要考虑的问题。

二、活动区规则制定策略

1. 内容应体现区角关键经验

活动区规则不仅能引导幼儿操作材料的常规行为，而且能为幼儿呈现不同活动区应该积累的关键经验。因此，教师可以参考《3～6 岁儿童学习与发展指南》中五大领域关键经验的

阐释，为活动区创设关键经验，让每个活动区规则更有针对性。如角色区是幼儿园开放得比较多的区域，角色区强调幼儿角色认知以及自我意识的培养，而角色承担是幼儿（主体）与外部道德主体（交往的对象）的相互建构，主体的发育水平必然影响角色承担的质量。因此，角色区活动应能提升幼儿与人有效沟通、交流的能力，让幼儿理解不同角色的内涵与职能、区分扮演角色与自我的区别、提高已有生活经验的再现与重构能力等。教师在制定角色区规则时，应该更加注重角色的分工与合作，考虑每个角色的职能和对幼儿已有经验的要求等。

科学区和益智区更加注重幼儿的探究能力，旨在发展幼儿敢于创新、大胆尝试、探究发现、不怕困难等品质。因此，教师制定的规则应该能引导幼儿尝试用多种方式探究实验方法，用科学的方法记录实验结果，能大胆解释、分享实验过程。建构区可以充分展示幼儿的各方面才能，如空间思维能力、动手建构技能、合作交流能力等。因此，教师在制定建构区规则时，应该按照幼儿年龄特点突出不同年龄段的幼儿应获得的关键经验。如针对小班幼儿，可以提供简单的插塑材料，规则重点指向锻炼幼儿简单的穿插、连接等技能，让幼儿获得掌握基本动作技能的关键经验。针对中、大班幼儿，规则重点指向培养幼儿的社会性品质，让幼儿学会合作搭建、有计划搭建、创造性搭建等。总之，教师在制定规则时要体现该活动区所对应的幼儿关键经验。

2. 指导语体现以幼儿为本

活动区为幼儿自我体验、发展自我能力与自我意识提供了机会。为了引导幼儿获得相关活动区的关键经验，调动幼儿参与活动的积极性和主动性，教师在制定活动区规则的指导语时应充分考虑幼儿的特点。如某中班的操作区规则指导语："我会和伙伴小声说话""我会坐在椅子上进行操作""我会按标志摆放材料"……这样的规则强调的主体是幼儿，每当幼儿进入该区域时，他会思考"我该怎么做"而不是"教师要求我怎么做"，在这样的暗示与互动中，幼儿逐渐将规则内化为自身的行为准则。

3. 规则图呈现形式应清楚明了

为了让活动区规则从形式上看起来整洁、清楚，教师可采用统一的材质制作规则图，并设计成不同的形状，如圆形、长方形、三角形等，以丰富幼儿对图形的感知。另外，也可在颜色上做区分，选择鲜艳的红、黄、绿等颜色，以便幼儿区分各活动区规则。规则中的文字叙述最好用序号标明每一小点，且段落之间要明显分隔，字体形状与大小要便于幼儿识别。如果文字中有较复杂的字词，可以采用图片与文字相结合的方式表现，以便更清楚地说明规则的含义。要注意图片与文字的结合程度，不能仅仅让图片起到装饰、附属的作用，图片可以是教师绘制或是幼儿参与活动的照片等。除了上述要点之外，教师还需要针对不同年龄段的幼儿特点，对活动区规则表现形式进行调整。如小班的活动区规则应做到"少且简"，而中大班的活动区规则相对复杂，会出现较多的文字和图片，应避免文字与图片不匹配。此外，由于规则图的空间有限，教师在书写、绘制规则时，应避免使用四种以上的颜色，以免造成画面混乱，导致幼儿辨识困难。

4. 活动区人数应因区制宜

规定活动区内的人数有助于幼儿获得更多的操作机会，有利于资源的合理利用。每个活动区具体应容纳多少名幼儿活动，教师要仔细考虑后再确定，以让幼儿在有限的物质条件下获得更多的锻炼机会，积累更多的关键经验。对于可以进行独立游戏或者平行游戏的区域，教师要重点考虑区域的空间大小、操作材料的种类和数量；对于需要幼儿合作完成的角色游戏区，教师要重点考虑各角色的分工，以确定人数的下限和上限的范围。如中班"快乐餐厅"中的基本角色有厨师、顾客和老板，因此至少需要三名幼儿才能进行餐厅游戏，但如该区域空间较大，可以容纳更多的幼儿参与，那么可以适当放宽人数上限，设置为五人。五人的角色分配为：两名厨师、一名老板、两名顾客。两名扮演厨师的幼儿可以合作做菜；两名扮演顾客的幼儿可以在点菜、吃菜的过程中认识菜品，养成良好的用餐习惯；而老板的作用在于协调顾客与厨师之间的供需关系，与顾客进行货币交流。笔者认为参与餐厅游戏的幼儿一般不宜超过五人，如果将人数确定为六人，那么将多一名"厨师"或者"顾客"。如果顾客多了，等待菜肴的幼儿太多，厨师忙不过来，时间浪费了；如果厨师多了，教师需要准备更多的厨具或其他可操作的半成品材料，而且三名厨师对应两名顾客又显得有些多余。

浅议隐性规则在幼儿园区域活动中的必要性及其运用

遵义师范学院教师教育学院　黄玉娇

区域活动，是指教师根据教育目标及幼儿发展水平和兴趣，有目的地创设活动环境，并将其划分为不同的区域，投放相应的活动材料，让幼儿按照自己的意愿和能力，以操作摆弄为主要方式，进行的个别化的自主学习的活动。区域活动具有自主性、自由性、个性化和间接指导性等特点。也就是说，区域是幼儿可以自由活动的场所，但这种自由不是无限度的绝对自由，而是在一定规则之内的自由，真正的自由是建立在适宜的规则之上的。制定区域活动规则，有利于幼儿在区域活动中自由发挥，也有利于整个活动顺利、有效地开展。这就决定了适宜的区域活动规则具有隐性、内在、动态和多样等特点。而隐性规则又具有不易察觉和易被人接受的特性，其不仅符合幼儿的年龄特点和认知规律，而且隐性规则在区域活动各个不同的环节中的价值和作用巨大，其对幼儿具有潜移默化和"第三位老师"的作用。因此，本文拟从分析隐性规则必要性的基础上，探讨其在区域活动中的实践和运用，以便更好地促进区域活动的开展。

一、隐性规则的必要性

（一）幼儿自由的前提和基础——隐性规则意识

"自由"与西语中的"解放"有着同样的含义。"自由"一词的意义众多，它既包括外在行为的自由，也包括内在精神的自由，一个自由的人就是自己的主人，能自己做主、自我选择、自我决定，不受别人的控制。幼儿期是人一生中非常重要的阶段，幼儿园教育是否有意义，自由起着关键的作用。

规则是幼儿园有序开展保教活动的前提，是幼儿在活动中必须遵守的习惯、法则或标准。区域活动的规则具有显性和隐性之分。前者通常是教师通过言语明确传递给幼儿的显性规范；而后者则更为强调环境及材料所具有的隐性指导价值。在个体社会化的关键期（幼儿期），让幼儿逐步认识、理解和正确掌握这些规则，不仅重要，而且必要。然而，当前在培养幼儿规则意识方面却存在一定的问题，如过分强调显性规则而忽视隐性规则，教师往往把纪律、规则与如何管好幼儿挂钩，对幼儿的行为进行控制，以及把规则与安全教育相联系，抹杀了幼儿在活动中的创造性与个性的发展。

自由和规则并不是对立的，两者在一定程度上是相互联系、相互统一和相辅相成的。正如蒙台梭利所说："一方面，规则要通过自由而获得。当一个人是自己的主人，在需要遵从某些生活准则的时候，他能够节制自己的行为，我们就可称他是守纪律的人。一个人只有具有充分的自由和自主活动的权利，才能建立真正的纪律、规则。另一方面，良好的纪律与规则会给儿童带来更多的自由。合理的规则是自由的前提和基础。纪律和规则意味着秩序，没有秩序只有混乱，而不会有自由。"

（二）幼儿的年龄特点和认知规律决定了隐性规则的必要

学前儿童发展心理学指出，学前儿童思维发展正处于直观动作和具体的形象思维阶段，抽象的、逻辑的思维形式才刚刚萌芽。同时，由于学前儿童还不能进行系统的学习，活动范围又小，因而获取的间接和直接的经验都相当的少，知识积累也比较薄弱。幼儿的这种心理发展水平和知识经验背景就决定了学前儿童认识事物的直观性、具体性和形象性。而隐性规则强调环境及材料的暗示、引导和规范作用，如一些具有提示作用的符号、卡片、标记等。隐性规则所具有的生动形象性及直观性等不仅符合幼儿的年龄特点和认知规律，而且还能激发幼儿的学习兴趣，提高幼儿的观察能力，增强幼儿的规则意识，让幼儿在活动中自觉遵守和维护规则，并推动区域活动不断走向丰富和深化。

（三）幼儿园区域活动的特点决定了隐形规则的必要

幼儿园区域活动具有动态性、自主性、自由性、开放性等特点，但这些特点并不意味着教师在区域活动中可以对幼儿放任自流，恰恰相反，正是这些特点决定了区域活动规则的必要，特别是区域隐性规则的必要。由于幼儿园区域活动开放性和对话性增强，各个活动区之间及区域与非区域之间由分裂、对抗走向有机的联系与互动，而这一互动就要求区域活动的隐性规则也应根据区域的变化而有所调整。例如材料的摆放、组合等对幼儿某些行为方式具有引导作用；教师适时以角色扮演身份参与区域活动等。这样才有利于资源的整合与共享，有利于幼儿间的沟通和交流，也有利于区域活动整体效应的发挥，而这样一些成效的出现，都有赖于适时、灵活的隐性规则的保障。

二、隐形规则在区域活动中的实践与运用

幼儿园区域活动中的隐性规则大量存在并运用于各个区域环境中，具有潜移默化的作用，让环境本身告诉置身其中的人应该怎样做。其在幼儿园区域活动的不同环节中发挥的作用不同。

（一）隐形规则在选区和进区中的运用

在选区和进区过程中，往往会发生幼儿相互拥挤和打闹等情况，导致场面一度混乱。如何解决这些问题呢？相比一些教师一味地抽象说教，如"某某区只能容纳几人""要脱鞋进区""不要拥挤"等，环境暗示的实际效果好得多。环境像是一位不说话的小老师，默默地发挥着它独特、潜在的引导和暗示作用。例如，可根据季节或幼儿的年龄特点，在入口处贴上数量不等的小脚印、小树、小鸟、小雪花等，用来暗示幼儿进区的人数。如在娃娃家，爸爸、妈妈、孩子等都是在地毯上活动的，就可在娃娃家门口粘上四对小脚印，提示孩子进区要脱鞋，而且当所有的小脚印都被鞋子占满时，就不可以再进去了。对于新开设区域，可在入口处粘贴猜拳游戏、手心手背等示意图，以暗示幼儿在发生拥挤或争执时可采取类似处理办法。此外，还可在各个活动区显眼的地方分别贴上能表示该区域活动内容的标记图，如图书区贴上某小朋友一家特大的全家福照片，当幼儿看到这一含义鲜明的标记图时就会思考：这里是玩什么的？我要不要进去玩呢？这样不仅让幼儿体验到了自主选区的愉悦，还有利于避免幼儿重复选区，从而保证幼儿有序选区、进区。

（二）隐性规则在操作过程中的运用

当幼儿进入各个活动区后，经常会出现一些无序现象，例如，不守规则，乱扔垃圾，大声喧哗干扰他人活动，随意摆放材料，无故推打别人等。为了解决这些问题，实现幼儿间有效的沟通和交流，保证区域活动顺利、有序地进行，并不断走向丰富和深化，幼儿教师应加强对活动规则和要求等的隐性提示。例如，有的区域可在幼儿活动时播放宁静柔和的轻音乐，以暗示幼儿说话要轻轻地，不能太大声，如果听不到音乐的声音，就意味着已影响到别人。教师也可以利用示范动作对幼儿进行提示，如在阅读区，有的幼儿边取书边追逐打闹，严重干扰了正在专心阅读的幼儿，此时，教师就可以阅读者的身份进入阅读区，取书时轻拿轻放，走路时安安静静，那些原本在打闹的孩子就会受老师感染，安静下来。也可在区域中贴上垃圾入篓的标记图，暗示幼儿不乱扔垃圾，要爱护环境卫生。还可在材料摆放的位置贴上相应的标记，避免幼儿在活动中随意乱放材料，如在美工区，就可用幼儿能理解的标记分别标示不同质地、大小、形状的纸张及不同用途的工具，以引导幼儿在相应的篮子里找或放自己所需的工具，避免乱丢乱放。

此外，还可在幼儿视线可及的范围内，张贴形象、生动的操作规则提示图，例如在大班玩泥区域中，就可将活动内容设计成五幅图文并茂的操作顺序图：穿衣服—把泥捏成不同形状的花瓶—利用辅助材料进行装饰—展示作品—整理好东西；同时，还可在醒目的位置贴上意义鲜明的标记图——小眼睛睁得大大的看着图钉，以此提示幼儿，在使用图钉时要小心，避免弄伤自己或他人。幼儿长期处在这样的环境中，久而久之，这些标记图便会与幼儿的行为建立起自然的联系。总之，这些图标和图示的运用，不仅增强了幼儿活动的目的性，也使区域活动有序进行。

（三）隐形规则在收拾和整理材料中的运用

收拾和整理同样是区域活动中不可或缺的一个重要环节。意大利幼儿教育家蒙台梭利就特别强调教具、材料摆放所形成的次序感。蒙台梭利从她的儿童观出发，提出了纪律教育理论。"我们并不认为一个人像哑巴一样默不作声，或像瘫痪病人那样不能活动时才是守纪律的。他只不过是一个失去个性的，而不是一个守纪律的人。"这句话很好地诠释了蒙台梭利眼中的纪律、次序。在她看来，纪律教育的目的不是惩罚、限制、控制和命令儿童，而是通过激发儿童的"内在纪律"，给他们带来更大的自由，而隐性规则则有利于幼儿"自律性"的养成。因此，为了提高幼儿活动的有序性，在不同的区域，教师可通过多种隐性暗示或图示来增强对幼儿的引导。例如，在放游戏材料的篮子上贴上相应的实物图，或在衣架上贴上相应的服饰标志，就可引导幼儿在收拾整理时一一对应摆放。特别是小班的幼儿在面对种类繁多的材料时，往往无法记住各种材料的摆放顺序和位置，针对此种情况，同样可尝试利用各种隐性图示帮助幼儿掌握相应的规则。例如，在穿门帘区域内有竹片、竹节、竹丝、竹篾等四种竹质材料，幼儿一般难以区分，教师可在小橱架上分三层贴上相应的图标，这样，幼儿就能很容易地给这四种竹质材料分类，而且还很乐意把它们送回家。这一系列隐性规则的有效利用，不仅使幼儿的收拾整理更加规范、有序，而且对于幼儿来说，整个取放过程充满了趣味性、挑战性和创造性。

参考文献

[1] [意]蒙台梭利. 蒙台梭利幼儿教育科学方法[M]. 任代文,译. 北京:人民教育出版社,2001.
[2] 任慧娟. 蒙台梭利纪律教育思想对幼儿园常规教育的启示[J]. 教育导刊,2006（2）.
[3] 颜柳彬. 幼儿园区域活动探析[J]. 教育导刊,2003（2）.
[4] 莫秀峰. 试论规则的类型和儿童的规则教育[J]. 学前教育研究,2007（1）.
[5] 曾英. 浅谈幼儿分享行为的教育策略[J]. 教育探索,2007（12）.
[6] 庄宏玲. 幼儿园区域活动环境创设的策略[J]. 学前教育研究,2011（5）.
[7] 朱红. 幼儿园的区域活动及其创设指导[J]. 上海教育科研,1999（3）.
[8] 傅芳芳. 幼儿园班级常规教育研究[D]. 上海：上海师范大学,2011.
[9] 张小翠. 幼儿园班级规则教育[D]. 重庆：重庆师范大学,2011.
[10] 张文新. 儿童社会性发展[M]. 北京：北京师范大学出版社,2010.
[11] 王振宇. 学前儿童发展心理学[M]. 北京：人民教育出版社,2004.

二、区域空间设置的策略

农村幼儿园班级区域空间利用最大化的策略

遵义师范学院教师教育学院　黄玉娇　申健强

马克思说："人创造了环境,同样,环境也创造了人。"人类发展生态学理论也认为,"有机体是在与其所处的即时环境的相互适应过程中得到发展的"。《幼儿园教育指导纲要（试行）》（以下简称《纲要》）中更是明确指出："环境是重要的教育资源,应通过环境的创设和利用,有效地促进幼儿的发展。幼儿园的空间、设施、活动材料和常规要求等应有利于引发、支持幼儿的游戏和各种探索活动,有利于引发、支持幼儿与周围环境之间积极的相互作用。"而且已有研究表明,幼儿园活动室过于拥挤,可能使幼儿正常的社会交往行为减少,攻击性行为增加。由此可见,幼儿园环境,尤其是幼儿园区域物化空间环境非常重要。

笔者借区域活动联片教研之机,通过前期对近80所农村幼儿园的调查发现,在室内区域活动创设方面,有近75%的幼儿园提到了活动室的空间太小,无法开展区域活动。后来,笔者参加了区域活动比赛,通过大量的走访、观看区域活动现场及与农村幼儿园教师的交流、访谈,发现：农村幼儿园的班级空间确实非常小,甚至有农村园平均每名幼儿所占班级空间还不足0.5平方米,其现状堪忧,亦引发了笔者的思考。

一、农村幼儿园在区域空间利用上存在的问题

多数教师都积极地为幼儿开辟活动空间,但往往因利用不合理而无法发挥区域空间应有的价值。

（一）没有充分挖掘既有空间的价值

很多幼儿园教师在区角设置上都会考虑区与区之间的相互联系与特性,并能合理安排区域空间,但还是没有充分挖掘既有空间的价值,主要表现在：有的教师一方面嫌活动室空间太小,一方面却使部分空间闲置,有的教师在设区时异想天开,很少考虑各区功能的互补性,

导致活动室功能过于单一，致使一些区域大部分时间被闲置在一边。

（二）教师观念过于陈旧

部分农村幼儿园的教师在班级空间规划上缺乏灵活性和变通性，认为桌椅及各个区角等是不能移动的，因此，特别注重各个区域设置的固定性、长久性、不变性和一劳永逸性，进而在创设区使用一些不易搬动的、大型的、沉重的材料。另外，面对农村幼儿园基础设施差、经费支持少等劣势，以及农村得天独厚的自然条件等优势，部分农村幼儿园教师因循守旧，缺乏废物利用和充分利用自然资源的先进理念。

二、实现农村幼儿园区域空间利用最大化的策略

基于上述问题，笔者认为要解决农村幼儿园人多空间小的问题，使幼儿在自主的区域游戏活动中快乐地成长，可以从以下几个方面着手：

（一）班级联合，区域外扩

鉴于农村幼儿园活动室空间太小，不利于区角设置的情况，可将走廊、门厅、阳台、楼梯拐角及睡眠室等区域充分利用起来。活动室外是相邻两个班的共用门厅、走廊等，一般面积比较大，适合孩子们活动。因此，可打破班级界限，将其设置为公共区域，如将活动性较小的阅读区、种植区及涂鸦墙等设置在靠墙的一段长长的走廊上，而在走廊的另一头，则可延展为表演区、运动区等，各个区按班级或年龄分时间段开放，同时，还可在楼梯间处设置娃娃家或私密区等，在相邻两个班级公共区角的创设过程中，两个班的老师沟通、协作，不仅减轻了自己的教学任务，实现了空间、材料等的共享；而且也有利于实现幼儿间经验的共享，促使幼儿之间产生更多的交流，获得更多的体验，从而提高幼儿的社会性交往水平，使活动更具深远意义和价值。此外，农村幼儿园教师还可对自己班将要开设的区域进行统整，每月根据教育重点有计划地开区，以实现一学期内区域开设的全面性。如 9~10 月，小班可把娃娃家作为开设的重点，11~12 月则可结合新年庆祝活动重点开设表演区和美工区等。这样轮换开区，有效地解决了场地局限的问题，实现了幼儿的全面发展。

值得一提的是，如果农村幼儿园班级空间有限，还可充分利用睡眠室。可将原本笨重的、老式的或不能搬动的床改为可以移动的（可买那种带轮子有开关的床）或能折叠的床或抽屉床等，每次孩子们午睡后就将床摞起来放在一旁，空出一块场地，这时，在保证安全和不妨碍幼儿交往的情况下，就可将相对安静和独立的活动区放在此处，如"阅读区"或"智力游戏区"等，从而保证了游戏场地，实现了班级空间利用的最大化。

（二）三维分隔，适调空间

在农村幼儿园班级区域设置的过程中，隔离物的选择和利用不仅能起到让区域分隔明显的作用，同时也能实现对小空间班级利用的最大化。因此，应充分利用三维空间（即地面、墙面和顶面）、活动室的四周等，尤其应充分利用好活动室的墙面和顶面。如果是活动性较强并相邻设置的区域更应如此，如角色区、表演区等，这时就可充分利用墙面和顶面，将区域设计成开放或半开放的，可利用半空中通透的、开放的、廉价的吊饰、门帘、线帘等作为隔断。再如，角色区的小超市和美味餐厅间就可用线帘、纸帘等做隔断，这样通透的隔断便于幼儿在推进本区域活动的同时与周围的区域产生积极的交流与互动。如小超市的售货员饿了，同事之间就可以轮换着去吃饭，而美味餐厅的客人也可以在就餐后去小超市买点自己需要的生活用品，这样的跨区互动既培养了幼儿的交往能力，也促使区域活动更加丰富和深化。需要注意的是，幼儿园应尽量少用占地面积较大的、成本较高的、封闭性较强的固定性橱柜来

当区隔，就算是活动性较弱的区域也应该用低矮的、开放式的玩具柜或可移动的架子、屏风、隔板等做出适当隔离，从而为幼儿营造一个开放、可变、通透的区域环境。

此外，教师还可以适当调整一下既有的班级室内空间，如增加攀爬设备和双层空间等，从而实现农村幼儿园班级小空间的大利用。

（三）转变观念，桌椅进区

班级区角基本设置好了，区角设置的界限也分明了，但幼儿的活动空间小了，桌子、椅子怎么处理呢？如何处理好桌椅与班级区域空间的关系？笔者认为可根据班级中所设置区角的功能对这些桌椅进行适当的规划和调配，使其发挥最大的价值。每个班可灵活自由地摆放桌椅，将桌子充分有效地利用起来。桌子平时就摆在活动区里，当隔断，当摆台，当操作台，待集中教育活动需要时再将桌子拉到中间就可以了。例如，可将两张桌子放进美工区便于幼儿操作材料时使用；还可将两张桌子拼成操作台放进益智区便于幼儿操作玩耍；而在角色区的小超市和美味餐厅里，同样可分别放置两张桌子，作为孩子们角色游戏的收银台或切菜、炒菜的操作台，这样，桌椅不仅都合理地被安放在各个活动区里，而且在区域活动（可以当作操作台、摆台、隔断等）和生活活动（可以当作餐桌）中充分地发挥其不同的功能，既避免了空间、材料的浪费，又做到了一物多用。需要注意的是，供操作的桌椅一定要进入或邻近该活动区，如果隔得太远，幼儿玩过之后就懒得把材料放回原来的活动区了，可能会导致物品不能随时还原的问题发生。

另外，当桌椅全部进入区角后，教师应充分利用活动室中间的公共活动区开展活动。总之，如果幼儿园教师转变观念，在课程设置上采用凸显区域活动的课程模式，那么整个教室的布局就会以活动区的设置为主，而不是将大面积的空间用作集中教学活动。

（四）更新理念，废物利用

针对农村幼儿园经费少、设施差的情况，教师需更新理念，巧妙利用废旧物品。笔者认为并不是价格越昂贵的物品才是最好的，适合幼儿的，有利于引发幼儿活动的物品才是最好的。因此，农村幼儿园教师应充分利用身边的废旧物品，可将其作为活动区的隔断，在收放自如中实现班级空间利用的最大化，如电视机、电冰箱等家用电器的外包装盒进行简单的装饰（由于家用电器的外包装盒基本上是素色，装饰容易，画点花边或漂亮的图案等即可）便可作为各个活动区的分隔，待集中教育活动时将其收起来就可以了，这样就解决了活动室面积小、活动区空间不足、置物柜不够用等一系列的问题。又如在小班的娃娃家中使用纸箱盒子当隔断，将盒子撕开贴上粉色的即时贴，并以漂亮的图案作为装饰，既实用又美观，其打开或合拢都很方便；在中班的表演区中，将纸盒进行剪裁、装饰及粘贴等，简单的纸盒不仅变成了幼儿表演故事的道具门，还具有了隔断的功能；此外，在建构区里，还可把纸筒用胶棒粘在一起作为隔断，不用的直接靠墙放即可，既美观又方便。

此外，农村幼儿园还可给幼儿提供可编制的、韧性很好的棕叶（即农村挂猪肉用的绳子）、稻草、竹条（编制背篓的原料）及废旧布条等，指导幼儿进行简单编制和装饰，制作出来的成品可以当作区域隔断，也可将稻草扎成垛状，当作农家乐区域的装饰和隔断。这样不仅发展了幼儿的小肌肉能力，也使班级的弹性空间相对变大，当然，孩子的活动空间也相对变大了。

总之，在农村幼儿园班级空间的利用上一定要树立"观念为圈"的意识，要充分挖掘和有效利用既有的空间资源，构建既相对独立又内在互动的区域布局，便于区域活动的开展、拆分、合并与互动，并最终促进幼儿在区域活动中不断发展。笔者相信，只要农村园的老师们在班级区域空间设置时细细思量,就算班级的既有空间小得像蜗牛房一样,教师们也能做出大名堂。

参考文献

[1] 秦元东,王春燕. 幼儿园区域活动新论:一种生态学的视角[M]. 北京:北京师范大学出版社,2008.

[2] 教育部基础教育司. 幼儿园教育指导纲要(试行)解读[Z]. 南京:江苏教育出版社,2008.

[3] 范晓莉. 充分挖掘班级公共区域的教育价值[J]. 教育导刊,2005(12).

[4] 吏娟. 试论幼儿园小空间班级区域设置的策略[J]. 小学科学(教师版)2013(6).

[5] 黄玉娇. 让农村幼儿园区域活动"活"起来[J]. 教育导刊,2013(8).

第七章 幼儿园区域活动的组织与指导

一、区域活动的组织与指导策略

学前教育"研训合一"工作模式探索
——以北碚区学前教育研训工作为例

重庆市北碚区教师进修学院 周 霞

"研",即教研,它是以问题解决为指向的,重在解决现实教学中存在的真实问题或教师在现实教学中遇到的疑难问题。"训",即培训,它是以教师专业发展为指向,根据教育发展的现实和未来需要,遵循教师成长规律,有目的、有计划、有组织地引导受训教师素质全面提高的活动,旨在促进教师专业素养的提高。"一体"是指"研""训"二者有机整合形成共同体,即"训"中有"研","研"中有"训"。其目的在于提高教师教育教学能力,注重每个教师的个体差异,注重教师的教育经验的总结和提高,注重教师专业兴趣的培养和专业能力的发展,解决教师在教育实践和课题研究中遇到的问题,提高教师提出问题、分析问题和解决问题的能力。

一、析难点、找需求点,研训问题在需要中产生

我区是一个典型的城乡二元结构区,共有108所幼儿园,其中城市幼儿园37所,农村幼儿园71所;市级示范幼儿园3所,一级幼儿园15所。优质幼教资源主要集中在公办园、城市园,各类型幼儿园师资水平、办园质量存在较大差异。共有园长156人,教师1187人。通过分析发现,我区学前教育研训工作有四大难点:教师发展需求多样——满足难;非专业教师众多——覆盖难;民办园师资稳定性差——指导难;不能集中休假进修——安排难。

难点已找到,那教师们的需求点又在何处呢?在推进研训一体化的工作中,我区首先要求学前教育研训工作重心必须实现"三转":一转"我给你讲什么"为"你想要听什么";二转"我要你做什么"为"你们能真正开展什么";三转"我能给你什么"为"我们共同解决什么"。在这一新认识的基础上,我们对研训活动的时间、方式、内容进行了调研。首先,发放问卷,了解教师的实践需求和对研修管理工作的看法;其次,通过每周下园集体视导的听课、评课、看教师的各项计划与教学反思收集问题;最后,召开园长座谈会,通过园所领导了解研训工作成功的经验、存在的不足和对今后工作的建议,这些建议成了我们总结经验、改进工作的重要依据。

二、搞分层、抓专项,研训过程具有针对性

研训工作的首要目的是对全区各级各类幼儿园的教师进行专业培训、专题教研、专业引领。我区突破传统的研训模式,结合研训合一的要求,对教师进行分层、专项研训。

（一）业务园长、教研组长专项研修，突出管理指导的规范性和有效性

为提高业务园长的管理水平和指导能力，同时保证园务管理工作正常开展，我们进行了相应的改革：变以往的集中时间学习理论为单周末听讲座、双周四开展实践研讨；变以往单一授课式为基于实践的专业指导，如案例剖析、角色扮演等活动具有吸引力，园长们参与度大、体验性强，效果显著；变学员只听课为学员亲自参与微课程的讲授，如每次集中授课前请一位园长利用10分钟进行园所展示，介绍所在园办园文化与理念以及本园成功的管理经验。为解决教研组长们在教研活动组织中遇到的问题，我们在组织教研组长培训时，把学员分为了4个教研小组，面对全班独立开展现场教研，并组织专家、园长对教研活动进行现场点评，从而帮助组长们厘清教研活动究竟好在哪里，还有哪些地方需要改进。通过这些方式，把培训落到实处，把研和训进行整合，加强了园所业务管理的规范性和有效性。

（二）新入职教师、新保育员专业技能研修，增强岗位工作的胜任感

近几年，随着学前教育事业的发展，我区的新教师及新保育员大量增加。他们中既有才出校门的学生，也有从社会上招聘来的新手。因此，对新入职教师及新保育员的入格上岗培训成为近几年我们研训工作中的一项重要任务。对新入职教师和新保育员的研训工作，首先，以培训技能为主，旨在引导新入职教师、保育员通过学习掌握基本的幼儿园保教操作技能。其次，以赛代训，以赛代研，注重新教师、新保育员的实践操作演练。比如针对新教师开展的组织一日生活各环节、撰写教学计划、做好家园工作等活动，针对新保育员开展的消毒活动以及叠被子技能比赛，通过这些活动的开展提高他们的实际工作能力，使他们尽快熟悉岗位职责，帮助他们建立专业自信。

（三）中青年教师研修难，以赛代研促进专业能力提升

中青年教师是我区幼儿园教师队伍中最大群体，直接影响着幼儿园的保教质量。通过调研发现，我区中青年教师已经具备一定的教学经验，掌握了一定的幼教理论知识，但工作中易产生职业倦怠，缺少创新意识，喜欢凭个人经验开展教学，虽然接受了《幼儿园教育指导纲要（试行）》《3~6岁儿童学习与发展指南》新理念，但还是穿新鞋走老路。于是我们根据中青年教师在幼儿园一日活动开展中难点、热点问题，设计了"小主题"研修。例如，多数教师没有厘清《幼儿园教育指导纲要（试行）》和《3~6岁儿童学习与发展指南》的关系，不知道如何践行《指南》中的新理念、新思想。为此，我们设计了"一听、二看、三实践""我与《指南》"小主题培训。除此之外，我们还开展了"幼儿园区域活动设计与实施""《指南》背景下的早操活动创编"小主题研训。这些小主题，既是中青年教师当前存在的困惑点，同时也是他们迫切想要改变的难点。带着问题"研"，走到一起"训"的研训方式能很好地解开他们的教学实践困惑，促进他们不断学习与进取，突破专业发展瓶颈。

三、抓骨干，依课题，研训在合作中优化

我区自2006年以来，每三年成立一届区级幼教名师工作室，吸纳了来自示范园和一级园的优秀园长和教师。同时，我区教研员要承担每一届后备骨干教师为期一年的实践指导任务。于是，笔者依托工作室的区级课题"幼儿园集体教学中的有效回应实践与研究"以及市级课题"骨干教师在区域活动中引领非骨干教师专业成长研究"，带领5名学员及13名区级骨干教师进行专项研究。我们把名师工作室成员和骨干教师整合在一起，组成学习小组，分别承担"幼儿园语言教学有效提问与应答"教研活动主持、说课、上课、评课、归纳教研成果等各项任务，并为示范园、一级园教师开展区域活动微型讲座。由于名师工作室及区级后备骨

干教师两项培训对学员有相关要求,要求学员学习期间在各项课题及全区研修活动中承担任务,取得各种成果,并以此进行等级考核,使得18名教师高标准、严要求地完成任务。笔者将全区的教研活动与幼儿园中青年教师的学习活动进行整合,给予专业引领,优化活动,既高质量地开展全区的研修活动,又给予中青年教师成长的平台。

四、多形式、重实效,研训合一在发展中创新

要想使研训工作真正合一,保持长效可持续发展,运用多种研训模式必不可少。在近年的实践中,我区主要采取了以下三种研训合一的方式。

(一)阶梯式:构建教师专业成长的阶梯网络(见图7-1)

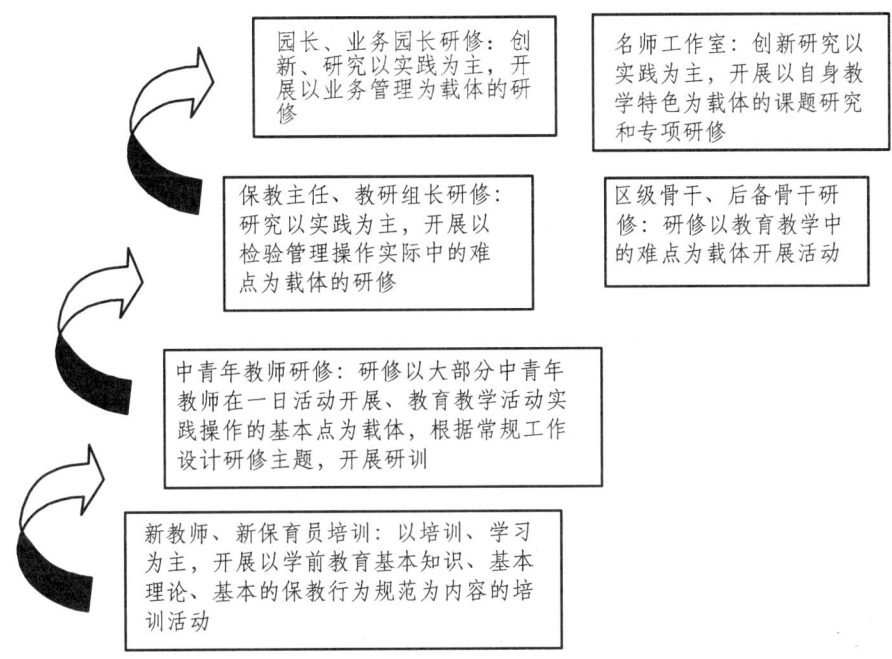

图7-1 教师专业成长阶梯网络

(二)划片式:构建示范(优质)幼儿园城乡联片的互动交流模式(见图7-2)

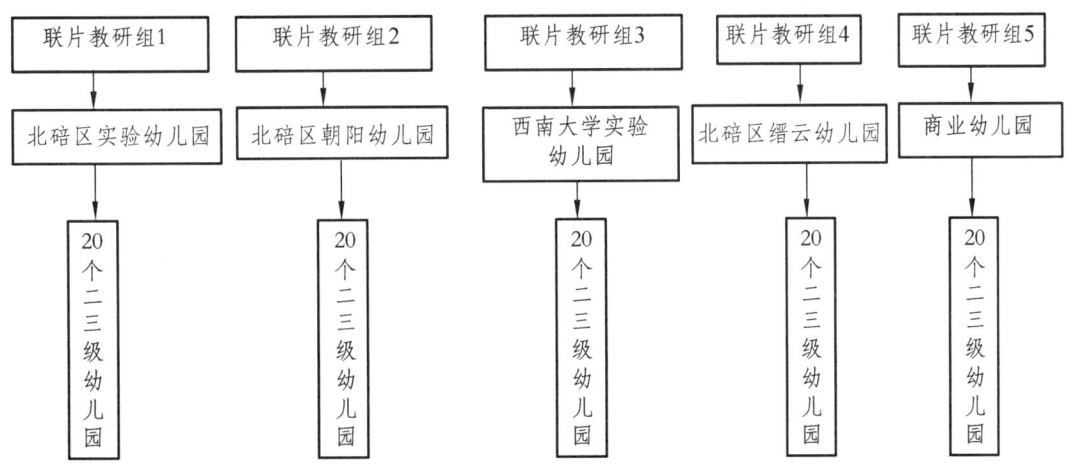

图7-2 示范幼儿园城乡联片互动交流模式

(三)点面式：以点带片，构建符合本地区特点的专业联动模式

我区属于典型的城乡二元结构区，全区共有15个教管中心，每个教管中心都建有中心幼儿园。由于全区幼儿园数量众多，各个教管中心地域分布较广，而在全区只有一个学前研训员的情况下，只有发挥本地区、本乡镇中心园的带动作用，才能促进片区内研训活动的正常开展。于是，我区以各教管中心园为点，成立镇（街）级联动教研组，从而以点带片，带动各乡镇不同类型幼儿园的研训活动常规开展，将学前教育的新理念、新思想辐射到每一所幼儿园。

通过近几年的努力，我区学前教育研训一体模式已经初具规模，特色明显。特别是在"统筹城乡教育下的教师行动研修"这一大主题下，我区以聚合城乡教育资源，从课程内容、课程资源、学习方式等多个角度来统整研训工作，以研促训，化研为训，丰富研训内容，为教师的切实发展提供了帮助。

适时介入　适当指导
——浅谈区域活动中幼儿教师介入的时机与策略

遵义师范学院教师教育学院　黄玉娇
遵义市汇川区第十九小学　　黄玉玲

区域活动是指教师根据教育目标和幼儿发展水平，划分一些区域，有目的、有计划地投放各种材料，创设活动环境，让幼儿按照自己的意愿和能力，自主地选择学习内容和活动伙伴，主动地进行操作、探索和交往的一种幼儿学习形式。区域游戏活动能实现幼儿自选内容、自选玩伴、自选材料、自主活动等，能满足幼儿自主活动的需要。通过区域游戏活动，幼儿能与他人相互交往、学习，并获得知识经验。而幼儿在区域活动中能否与同伴有效交往与合作，能否充分发挥活动的自主性，在很大程度上与教师的介入指导息息相关，教师介入的质量和水平是影响区域活动有效性的一个关键因素，因此，为了最大限度地发挥区域游戏活动的价值潜力，必须重视幼儿教师的指导作用。但在教育实践中，教师介入幼儿区域活动仍存在着很多问题，如介入时机不恰当、介入方式刻板化和表面化等。笔者认为，教师只有在充分尊重幼儿的前提下，选择适当的时机，运用恰当的策略介入，才能实现区域游戏活动价值的最大化。

一、区域活动中教师介入存在的问题

《幼儿园教育指导纲要（试行）》（以下简称《纲要》）中指出："教师应成为幼儿学习活动的支持者、合作者、引导者。"班杜拉的社会学习理论也强调师幼互动的重要性，由此可见，教师的介入指导对幼儿的发展有着不可替代的作用。但笔者在实践中却发现，教师介入幼儿区域活动存在诸多问题，具体分析如下：

(一)介入认识误解化

《幼儿园教育指导纲要（试行）》《3~6岁儿童学习与发展指南》等文件明确提出，幼儿园应该以游戏为基本活动。可以说，该理念得到了全国各类幼儿园的积极响应，各类幼儿园也纷纷在园内开展各种形式的区域游戏活动，然而，对于什么是区域活动，什么是游戏，教师

如何有效介入幼儿区域活动等，部分幼儿园教师还存在误解，他们对区域活动和集中教育活动特点的认识不够明确，不能有效区分，在区域活动实践中，往往将"游戏"等同于"玩"，错误地认为游戏就是玩，因此，幼儿区域活动时间就成了教师临时休息过渡的时间，在活动区中没有观察记录，没有教师的介入指导，就更谈不上提升幼儿游戏活动的质量和水平了。

（二）介入时机随意化

由于幼儿教师对区域活动的认识比较片面，对区域活动没有进行相应的观察记录，因此，在幼儿的区域活动中，一些教师就不知道应该在何时介入活动。他们不善于捕捉介入的有利时机，往往存在"该出手时不出手，不该出手时乱出手"的现象，通常过早或过晚介入，这在一定程度上打破了幼儿游戏活动的连续性和兴趣性，不利于幼儿游戏活动的顺利进行。

（三）介入方式表面化

笔者在实践中发现，幼儿园教师在区域游戏活动中普遍表现出观察指导积极性高，但介入指导水平一般。很多幼儿园教师在区域活动中不知道看什么、怎么看、何时介入及如何介入等，观察指导表面化，要么采取"放羊式"，幼儿过于自由而缺乏活动目的性；要么采取"管制式"，剥夺了幼儿自主活动的需要。表面上看幼儿在区角游戏中玩得很开心，场面也热热闹闹，但实则缺乏目的性和有效指导，活动质量不高，也不利于后期活动的跟进和调整。

二、区域活动中教师介入的有利时机

基于上述问题，在区域活动中，何时才算是适当的介入时机呢？笔者认为，教师应在充分观察幼儿游戏活动的基础上，选择适当的时机介入。

（一）同伴间冲突加剧矛盾激化时

在幼儿园区域游戏活动中，幼儿同伴之间往往存在不同程度的互动和交流。幼儿在与同伴交往过程中，由于其尚未具备观点采择的能力，对自身情绪的控制能力较差，一些语言或肢体等冲突常常发生。因此，当幼儿间冲突加剧或矛盾激化时，教师就需要适时介入。例如，在中班的区域活动时间，天天在建构区玩自制小汽车，突然，东东从娃娃家跑过来抢走了天天的自制小汽车，天天非常生气，一边大声喊道"这是我的，这是我的"，一边跑过去准备把自制小汽车抢回来。东东见状把小汽车藏到身后不肯给，天天火了，挥起拳头打了东东的头，并把他推倒在地。案例中天天和东东从单纯的抢玩具小汽车发展成了严重的肢体冲突，这时教师就应及时介入并制止。已有研究指出，幼儿在区域活动中，一些小打小闹或适当的斗嘴等不仅可以提高幼儿的语言表达能力，还能促进幼儿身体协调能力的发展，因此，幼儿间发生冲突，但影响不大时教师可以不用介入，应该给幼儿提供机会，引导幼儿自己解决。

（二）幼儿反复尝试操作没有进展时

幼儿是喜欢探索和发现的，在区域游戏活动中，教师应给幼儿提供足够的游戏时间、空间及材料等，让他们去自主探索，尝试自己解决问题，因为幼儿通过重复性探索行为不仅能积累活动经验（即使是失败的经验对幼儿来说也不可或缺），还能够宣泄内心的情绪，但是如果幼儿一直积极地尝试各种操作方法却得不到满意的结果，就容易焦虑、暴躁、沮丧甚至产生自我否定等负面情绪，这时教师就应及时介入，给他们提供积极的情感支持和鼓励，帮助幼儿解决问题。例如，中班益智区中，君君在玩拼图块的游戏，马上就快拼完，但最后一块图块始终不能成功地插入到拼图玩具里，君君经过几次努力仍不能成功。只见君君嘟着个小嘴，有些不太高兴，操作活动即将结束，这时教师就应适时介入。

（三）幼儿出现认知错误或缺乏相关经验时

幼儿在活动区中的游戏行为往往与其生活经验密切相关，不同幼儿对同一事物的认识是有差异的，由于学龄前幼儿仍以直觉形象思维为主，思维具有不可逆性，在活动中，不能很好地对自己的游戏行为或生活经验等进行清晰的解释，往往出现一些认知偏差，导致区域游戏活动不能有效开展，因此，当幼儿在游戏操作中出现错误性认知时，教师就应及时介入，从而引导幼儿改变错误认知，促使游戏活动顺利进行。如在中班的建构区中，一个男孩正在用积木搭建"高楼"，但他把小块积木放下面，大块积木放上面，因此"高楼"总也"搭不高""站不稳"，在这种情况下，教师就可以坐到该幼儿身边去，通过恰当的方式引导幼儿改变错误认知。此外，在区域游戏活动中，当幼儿缺乏相关的活动经验，并可能引发一些不必要的混乱时，教师也可适时介入，如幼儿在小超市的买卖游戏中不给钱就直接拿东西或在小医院中看病不给钱时。

（四）幼儿出现消极现象时

幼儿的游戏操作是基于自身的生活经验，游戏的形式与内容往往来源于幼儿的实际生活，并与生活经验息息相关。然而周围环境对幼儿的影响有好有坏，对于好的活动内容应指导幼儿强化、学习，而对于不好的活动内容，教师一旦发现，应及时纠正，因此，在区域活动中，当幼儿出现一些消极现象时，教师就应及时介入、有效制止，如中班的一个小女孩在玩娃娃家游戏时，就对其他孩子说："今天我们不玩娃娃家了，我们玩'死人游戏'。"她领着小伙伴，把娃娃当死人，不停地哭啊、拜啊，玩起了"死人游戏"；此外，幼儿在活动区中演绎生活中父母吵架甚至打架行为时，教师都应及时介入。

三、教师介入区域活动的有效策略

教师在区域活动中应摒弃简单粗暴的介入方式，转而采取以引导和帮助为主的适宜的介入方式，从而促使幼儿的游戏活动向积极的方向发展。

（一）直接介入——及时解决矛盾

直接介入是教师介入幼儿区域活动最基本的形式，也是使用范围最广的形式。行为主义学派的代表斯金纳认为，幼儿的行为是可以被塑造的，应通过直接强化来塑造幼儿的行为。因此，当幼儿在区域游戏活动中出现严重的违反规则、攻击性行为时，教师就应直接以老师的身份介入幼儿的活动，如在大班阅读区，强强占了浩浩的座位，他们争执起来，浩浩很生气，就推了强强一下，结果两名幼儿由简单的"口水战"演变成了"动手动脚"的肢体冲突，这时候教师就应当及时介入，可直接告诉强强"每位小朋友都应当坐到属于自己的位置上"，而告诉浩浩应有话好好说，不管什么原因都不能打小朋友，以防止矛盾进一步激化。又如在自理区，小朋友们都很认真地玩夹珠珠游戏，小宇也参与进来了，可他不会夹，夹了很久都夹不起来，一生气就开始用手抓，弄得别人也玩不成，其他小朋友都很生气，并提醒他不能用手抓，应该用筷子夹，可小宇依然我行我素，周围的小朋友都认为他不遵守规则，不让他玩，眼看矛盾一触即发……这时候教师应直接介入，防止冲突进一步升级而对幼儿造成不必要的伤害。

值得注意的是，教师在运用直接方式介入时，应首先重视言语的作用，要向幼儿解释清楚应当怎样做，为什么这样做，让幼儿知道正确的社会行为规范；然后直接向幼儿提出行为要求，让幼儿在游戏中实践所习得的行为规范。但同时我们也要明白，直接介入是一种典型的教师中心方式，它更多地体现了教师干预的作用，往往会导致对幼儿主动性的忽视，因此在使用时应当慎重。

（二）间接引导——提供有效方法

发现学习理论强调幼儿学习的主动性，注重幼儿的独立性与积极性在学习中的价值和作用。幼儿在游戏操作时，由于自身年龄的局限和经验的不足，往往会遇到操作上的一些困难，因此，当幼儿遇到困难并反复尝试操作没有进展时，教师就应以引导者的身份间接介入，不断地激发幼儿的主体性和积极性，并鼓励和引导幼儿自己找到解决问题的方法，而不应以高控制者的身份直接告诉幼儿应当怎样做、不应当怎么做等。例如，老师让中班幼儿在美工区中做头饰，班上的一个小女孩将做好的头饰戴在头上，发现头饰太大了，一下子滑到了脖子上，这时，她先看了看周围已经戴好头饰开始玩起来的小朋友，然后着急地看向老师，希望得到老师的帮助，但老师没有走过来，只是远远地看着她，对她笑着点点头。老师的动作和表情使幼儿明白老师是不会过来帮助她的，老师希望她自己解决。女孩低下头继续摆弄头饰，并时不时地抬头看一眼老师，老师始终报以微笑，小女孩在老师的关注下继续探索。她尝试着用各种方法，摆弄了很久，但仍未找到解决的方法，小脸憋得通红，她又求助般地看着老师，这时老师在远处对小女孩做了一个折叠的动作，小女孩马上明白了，她把头饰的带子折叠了一小段，并弄断了一小节，头饰大的问题便解决了。小女孩高兴地把它戴在了头上开始玩起来，远处的老师朝小女孩笑着点点头。案例中教师正是运用了眼神、笑容及简单的动作等间接引导，才促使幼儿做好了适合自己的头饰。因此，在区域活动中，教师应减少直接干预，而应以引导者的身份间接引导幼儿，促使其发挥自身的主动性。

（三）平行介入——提供榜样暗示

平行介入，即教师在游戏区域附近与幼儿玩相同的游戏，教师并未与幼儿产生真正的交流和互动，目的在于引导幼儿模仿。幼儿在区域游戏活动的操作过程中往往会出现认知错误或缺乏相关的活动经验等情况，幼儿也可能会对新玩具不感兴趣、不会玩或不喜欢玩，或者只玩某一种游戏等，当幼儿出现上述情况时教师就可采用此介入方法。例如，浩浩是班上年龄最小的，由于年龄小，各方面能力都比别人差一些，在一次自选区域游戏活动中，他来到了建构区，一进活动区，老师就发现他马上忙着把大大小小的木头积木从箱子里拿出来，开始拼搭他的"高楼大厦"，一层、两层、三层……房子越来越高，他也开始兴奋起来："快来看呀，我盖的房子好高呀！"谁知话音刚落，房子"哗"的一声全倒了，浩浩一脸不高兴，开始重新拼搭，但他还是把小积木放下面、大积木放上面，这时，老师也进入到建构区，并坐到浩浩身边自行用积木拼搭起高楼大厦来，而且一边拼搭还一边自言自语道："底下的积木多一些，长长的积木横着放，大的积木放下面，高楼才不会倒。"浩浩在老师的暗示和隐形示范下终于成功地搭起了高楼，浩浩开心地欢呼起来！案例中教师较好地发挥了言语和行为的暗示作用，促进了区域游戏活动的顺利开展。

（四）角色扮演——激发幼儿兴趣

角色扮演是一种交叉式或参与式的介入方式，即当幼儿有教师参与的需要或教师认为有指导必要时，教师以扮演某一角色的方式介入，该方式能很好地激发幼儿参与活动的热情。如在娃娃家的游戏中，文文当"爸爸"，佳佳当"妈妈"，菲菲扮"宝宝"，一家三口一早就拿着菜篮子出去买菜了，回来后，"妈妈"和"爸爸"去厨房做饭，"宝宝"在一旁看书，一会儿，娃娃家来客人了，"妈妈"和"爸爸"热情地招待客人。"妈妈"给客人倒水、拿水果，"爸爸"到厨房做饭，一会儿工夫，饭做好了，大家一边吃饭一边聊天，吃完饭后，一家人又一起听音乐。桌子上碗、盘等乱七八糟地放着，地上到处都是纸巾。这时，教师来到娃娃家，介绍自己是卫生监督员，"噢，你看，你们家的卫生情况真不好，吃完饭也不收拾，地上乱乱的，看着真不舒服，你们快点收拾好，我等一会再来检查你们家的卫生。"教师说完就离开了。一家人很快把家里收拾干净了。过了一会儿，教师又来到他们家，看到他们家很整洁，就表扬了他们，并给了他们家一面卫生红旗，告诉他们以后用完的东西要放回原处，要让家里干干净净的。"爸爸"和"妈妈"高兴地接过了卫生红旗。案例中教师很好地发挥了角色扮演的作用，有利于区域游戏活动的深入开展。

总之，在幼儿园区域游戏活动中，教师应在充分发挥幼儿主体性的前提下，把握介入的最佳时机，并采取恰当的介入方式，从而更好地提升幼儿区域游戏活动的质量和水平。

参考文献

[1] 黄玉娇，李红兵，朱亚君. 浅析如何开展幼儿园晨间体育区域活动[J]. 教育导刊，2014（4）.

[2] 秦洪蕾，胥兴春. 教师介入幼儿同伴冲突：价值、时机及策略[J]. 幼儿教育（教育科学），2012（6）.

[3] 陈琦. 幼儿自主游戏中教师介入的时机与策略[J]. 教育科研论坛，2007（2）.

[4] 居登娟. 例谈区域活动中师幼互动的时机与方式[J]. 教育导刊，2013（11）.

[5] 秦元东，王春燕. 幼儿园区域活动新论：一种生态学的视角[M]. 北京：北京师范大学出版社，2008.

[6] 张英瑾. 幼儿教师如何有效指导开展区域活动[J]. 读与写，2013（11）.

[7] 李生兰. 美国学前教育机构的区域活动及思考[J]. 幼儿教育，2002（10）.

[8] 教育部基础教育司.《幼儿园教育指导纲要（试行）》解读[M]. 南京：江苏教育出版社，2002.

浅析如何开展幼儿园晨间体育区活动

遵义师范学院教师教育学院　黄玉娇
重庆市北碚区商业幼儿园　李红兵　朱亚君

幼儿园晨间体育区活动是指幼儿园根据健康领域的目标、内容与要求，在幼儿园内打破班级界限，创设若干运动区域，投放不同的运动材料，让幼儿自主参与体育活动，用自己感兴趣的方式发展基本动作，提高动作的协调性、灵活性等的活动。与其他形式的体育活动相比，它有着环境的开放性、选择的自主性、内容的丰富性、人际交往的频繁性等特点。《幼儿园教育指导纲要（试行）》（以下简称《纲要》）指出："要开展多种有趣的体育活动，培养幼儿积极参加体育锻炼的积极性。要培养幼儿参加体育活动的兴趣和习惯，增强体质，用幼儿感兴趣的方式发展基本动作，提高动作的协调性、灵活性等。"《3~6岁儿童学习与发展指南》（以下简称《指南》）中也指出："应开展丰富多样、适合幼儿年龄特点的各种身体活动，如走、跑、跳、攀、爬等，利用多种活动发展幼儿的身体平衡、动作的协调性及灵活性等。"由此可见，晨间体育区活动对幼儿的发展有着极其重要的作用，其作为幼儿园体育活动的重要组成部分，是幼儿园一日活动的开始，幼儿园晨间体育区活动的质量对于幼儿身体素质的提高，以及幼儿的情绪和状态都有直接的影响。然而，目前部分幼儿园教师对晨间体育区活动的认识仍存在较大的误区，如有教师认为集中教育活动才是幼儿园的主导，晨间体育区仅仅是装饰；也有教师认为晨间体育区是集中教育活动的延伸和补充。基于此，本文拟从幼儿园晨间体育区中存在的问题出发，提出具体有效的解决策略。

一、幼儿园晨间体育区现存的问题

晨间体育区能满足幼儿自主活动的需要，其对幼儿发展的作用是其他区角无法替代的。但笔者在实践中发现，幼儿园晨间体育区存在诸多问题。

（一）区角设置陈旧化

当前很多幼儿园晨间体育区设置单一，不够全面，类型仍较为陈旧和固定，主要以幼儿园操场四周的大型器械为主、如攀爬墙、荡桥、转椅、滑滑梯等。没有很好地利用空间，致使区角的数量和类型均达不到《纲要》《指南》的要求，进而发挥不出晨间体育区空间应有的价值和效果。

（二）材料投放随意化

在晨间体育区的材料投放上，一些幼儿园在实施过程中往往不考虑所投入材料的目标性、层次性、搭配性及变化性等，只是随意地摆放一些相关的材料，之后便不再作相应的调整与跟进，对于每个区域中应投放什么材料、投放多少材料、各类材料所占的比例是多少、怎样搭配投放才能激发幼儿活动的积极性等，老师们仍很困惑。

（三）规则执行混乱化

很多幼儿园教师以为只要设置了相应的区域，投放了相应的活动材料，就可以不管活动规则了，幼儿想怎么玩就怎么玩，这样一来，晨间体育区就变成了"菜市场"和"幼儿发泄打闹的场所"，场面一片混乱。一些老师与笔者交流时说："孩子一到体育区活动时间，就特别兴奋，管都管不住。"笔者认为这位老师很可能就是没有很好地建立规则，才会导致场面混乱。

（四）观察指导表面化

笔者借区域活动联片教研之机发现，幼儿园教师在体育区域活动中普遍表现出观察指导意识很强，但介入指导水平一般。很多幼儿园教师在晨间体育区域活动中不知道看什么、怎么看、何时介入及如何介入等，观察指导流于表面化，要么"放羊式"，幼儿过于自由而缺乏活动目的性；要么"管制式"，剥夺了幼儿自主活动的权利。从表面上看，幼儿在体育区游戏中玩得很开心，场面也热热闹闹，但实则缺乏目的性和有效指导，活动质量不高，也不利于后期活动的跟进和调整。

二、晨间体育区的实施策略

根据布朗芬布伦纳的人类发展生态学理论，幼儿是在与环境的相互作用中得到发展的。针对以上问题，我园以课题为依托，对幼儿园晨间体育区角进行了实践探索，力求提高晨间体育区的利用价值。

（一）因地制宜，确定区角类型和数量的合理化

幼儿园晨间体育区的创建应根据幼儿园既有的户外活动空间、幼儿的年龄及人数等，因地制宜地划分出相应的区角类型，如我园地处市中心，占地面积不大，但我园基于实际，充分利用幼儿园操场、走廊、楼梯拐角等既有空间，根据幼儿的实际情况分年龄段分别设置了六个晨间体育区，即钻爬区、平衡区、跑跳区、投掷区、球类区、综合区。如我园将球类区

设置在一楼的走廊和楼梯拐角处，将投掷区设置在冬天不常用的玩水区（将水池里的水放干，并铺上防滑地垫），将综合区设置在靠近大型器械的一角，将跑跳区设置在园内的几棵大树附近（可利用树干悬挂高低不等的物品，供幼儿跳一跳能摸到悬挂物），将平衡区设置在操场中间，将钻爬区设置在靠近既有攀爬墙附近，实现了空间利用的最大化。六大区域的设置不仅符合《指南》《纲要》的相关要求，具有一定的合理性和科学性，而且也能满足幼儿攀、爬、跑、跳等多方面的体能发展需求。此外，我园还对活动场地进行了合理规划，如将活动量较大的球类区和投掷区设置在靠墙处，且各区保持一定距离，以保证各区互不干扰。

（二）有效搭配，实现区角材料投放的层次化

在材料投放上，我园不仅考虑材料数量、材料种类（既有各种成品材料、半成品材料，又有各种利用废物自制的物品，如用奶粉罐做成的梅花桩、用月饼盒做成的踩跳盒、用废旧布条做成的小尾巴、用电器外包装纸盒做成的小猪小狗汽车、用纸壳做成的小坦克"爬爬乐"等），材料层次（即针对幼儿年龄和个体的差异性，三个年龄段投放的主体材料相同，辅助材料不同，不同年龄段材料摆放的形式也不同，以满足三个年龄段孩子的不同需求。如跑跳区既有单脚跳、双脚跳、前后跳、左右跳，还有高低跳、重量跳等；平衡区既有陡缓楼梯、小大山坡、宽窄平衡木、高低过河石和梅花桩、直线与曲线路，还有高跷、脚踏车、脚踏板、挑担、毽子、鞋盒、纸盒汽车、提拉鞋等辅助材料；球类区有篮球、足球、布球、纸球及矿泉水瓶自制的保龄球等，幼儿可以抛、接、运、投、拍、滚、赶等；综合区主要以自制小型器械为主，有用塑料袋自制的降落伞、用纸壳自制的踏跳板、用鞋盒制作的大鞋子、用饮料瓶和PVC管自制的举重器及用奶粉桶和塑料圈自制的套圈等，以满足不同幼儿的发展需求），还利用游戏化的情境引发幼儿参与活动的积极性和主动性，如在小班的平衡区中引入"小白兔拔萝卜"的情境，并投放与情境相符的动物头饰，这样一来，幼儿便情不自禁地融入游戏情境中，还克服了没有安全感、害怕的心理。

（三）建立规则，提示幼儿游戏活动的规范化

与室内区域活动相比，晨间体育区具有极大的空间开放性和环境的不可控性，加之由于幼儿的年龄小，认知规律（角色意识弱、情感易外露、游戏的稳定性不强、在游戏中常常忘记自己扮演的角色）具有一定的特点，因此，为了营造一个安全有序的晨间体育区体能活动环境，我园从多维度、多方面建立规则，以保证幼儿游戏活动的规范化。例如，我园根据幼儿体能活动"低—高—低"的运动规律，首先，教师带领幼儿在轻快愉快的主题背景音乐中做热身运动，幼儿的身体慢慢打开；接着，广播中响起进区音乐和提示语，这时，孩子们有序地进入自己喜欢的区域；此外，考虑到户外晨间体育区具有空间开放的特殊性，不利于进区规则图的张贴和幼儿对各区的认识，我园还制作了一个大大的区域分布图，并张贴在各班，在集中教育活动时间，引导幼儿认区、熟区及选区，教育幼儿在游戏活动中要团结友善，不与同伴发生冲突等；最后，游戏活动结束的音乐信号响起，在缓缓的音乐中教师带领孩子们做放松运动，孩子们有序地结束游戏活动，并与教师一起收拾整理材料，从而保证了游戏活动的规范化。

（四）观察介入，促进幼儿游戏水平的深入化

在观察指导的基础上，我园为了提升幼儿游戏活动水平，避免幼儿偏区现象的发生，也为了提升我园教师的专业化水平及考虑到幼儿的安全等，决定一名教师负责一个区域，做到

定人定区定点定位。在观察过程中，我园设计并使用了"贴贴乐"，即用不同的颜色进行区域的划分，如红色代表钻爬区、绿色代表球类区、黄色代表综合区、蓝色代表平衡区、紫色代表跑跳区、黑色代表投掷区；用不同的形状代表孩子参与活动的情况，如"桃心"代表最好，"五星"代表比较好，"小花"代表一般，"三角形"代表不好，还要继续努力。衡量的指标包括幼儿的情绪、合作、交往及活动完成质量等。全部达标——"好"、1~2项没有达标——"比较好"、2~3项没有达标——一般。如果幼儿顺利完成一项活动（如攀爬区中幼儿扮演成小猴子爬过草地，再爬上高高的树，即攀爬墙，并成功摘得了桃子），教师就要给幼儿贴上相应的图案，待活动结束幼儿回到教室，就可把自己手上的图案贴到相应的情况记录表中并填写相关记录（中、大班的幼儿可自己填写，小班的幼儿可在教师的帮助下填写），老师可根据幼儿的情况记录表进行统计分析，并做相应的调整，既简便易行，又直观形象，从而提升了幼儿的游戏水平，真正实现了幼儿的发展。

参考文献

[1] 梁维肖. 托班区域体育活动材料提供研究[J]. 幼儿100（教师版），2013（2）.
[2] 黄玉娇. 让农村幼儿园区域活动"活"起来[J]. 教育导刊，2013（8）.
[3] 黄玉娇. 浅议隐性规则在区域活动中的必要性及其运用[J]. 现代幼教，2013（6）.
[4] 朱家雄. 幼儿园课程[M]. 上海：华东师范大学出版社，2003.
[5] 教育部基础教育司. 幼儿园教育指导纲要（试行）解读[Z]. 南京：江苏凤凰教育出版社，2008.
[6] 庄柳媚. 浅谈主题教育背景下的班级区角创设[J]. 教育导刊，2013（8）.
[7] 李建岚. 充分挖掘幼儿园区域活动的潜能[J]. 宁波大学学报（教育科学版），2004（4）.
[8] 王萍. 幼儿园区域活动的环境创设与指导[J]. 中国校外教育，2009（8）.
[9] 左文玲. 幼儿园区域活动的新思考[J]. 江西教育科研，2004（5）.

让农村幼儿园区域活动"活"起来

遵义师范学院教师教育学院　黄玉娇

《幼儿园教育指导纲要（试行）》（以下简称《纲要》）中明确指出："环境是重要的教育资源，应通过环境的创设和利用，有效地促进幼儿的发展。"因此，应充分挖掘区域活动对幼儿发展的价值，特别是农村幼儿园区域活动的价值。借国培之机，笔者通过与大量农村幼儿园教师交流、访谈，发现：农村幼儿园在区域活动的创设过程中存在着很多问题，如区域活动过于城市化、材料投放不当等，一些农村幼儿园很少开展区域活动，有的农村幼儿园甚至没有开展区域活动，相对城市幼儿园，农村幼儿园区域活动的开展状况堪忧。因此，如何有效地开展农村幼儿园的区域活动，让农村幼儿园区域活动"活"起来，让其成为孩子们的"乐园"？笔者认为，农村幼儿园区域活动的开展只有基于问题，立足实际，因地制宜，深入挖掘，走农村特色之路，才能真正体现陶行知先生所提倡的"活的乡村教育要用活的环境"。

一、农村幼儿园区域活动存在的问题

区域活动能满足幼儿多方面的发展需求，促进每个幼儿富有个性地发展。由此可见，区域活动对幼儿的发展作用是不可替代的。但笔者在实践中却发现，农村幼儿园区域活动存在诸多问题，而这也是制约其发展的重要潜在因素。

（一）区域活动创设过于城市化

随着城乡一体化进程的推进及农村幼儿园教师各种参训机会的增多，农村幼儿园教师有更多的机会与条件学习和接触到城市幼儿园区域活动的优质资源，他们有意识地通过各种区域活动展现城市生活也在情理之中，但实践中却发现很多农村幼儿园教师不顾园情、照搬照抄，把自己在参观中获得的资源（如照片、视频等）原封不动地引用，如"肯德基""美味比萨店""温馨茶座"及"交巡警平台"等，过于城市化，严重脱离了幼儿的生活经验，而富有乡土气息的各种动物饲养区角、种植区角等并不多见。农村和城市的文化氛围和生活环境不同，应做到具体问题具体分析。

（二）区域活动材料投放不当

幼儿园材料是教育目标的物质载体，一般来说，其本身的特性及其投放方式决定着幼儿可能获得怎样的学习经验和发展。已有研究发现，区域活动材料丰富且形式多样，能使幼儿在操作过程中变得更聪明、自信、大胆。但在实践中却发现，教师经常给幼儿提供一些高结构的、简单的、成品的活动材料，缺乏对自然物品和废旧物品的利用，活动材料不具有探究性和可操作性。同时，活动材料单一，不能满足幼儿在游戏活动中的需要，从而阻碍了区域活动的深入开展。另外，投放的材料忽视了幼儿的年龄特点和兴趣需要，缺乏层次性，幼儿对教师提供的材料缺乏兴趣，区域活动应有的作用没有得到发挥。

（三）区域活动空间利用不合理

很多教师都知道农村幼儿园普遍存在着区域空间不足、幼儿数量偏多的问题，因此，也都想方设法地为幼儿开辟活动空间，但往往因利用不合理而发挥不出区域活动空间应有的价值。如很多幼儿园教师为了应付上级部门的检查，或只根据自己的意愿和想法来创设区域活动，而很少考虑教室的具体结构和位置，也很少考虑各个区域的有机联系，形式花哨，内容不全面；另外，强调各个区域设置的固定性、长久性、不变性和一劳永逸性，因此，通常使用一些不易搬动的、大型的、沉重的材料来创设，缺乏灵活性和变通性，常常出现孩子因空间不足而发生人际冲突的情况。

（四）区域活动缺乏家园联系

区域活动应该是独立的、自主的，而不应该成为集体教育的附庸，但在实践中，部分教师将区域活动的独立性夸大化、绝对化，将区域活动与其他活动割裂开来，使区域活动与幼儿园其他教育活动、幼儿家庭、社区等缺乏足够的内在联系，殊不知家庭、社区等可能蕴藏着巨大的教育和发展价值；另外，许多幼儿教师在设计和开展区域活动的过程中，没有很好地挖掘和利用幼儿园其他教育活动（如一日活动、自由游戏等）的资源。最后需指出的是，区域活动和幼儿家庭、社区之间的内在联系应该是双向的，是一种互利的有机联系，而不是简单的单向联系。

二、农村幼儿园区域活动的创设策略

农村幼儿园区域活动存在一系列问题，鉴于此，教师可以基于农村实际，因地制宜，走出一条具有农村特色的区域活动的"活"路子，实现区域活动教育价值的最大化，并最终实现幼儿个性和社会性健康、和谐地发展。

（一）因地制宜，充分利用地方特色开展区域活动

城市幼儿园的区角活动中大都设有"大超市""交通岗亭""加油站""游乐场""大餐厅"等，很多幼儿教师参观后都说城市幼儿园做得很好，但自己所在的幼儿园根本实现不了。的确，相对于城市幼儿园，农村幼儿园由于经费不足、教学设施不齐全、设备差等客观原因，做不了"大超市""大餐厅"等，而且这样的内容也与农村幼儿的生活经验相脱离。毋庸置疑，农村具有得天独厚的自然条件，也是天然的活动区，因此，农村幼儿园可以在充分考虑农村本土特色资源的基础上，结合各自幼儿园的特点，创设和开展与别的幼儿园不同的、比较独特的区域。例如，大多乡镇都有农贸市场，孩子们生在农村、长在农村，家里的农产品很多都需要自产自销，那么，三天一次的集市便成了幼儿熟悉的场面，也是幼儿比较感兴趣的场景，教师可以因地制宜，创设独具特色的角色表演区，如菜市场、水果一条街等，一些水果、蔬菜、箩筐等就成了道具。在进行角色表演时，虽然没有漂亮、华丽的摆台，但幼儿可以摆地摊，这也是符合幼儿生活经验的，这样的特色区域活动既能满足农村幼儿参与成人交易活动的兴趣，还有利于发展幼儿的社会交往能力。另外，各农村幼儿园还可以因地制宜设置社会体验区、创意美工区、操作建构区等。以笔者所在的重庆为例，重庆地区的幼儿园可在社会体验区开展独具重庆特色的以"麻辣火锅"为主题的活动、在创意美工区开展以"舞龙"为主题的活动、在操作建构区开展以"桥"为主题的活动等。

（二）亲近自然，科学利用现有物品丰富区域活动

开展幼儿园区域活动，材料是必不可少的。《幼儿园教育指导纲要（试行）》中指出，"要指导幼儿利用身边的物品或废旧材料制作玩具、手工艺品等来美化自己的生活或开展其他活动"。已有研究发现，那些价格昂贵、高结构的材料并不能引起幼儿长久的兴趣，幼儿通常会喜欢一些低结构或无结构、与自己生活经验有关的材料。而农村具有取之不竭、用之不尽的自然资源，农村幼儿园可以利用其现有物品和材料丰富活动区。首先，可根据季节交替更换不同的活动区的材料。例如，操作区，可利用春天里的野花野草编制各种不同的小动物及花环；造型区，可将夏天里的蔬菜、瓜果等通过拼插、粘合，制作成各种可爱的实物；美工区，可利用秋天里的种子、果实、稻草、落叶等做粘贴画、标本、编织物等；在冬天还可利用枯枝做各种装饰及造型。其次，可废物利用丰富活动区。教师可收集一些美观耐用的盖、瓶、罐、盒及不用的家具等丰富活动区，例如，可将废旧的沙发、电话等投放到娃娃家；将一些洗发水瓶、香水瓶等投放在理发店；将各种牙膏盒、饮料瓶等投放在建构区或手工区……总之，这些来自大自然的物品以及废旧材料，虽不像许多高结构材料那样形象且富有观赏性，但其更能激发幼儿的兴趣，更有利于培养孩子的想象力和创造力。

（三）基于实际，巧妙利用既有空间创设区域活动

很多农村幼儿园普遍存在着区域空间不足、幼儿人数多等问题，这就需要幼儿园教师因地制宜，发挥想象力和创造力，实现幼儿园空间利用的最大化。首先，我们可以把幼儿园闲置的地方整理出来，创设两个大的社会体验区或角色扮演区，条件允许的还可以再加上一个沙水区（当然，这也是深受农村幼儿喜爱的一个区域），这三个区域就可作为幼儿园的公共区域，对每个班的小朋友分时段开放；其次，改变每个班级桌椅摆放的方式，充分有效地利用桌椅，桌子平时就摆在活动区里当隔断、当摆台、当操作台，集中教育活动需要时再将桌子

拉到中间；最后，简单装饰电视机、电冰箱等电器的外包装盒（这类电器的外包装盒通常是素色的，容易装饰，可以画一点花边和漂亮的图案等），将其作为各个活动区的隔断，待集中教育活动时将其收起来就可以了，方便实用，这样就解决了教室面积小、活动区空间不足、置物柜不够用等一系列问题。如此一来，教室里就可以创设娃娃家、阅读区、创意美工区、建构区和益智区等多个区域。另外，还可将走廊、门厅、阳台、楼梯间等空间充分利用起来，如走廊上可设置自然角、运动区、涂鸦墙等，各个不同的年龄班还可根据幼儿的年龄特点设置一到两个区角，充分利用空间。

（四）家园合作，积极利用家庭资源拓展区域活动

陈鹤琴说，幼稚教育是一种很复杂的事情，不是家庭一方面可以单独胜任的，也不是幼稚园一方面可以单独胜任的，必定要两方面共同合作，方能取得充分的功效。家长既是活动区材料的提供者，同时也是活动区教育的参与者和指导者。家长参与能更好地调动幼儿的活动积极性。第一，家长可在区域活动开展之前积极提供活动所需要的一些材料，例如鸡蛋壳、香皂盒、饮料瓶等，并可对即将开始的活动提出一些自己独到的建议或想法。第二，家长可在区域活动中扮演一定的角色，对幼儿进行相应的指导。例如，幼儿园在开展编织区活动时就可经常有组织、有计划地邀请一些有编织特长的家长来幼儿园教孩子们编织坐垫、草鞭、草席、花篮、草扇、昆虫模型等，这样一来，孩子们既学习了生活的本领，又能增强责任感和自豪感。又如在幼儿园角色区开展的理发店活动中，孩子们可邀请自己的妈妈体验，在这一过程中，孩子认真地给妈妈理发、烫发、染发等，妈妈则告诉孩子要轻一点，孩子给妈妈弄完头发后，还问妈妈满不满意。通过这样的区域活动，母子间既进行了积极、有效的互动，妈妈也在无形中正确地指导了孩子。第三，区域活动结束后，家长可通过活动帮助幼儿消化所学本领，积累生活经验。例如，家长空闲时可陪同孩子一起去采野花、走田埂、捉泥鳅、捉知了、捉蚱蜢、捉螃蟹等，幼儿在活动中认识大自然，积累生活经验。

要让农村幼儿园区域活动"活"起来，我们必须立足于农村实际情况，回归大自然，回归幼儿的生活经验，就地取材，充分挖掘农村各种乡土文化、资源，才能形成较为稳定的具有农村本土特色的区域活动内容，才能在这一基础上开辟出一条独具农村特色的区域活动的"活"路子，为农村幼儿提供丰富的学习机会，使幼儿在轻松、愉快的开放性环境中富有个性地发展和成长，并最终实现区域活动教育价值的最佳化，给孩子最好的未来。

参考文献

[1] 张国娟. 回归自然 亲近自然——农村幼儿园区域活动的主旋律[J]. 教育导刊, 2006（5）.

[2] 向建秋. 幼儿园区域活动中存在的问题及对策初探[J]. 成都大学学报（教育科学版）, 2008（5）.

[3] 张海红. 幼儿园区域活动中存在的问题及对策探析[J]. 教育导刊, 2006（10）.

[4] 陈鹤琴. 家庭教育——怎样教小孩[M]. 北京：教育科学出版社, 1994.

[5] 王薇薇. 浅谈农村幼儿园区域活动本土化[J]. 学前课程研究, 2007（10）.

[6] 李生兰. 美国学前教育机构的区域活动及思考[J]. 幼儿教育, 2002（10）.

瑞吉欧方案教学对我国幼儿园主题区域活动开展的启示

遵义师范学院教师教育学院　黄玉娇

主题教育背景下的区域活动不同于一般的区域活动，特指幼儿教师依据主题教育活动目标，有目的地创设与主题相关的区域活动环境，让幼儿在区域中按照自己的意愿和能力，以操作摆弄为主要方式进行自主学习，实现主题活动预设目标的一种活动。而瑞吉欧方案教学的引入恰好为我国幼儿园开展主题区域活动提供了借鉴。有学者指出，瑞吉欧方案教学是指"在师生互动过程中，教育者通过对儿童的需要和感兴趣的事物的价值判断，不断调整活动，以促进儿童更加有效学习的课程发展过程，是一个动态的师生共同学习、共同建构世界的过程"，重在强调区域活动主题的生成。因此，作者从瑞吉欧方案教学入手，梳理其在区域活动主题生成方面的运行机制及生成特点，以期为我国幼儿园更好地开展主题区域活动提供一些启示和建议。

一、瑞吉欧教育的概况

20世纪60年代，瑞吉欧教育体系的创始人洛利斯·马拉古兹（Loris Malaguzzi）在意大利北部的一个小镇——瑞吉欧·艾米里亚一所学前教育学校创立了一套全新的学前教育体系，人们称之为"瑞吉欧·艾米里亚教育取向"。洛利斯·马拉古兹继承和发展了福禄贝尔、蒙台梭利、杜威等教育先驱的思想，根据社会发展和对儿童的认识，在教育的理念和实践上进行了极富创造性的提升和发挥。瑞吉欧教育让儿童运用多种符号系统表现和表达自我，有"动态性"和"生成性"的方案教学，有采用摄影、录音和直接观察的方法记录儿童的活动过程，有适合儿童成长和发展的教育环境，有儿童、教师、家长和社区其他人员的集体学习和共同建构。如今，瑞吉欧学校被公认为是当今世界学前教育机构的典范，是美国、日本和欧洲各国学前教育改革和发展的主要参考和借鉴对象。瑞吉欧教育体系之所以能引起如此强烈的反响，主要在于瑞吉欧精神和它的教育理念，它反映的是一种学前教育新文化。

方案教学作为瑞吉欧教育体系的核心部分受到专家学者的广泛关注。从20世纪20年代开始，美国一些学校就开始出现了方案教学。美国幼教专家丽莲·凯茨（Lillian Katz）认为，方案教学是以某一主题为核心向四周扩散编制主题网络，制作主题网络程序，然后根据儿童的兴趣、需要让儿童对主题网络中的不同子题进行探索、研究的教学活动。在教学中注重"关系"和"合作"，围绕生成的主题内容进行小组方案探究。方案教学强调要以合乎人性的方式，积极鼓励儿童与环境中的人、事、物产生有意义的互动；强调儿童主动参与他们的研究方案，以取得第一手资料。

二、瑞吉欧方案教学的特点

（一）提倡民主化的教师角色定位

瑞吉欧方案教学既是瑞吉欧教育课程也是其主要的教学方法。美国教育家甘蒂尼（Gandini）认为，在瑞吉欧学校中方案教学是学习的基础。在传统的教育理念中，教师往往扮演的是"权威者""仲裁者"和"谈话者"的角色，而瑞吉欧教育给教师的角色进行了新的定位，这种定位是基于对人的价值重新认识和考量，是基于瑞吉欧新型的儿童观，瑞吉欧幼儿教育法中教师的角色呈现多样化。

1. 教师是儿童的伙伴和倾听者

在瑞吉欧学校，教师的角色既不是母亲，也不是一般意义上的同伴，而是"以专业的眼光赋予学习者和学习以价值的人"。教师要相信儿童的潜力，给予儿童尝试的机会，要耐心等待奇迹的发生。教师不是裁判员和评价者，师生之间的交流主要是围绕儿童感兴趣的话题，很少涉及纪律和常规。在这样的互动中，教师是"平等者中的首席"。

2. 教师是儿童的"时机分配者"和"资源提供者"

在瑞吉欧学校，教师的主要任务不是直接将知识呈现给儿童，而是引发儿童发现、明确自己的问题。教师在与儿童相互交流、儿童发生认知冲突和合作参与中，寻求教育的契机，推动有意义活动的进行。

3. 教师与儿童是共同建构者

瑞吉欧学校倡导"知识在社会情境下协调建构而成"的理念，教师把自身定位为学习者和研究者，收集大量资料，让自己沉浸在研究与学习的氛围中，与同事合作共同分析和解释资料，形成对儿童的学习与发展、对教育教学活动的描述。

（二）注重幼儿之间的互动合作

瑞吉欧教育中的"互动合作"包括教师和学习者的互相沟通、关怀和控制的不断循环，以及教育活动相互引导的过程。人是互动的主体，所以人际关系互动是瑞吉欧教育体系重要组成部分。瑞吉欧人际互动合作是幼儿教育得以完善的渠道，与他人建立关系是教育的基本目标及学校的基本工具。正如马拉古兹所说："在瑞吉欧教育系统中，关系是如此重要，所以瑞吉欧是不讲以'儿童为中心'的。然而，瑞吉欧却把关系——儿童之间的关系、儿童与家长之间的关系、儿童与教师之间的关系、儿童与社会之间的关系看成是教育系统中一切的中心，把托幼机构当作是'一个繁体的活动机制，在这个机制中，分享成人与儿童的生活与关系'。"

（三）注重运用记录反思儿童行为

丽莲·凯茨（Lillian Katz）认为，"瑞吉欧·艾米里亚教育取向在幼教领域里最特别的贡献就是记录的运用，其是务实教学重要的标准之一"。作为儿童行为的记录者，教师的任务就是运用各种仪器和工具记录儿童在活动中的表现，并深入思考、研究所记录的儿童的行为。对幼儿来讲，他们表现自己对世界的认识方式是多种多样的，用马拉古兹的话来说就是"孩子有一百种语言，一百种想法、一百种思考、游戏、说话的方式"。这就需要教师通过文字、照片、图像、幻灯片、录像等手段来记录幼儿探索的过程，以了解幼儿、研究幼儿。另外，记录的过程也是一个与幼儿对话的过程，是生成下一阶段主题活动的基础。

（四）注重建立互动合作关系的环境平台

瑞吉欧教育互动合作关系的建立离不开瑞吉欧独具特色的环境平台。瑞吉欧认为环境是"第三位老师"。从幼儿本身出发的环境为幼儿以自己喜欢的方式与同伴互动合作、探索问题、分享经验提供了场所的便利，瑞吉欧学校具有开放的作品展示空间、艺术工作室、"会说话的墙""广场"等，这些环境并非零散或独立地被使用，"我们有一个结合场所、角色和功能的机制，各自有各自进行的时间表……整个合作的联合工作网，在一个充满生气及真诚的世界里，为家长和幼儿们带来一种归属感"。这些开放的环境为人际互动合作提供了重要的环境支持。

三、方案教学对幼儿园主题区域活动开展的启示

（一）转变教师的角色，增强教师角色意识

以"教师为中心"和"以儿童为中心"是教育中困扰教师已久的两极。瑞吉欧教育的成

功要素之一,是在"教师中心"和"儿童中心"之间找到了一个平衡点。他们摒弃绝对的"教师中心"和"儿童中心",创建了以儿童、教师、家长、社区相关人员为主的"团体中心"。在我国幼儿教育中,若要改革传统的"灌输式"和"填鸭式"的教育模式,就要实现教师角色的三个转变,即从教到建构的转变、从强化到兴趣的转变、从服从到自主或从强制到合作的转变。

(二)提倡"协商性"主题,与儿童共同建构

瑞吉欧学校提出"协商性"课程是指课程的内容和实施通过几个方面综合,如家长、教师、儿童协商来决定的,而不是教师或儿童单方面来决定的。这种"协商性"课程分为两个层次:一是方案的选择上,教师和孩子讨论根据孩子已有的经验和知识,共同协商提出有待探索的问题。二是每个方案的目标、内容和活动方式都是由家长、教师、儿童共同协商确定的。方案计划和实施由家长、教师、儿童共同建构完成。"协商性"课程的组织方式不是一个线性发展的过程,而是呈螺旋式上升趋势,其中的经验是不断重复的,但又是不断被提升的。这种组织方式打破了以往教师"满堂灌"和"一言堂"的局面,将幼儿的主动建构放入课程设计中加以考虑并且优先关注幼儿的需要与兴趣,改变了只重视活动结果、轻视活动过程的现象,儿童角色由被动变为主动。

(三)鼓励儿童多样的操作和表现方式

在瑞吉欧教育中,儿童表现自己对世界的认识方式是多种多样的。马拉古兹认为,儿童有"一百种语言",如语言、绘画、雕刻、泥塑、建造等。注重运用图像等艺术语言是瑞吉欧的又一特色。对于幼儿来讲,图像是一种比文字简单且清楚的沟通工具,运用它就可以使他们多样化的想法、意念得以形象化。幼儿在方案探究中,运用绘画、拍照、泥塑和面团等方式记录他们看到的事实和心中的想象。瑞吉欧人倡导儿童运用多种语言,尤其是以图像为主的艺术语言,有助于帮助儿童回忆、解说、分享主题探索中的感受,同时促进幼儿的成长。

(四)注重开展后教师的行动反思能力

有人将瑞吉欧教师称为"课堂人种志专家",作为记录者的教师其研究方法的实质为行动研究。行动研究一旦进入幼儿园,幼儿教师就成为研究者,通过记录幼儿整个学习过程和建构知识的方法以及幼儿的情绪和社会性的发展,更准确、更深刻地诠释幼儿与评价幼儿;同时,教师透过记录可以重新审视自己的思路,也可以和其他教师一起共同探讨自己的想法,从而调整自身的教学策略,实现专业成长。

(五)充分利用家园合作

瑞吉欧的学校是开放的、广泛吸纳利用资源的教育机构。瑞吉欧的工作室是幼儿都愿意去并开展工作的地方,因为这里汇集了各种各样的玩具和材料(包括箱子、铁丝、木板等废旧品)。瑞吉欧学校没有一处无用的环境,每一处都可能是幼儿产生新想法的地方,都可能是一个新的方案的来源。瑞吉欧幼儿机构不但充分利用各种物质资源和环境,还积极利用人力资源。家长和社区居民也积极配合幼儿机构工作,成为瑞吉欧幼儿机构的一大特色。洛利斯·马拉古兹曾说:"我们把儿童看成是有潜力的、强大的和有能力的,最为关键的是与成人和其他儿童相关联的人。"而我国幼儿园大多忽视家长及社区教育资源的开发,原有的家园联系大都很薄弱。因此,我国幼教体制应建立儿童、教师和家长三主角中心,变个体中心为团体中心、变实体中心为关系中心。

参考文献

[1] 蔡东霞,等. 瑞吉欧方案教学的特点及其对我国幼儿教育改革的启示[J]. 教育探索,2011(10).

[2] 杨娟. 瑞吉欧方案教学对我国幼儿园课程生成的启示[J]. 基础教育研究,2011(12).

[3] 陆晓民. 主题活动中的区域活动[J]. 幼儿教育,2007(5).

[4] 杨翠美. 如何有效开展主题背景下的区域活动[J]. 教育导刊,2012(5).

[5] 梁慧娟. 主题活动背景下区域活动如何定位[J]. 幼儿教育,2009(12).

[6] 冯耀辉. 幼儿园主题区域活动探索[J]. 中国校外教育,2011(11).

幼儿园区域活动实施的四大问题及对策

重庆市北碚区朝阳幼儿园　柏承健

区域活动是幼儿园一日活动中不可缺少的重要组成部分,随着区域活动的深入开展,教师在区域活动创设与实施中的一些问题也逐渐凸现。

一、问题一：教师在区域活动实施中随意性较大,目的性不强

原因分析：有些教师认为区域活动就是让孩子自由玩耍,让他们在与活动材料的自由互动中得到发展,存在观念的偏差。

应对策略：

区域活动不是一种简单的游戏,也不是幼儿操作的代名词。为避免区域活动的随意性,在开展区域活动的过程中,教师要按照《幼儿园教育指导纲要(试行)》中的具体要求,结合本园的实际情况、本班幼儿的年龄特点、实际发展水平和个体差异,制订区域活动的教育计划,并依据计划有目的地、有重点地开展区域活动。区域活动的教育计划一般分为学期计划、月计划和周计划。

一、学期计划

制订学期计划可以从现状分析、总体目标、具体方法与措施等几个方面进行考虑,区域活动学期计划可以与幼儿园整体课程计划同步制订,标明哪些内容需要采用集体的教育形式,哪些内容需要在区域活动中完成,不必制订单独的区域活动课程计划。

1. 现状分析

针对本班幼儿园在各方面的发展情况、本班区域活动开展的情况及存在的问题做全面客观的分析,这是计划中的基础环节。

2. 总体目标

在现状分析的基础上,根据学期总的教研目标,拟定出本学期区域活动的总体目标,即在区域活动中完成哪些任务,达到什么水平,这是计划中的重点环节。

3. 具体方法和措施

学期计划还应该考虑区域设置、材料提供、活动组织、时间安排、指导评价等方面,以

及通过什么方法、手段进行安排、调整，保证计划的实现。

二、月计划

由于区域活动课程内容有很多是在区域活动课程实施过程中生成的，因此，制订区域活动的月计划可以包括月教育目标、月调整目标、活动内容、调整内容、投放材料、材料整理、指导重点、评价等八个部分。

三、周计划

为保证区域活动教育取得预期的效果，必须根据月计划来确定周计划，将月计划分解体现为教师每周的课程计划，一般以表格的形式呈现，以直观细致为宜。区域活动周计划内容有：重点开放的区域与目标、重点指导的内容、增添的材料及相关资源、指导要点等。

二、问题二：区域中提供的材料不能合理使用，利用价值不高

原因分析：材料投放单一，缺乏多样性、计划性和目的性，常常会忽视幼儿的年龄特点和发展水平。材料投放散乱，不同区角重复内容较多，不能使幼儿获得丰富的、多样的体验。怎样的活动材料才是幼儿感兴趣的？怎样才能做到丰富但不多余？怎样才能直接或间接地促进幼儿各项技能的发展？

应对策略：

1. 有计划投放

教师要对收集的所有材料进行整体思考，不能散乱堆砌在各个活动区域或者无目的地全部投放，要根据本阶段的目标、主题、季节等进行投放，增强孩子主动参与活动的兴趣，使他们有新鲜感。

2. 分层次投放

幼儿的发展是有个体差异的，教师可因人而异、因材施教，投放的材料也应满足不同发展水平幼儿的操作需要，兼顾个别，不要一刀切，注重个体差异，避免幼儿"吃不饱"或"吃不好"。在投放材料时应考虑高、中、低三种能力水平的幼儿，同样一项学习内容，让不同水平的幼儿在不同程度上有所提高。

3. 趣味性投放

兴趣能驱动幼儿的活动欲望。幼儿园一切活动都是以游戏形式开展的，游戏材料新颖、有趣，更能吸引幼儿的目光，使他们主动地参与游戏活动，从而在玩中学、学中玩，提高目标的达成度。

4. 循序渐进

区角活动的材料必须由易到难，循序渐进地分步投放。例如"给图形排队"，可以从排序的角度由简单到复杂，按难易程度分阶段投放材料：第一阶段按形状排序，第二阶段按形状和颜色排序，第三阶段按形状、颜色和数量排序。

5. 交叉投放

我们在投放材料时应该考虑各类材料（自制材料、半成品、成品、废旧物品、自然物等）交叉投放，丰富多样的材料能激发幼儿参与活动的积极性，保证区域活动有效开展。

6. 按类摆放

活动材料须按类型分别放在相应的区角里，为了便于幼儿归类收放，各区玩具托盘与本区玩具柜最好贴上相同标记，便于用后归类。标记可随幼儿年龄大小而变化，如小班使用小

图标，中班使用数字，大班使用字母等。幼儿活动后往往会将玩具放错橱柜或弄失小配件，教师应在幼儿入园前或离园后对区角材料进行归类整理和补充，确保下次活动顺利进行。

7. 适时更换

更换材料是保持区角吸引力和满足教育需要的重要一环。一方面，教师要根据教育目标、教学主题以及幼儿活动的进展逐步补充新材料；另一方面，教师要根据幼儿活动中生成的新内容和活动的兴趣点，补充新材料。如果某些活动无人问津，教师可以从两个方面分析，一是幼儿是否已经掌握这些材料，驾轻就熟，没有新的玩法，从而失去兴趣；二是材料难度大，幼儿虽然努力尝试但仍无法使用，无法完成活动只得选择放弃。那些幼儿不感兴趣的区角材料要及时撤换，而那些幼儿喜欢的材料，即使活动主题变了，也可以继续保留。总之，教师应根据具体情况适时对区角材料进行调整和补充。

三、问题三：幼儿偏区现象严重，活动参与度不够

原因分析：偏区是指幼儿长期偏爱某一区角，或从不参与某些区角活动的现象。偏区现象产生的原因很多，有些是由于男女性别差异而产生的偏区，如男孩往往对表演区、娃娃家不感兴趣，女孩则由于缺乏生活经验或某些能力比较薄弱不敢参与运动区中某些需要体力或胆量的活动；另外，某些幼儿偏爱明显，因而长期滞留在某个区角。

应对策略：

针对偏区现象，教师应分析产生这些现象的原因，重新审视所创设的区角是否贴近各类幼儿的能力和兴趣，有针对性地调整区角内容，补充活动材料，丰富幼儿的生活经验。例如，在大班语言发展区，如果只是简单地提供各类型的图书，孩子们参与的兴趣就没有参与其他区域活动时浓厚，他们可能会选择更具有挑战性或者操作性强的美工区、结构区等。大班幼儿已不满足于安静地阅读，他们常常会边看边说，甚至希望表演出来，因此，我们在设置语言发展区时就应该更加丰富活动内容，在语言区添置丰富的用于表演的头饰、指偶等，方便幼儿讲述和表演故事内容，提高他们的语言表达能力和表现能力。例如，通过看故事—听故事—讲故事，培养幼儿自我创造的能力，以及与同伴的合作精神，激发幼儿全面参与区角活动，促进其均衡发展。需要注意的是，幼儿较长一段时期滞留在某一区角，这是否就是偏区呢？这要具体情况具体分析。偏区是针对长期停滞于某个区角，且在技巧和主题上只是简单重复不再深化而言。倘若幼儿在这个区角有新的发展、新的发现，教师就不必干涉。一般这类幼儿在满足了好奇心和探索欲后就会自动更换区角。

四、问题四：区域活动中常常出现矛盾和纠纷，缺乏活动规则

原因分析：区域活动中幼儿自主性较强，孩子们在角色分配、材料操作的过程中常常会遇到一些问题，产生一些矛盾，这就需要建立必要的规则。

应对策略：

建立必要的常规，变直接干预为隐性指导。区域活动中，如果没有规则的约束，放任孩子，易使他们养成一些坏习惯，也不利于活动目标的达成。建立活动规则，不仅可以培养孩子的积极性、主动性，而且还能培养孩子的自律意识和责任意识。区域规则主要有以下种类：

1. 限定人数的规则

区域建立后，要根据区域的大小、材料的多少来限定人数。如某区最多容纳5人，那么可以在区域中挂上5个小手牌，入区时，幼儿摘下手牌戴在手上，出区时，将手牌挂回原处。

2. 取放、使用、收拾材料物品的规则

爱护各种材料、物品，轻拿轻放；

不抢占别人正在操作的材料；

会整理材料，能将用过的材料、物品放回原处；

活动结束时快速收拾、整理材料、物品；

会正确处理活动垃圾。

3. 相互交往的规则

活动时不影响、不干扰他人，爱惜自己和他人的作品，学会协商分配角色，学会轮流使用玩具材料，学会等待。

活动规则包括爱惜玩具材料、保持安静、注意安全等。

由于每个区有不同的活动要求，加之幼儿的生理、心理发展水平不同，每个幼儿的规则意识也有很大的差距，因此，教师应根据不同的区域、不同的年龄班制定不同层次的规则。小班幼儿自制能力较差，缺乏任务意识，随意性较强，因此，小班制订的活动规则要简单明了、具体形象，幼儿要容易达成。例如，图书角摆放相应数量的小坐垫；积木区贴上相应数量的小鞋印；娃娃家提供相应数量的角色道具（小领带、小围裙等）。中大班幼儿已具有一定的规则意识，因此，教师应引导他们共同协商、制订活动规则。活动规则制订后，可将规则用图示、符号等进行表示，并将其张贴到区域的醒目位置，时时提醒幼儿注意。这样一来，老师的说教少了，孩子的主动参与多了。

需要注意的是，规则并非是一成不变的。在活动过程中，教师应该观察规则确定后幼儿对此有哪些反应，哪些规则效果较好，哪些规则效果不好，并做出适宜的调整，以提高幼儿遵守规则的自主性，减少教师对游戏的直接干预。

参考文献

[1] 何艳萍. 幼儿园区域活动的实践与探索[M]. 北京：北京师范大学出版社，2010.

[2] 陈世联. 幼儿园课程与活动指导[M]. 重庆：重庆出版社，2007.

[3] 冯耀辉. 幼儿园主题区域活动探索[J]. 中国校外教育，2011（21）.

[4] 线亚威，李云翔. 幼儿园活动区课程实施指南[M]. 北京：高等教育出版社，2011.

游戏化——幼儿书画教育的应然追求

重庆市北碚区畔溪书画幼儿园　魏　琳

畔溪书画幼儿园坐落在龙凤溪畔，园外层色尽染，园内书画飘香。办园十二年来，我们始终以书画为切入点，把书画教育作为培育幼儿素质、启迪幼儿智力的重要手段，实现了"寓教于乐，增智树人"的办园宗旨，达到了"幼儿愉悦，家长满意，社会认可"的教育效果。我园书画特色教育开展情况如下：

一、更新观念，树立美术教育"游戏化"的教育理念

游戏是幼儿的天性，游戏中蕴含了发展的需要和教育的契机。《3~6岁儿童学习与发展指南》（以下简称《指南》）以幼儿的视角对幼儿美术教育进行了科学的诠释，为幼儿美术教育指明了方向。为了把《指南》真正落实到幼儿美术教育实践中，我园教师学习了《指南》以及朱光潜的《谈美》和宗白华的《艺境》等相关文件和著作，自身美学素养有所提升，并逐步树立了美术教育"游戏化"的教育理念，摈弃了几百年来一成不变的"范画"教学模式。

二、搭建平台，创造具有"游戏化"的书画教育环境

良好的教学环境可以激起幼儿的情绪体验，激发幼儿的学习兴趣。为满足"游戏化"教学的需要，我们通过区角设计、主题环创、艺术长廊营造具有视觉冲击力和情感亲和力的教育场景，激发孩子们的想象空间。

（1）创设可自主参与的富有艺术感的活动空间与环境，在享受中激发兴趣。首先，尽量给孩子们提供一个宽敞的活动空间和手工操作的平台，创设一个富有艺术气息的室内教育环境；其次，通过播放美妙的音乐，结合适宜的自然光线或灯光，营造一种轻松愉悦的氛围。

（2）生动地展示丰富多样的欣赏素材，在欣赏中激发兴趣。通过欣赏各种美的图片及艺术品，学生开阔了眼界，增强了对书画艺术的感知力。

三、寓教于乐，在游戏中培养孩子的审美情趣和书画技能

"游戏化"教学不单是对传统幼儿美术教学模式的颠覆，也不单是旧瓶装新酒的教学内容和新的教学方式的简单勾兑，而是对幼儿美术教学方式的重构。为了收到良好的教学效果，我们与教师签订了教学游戏化"公约书"，鼓励教师积极探索"游戏化"书画教育。

第一，通过"游戏化"的教学设计激发幼儿活动兴趣。普通教师和美术专业老师对接，补齐美术教育重技能轻方法的短板，借助游戏情节将书画教育目标、内容巧妙地与游戏结合。例如，在传统的教学设计中，幼儿观察墨色变化，靠的是一支笔、一瓶水、一点墨，而现在我们利用"彩墨重叠""水墨构成""有趣的墨点""神奇的墨线"等游戏活动，让孩子们在游戏中感受国画基本的用笔、用墨、用色特点。

第二，通过"多样化"的教学方法，挖掘幼儿创造潜能。首先，运用联觉方式将文学、音乐、故事贯穿于书画教学之中，通过音乐、诗歌、Photoshop与Flash软件等多种教学手段，对名画进行特殊处理，把画面变得更富童趣，让孩子们更加深入地理解名画的内涵与意韵。如在欣赏毕加索名画《梦》的过程中，利用Flash软件变化背景，孩子们观察不同背景下的作品，表述不同的心情，其对艺术的感受性有所提升。

第三，通过"多元化"的教学材料，增强幼儿创造灵感。我们收集生活材料、采集自然材料、挖掘民间材料，丰富了书画教学的内容。例如蒸格创意、罐子画、根雕制作、莲蓬作画等。孩子们对每一种新的材料都充满了好奇，每一堂课都充满新意，每一次活动孩子们都意犹未尽。

问渠哪得清如许，为有源头活水来。通过多年的不懈努力，我园独特的办学理念和教育风格，特别是"游戏化"书画教学赢得了家长的认可，深受孩子们的欢迎。幼儿"好思、尚美、专注"的品格逐渐形成。"教学相长师幼乐，书画飘香满庭芳"。今后，我们将不懈努力，用辛勤的汗水去浸润孩子生命最美的底色。

彰显运动"四自"回归游戏精神
——北碚区实验幼儿园开放式运动区策略初探

重庆市北碚区实验幼儿园　李　静　汪清娅

《幼儿园教育指导纲要（试行）》指出："幼儿园必须把保护幼儿的生命和促进幼儿的健康放在首位，应开展丰富多彩的户外游戏和体育活动。"北碚区实验幼儿园自1943年创建以来，就致力幼儿园健康教育研究。2012年，在引入美国高瞻课程，积极践行"主动学习"教育理念的基础上，将健康教育放在首位，深入开展开放式运动区域活动实践研究，遵循"四自"原则，最大限度支持幼儿自主参与运动活动，回归游戏精神，促进幼儿健康发展。

一、善用生态环境，打造"自然"天地

幼儿园秉承"生态的教育 完整的儿童"的教育理念，尊重幼儿天性，充分利用园内自然景观、生态园环境等资源特点，努力创造一个接近自然状态的儿童运动游戏场所：未加修饰的坡坎，略加雕琢的石梯，蜿蜒曲折的小路，草地上高矮不一的木桩，城堡上的攀爬绳，大树上的轮胎攀爬梯，小树林迷宫，路间荡桥，林中散落的由泥土、石板、鹅卵石等不同材质组成的陡坡、阶梯，操场边的环形骑车通道……这些无一不激发幼儿亲近自然、自主参与、探究运动活动的兴趣。而随机布置的充满情趣的休息区、妙趣横生的水帘洞、绿意盎然的叠泉观赏栈道、快乐纷呈的小农庄以及充满神秘感的小火车，更是为不同年龄阶段的孩子的户外活动增添了游戏情趣。

二、区域开放共生，营造"自由"空间

我园是一个大规模的幼儿园，在运动区域创建中，我们以开放、相互联系、整体的思路，统筹和规划运动空间：一是区域空间开放。主要利用区域标志、路道、场地自然界限，将运动区域自然隔离，从视觉上划分户外场地，形成不同的活动空间。如利用水泥车道、木质与塑胶场地、草地、回廊、车库的自然界限，将操场自然划分为玩车区、攀爬区、走跑区、球类区、大型玩具区、器械存放区等，幼儿既能了解不同的活动空间，又能自由地根据需要选择区域、更换活动空间。二是区域内容整合。将每一个场地设置为可同时容纳4~6个班级的幼儿参与、能满足幼儿不同基本动作发展的区域，如钻爬区、平衡区、奔跑跳跃区、投掷区及球类区等。在每个区域内再设置能满足幼儿不同层次需要的小区域，如平衡区内的"挑水""过独木桥"等，使每个孩子都能根据自己的需要决定进区内容，都能在场地中找到适合自己的一个区域或一项运动活动，都能决定自己的操作空间、内容、时间、速度和次数，尽情享受活动带来的乐趣。三是区域动态平衡。即随时根据幼儿需要和感兴趣的内容，调整活动内容，增设或减少、扩大或缩小活动区域，以增加游戏的自由度，体现幼儿游戏的自主性与独立性。如我们在活动中发现，大班幼儿对攀爬类、平衡类活动特别感兴趣，我们将攀爬和平衡的区域融合在一起，在原有基础上扩大了区域活动空间，增设了有利于增强攀爬和平衡能力的组合器械，满足了幼儿运动的兴趣。这样的区域创建，既将活动场地的开发利用做到最大化，创设了可以自由活动、自主选择的开放空间，又深化了活动内容，将基本动作发展与运动区域有机融合，满足了不同幼儿的需求。

三、"活化"运动材料，引发"自主"学习

我们尊重每个幼儿运动发展的速度、发展的水平，为孩子提供"四性"材料，引发孩子自主学习，促进孩子健康发展。一是趣味性。如在钻爬区，垫子是主要器材，投放楼梯、乌龟壳、轮胎等作为增强趣味性的辅助器材。活动中，大班孩子自选垫子和网，扮作解放军玩匍匐钻爬；中班孩子自选轮胎和梯子，扮作消防兵玩手脚并用爬消防梯；小班孩子自选垫子和乌龟壳，学小乌龟玩手膝着地爬。孩子们在玩中运动，在运动中探索，在探索中获取，其主动性、积极性、创造性得到了充分的发展。二是层次性。幼儿的发展存在阶段性、差异性，在投放材料时，注重投放能满足不同年龄、不同阶段幼儿运动需求的不同层次的材料。如在投掷区投放了适合大班幼儿玩的大小不同的篮球，设置了高低不同的篮球架；适合中班幼儿玩的塑料瓶制作的手榴弹；适合小班幼儿玩的降落伞、怪兽。这样既满足了不同层次幼儿投掷的需要，使每个幼儿都能体验成功，又促进幼儿多角度锻炼视觉运动能力。三是可变性。运动材料越具有可移动性、可变化性，幼儿的运动体验就越丰富。主要注重低结构或非结构性材料的投放，以促进一物多玩和创意组合游戏的开展。如幼儿可以借助有洞纸箱玩"钻洞""投掷""蜗牛爬"等游戏，而高矮不一的攀爬架、宽窄不一的平衡木、各种轮胎、可随意拼接与堆叠的小板凳、自制的易拉罐梅花桩、水桶等更是给幼儿提供了自主选择、创意组合的可能，幼儿可利用这些材料建构不同的运动活动场景，生成"运水""送粮食""过独木桥"等丰富的游戏活动，在这一过程中，幼儿的综合运动能力和运动思维有所发展。四是材料的规则性。在每个区域设立标记牌，投放不同颜色的运动手环，分类标识材料，既提示该区域的活动内容，明确进区人数，又便于幼儿自主选择、有序取放材料，培养幼儿的自律能力。

四、动态管理课程，塑造"自信"品质

为了更加科学有效地实施开放性区域运动活动，我们采取小步渐进的方式，在课程管理上采取动态管理：（1）平衡活动。对周计划中幼儿每周"运动类"的七大体育活动板块进行平衡，保证班级幼儿的体能发展基础水平。（2）有机融合。每天一小时的"晨间户外体育锻炼"与上午、下午各一次的户外活动相结合，保证户外运动时间。（3）营造氛围。利用音乐提示活动进度、营造氛围，激发幼儿兴趣，培养幼儿自主管理能力。（4）专项运动。把篮球、武术、跆拳道、轮滑等引入幼儿园，让幼儿体验多样化运动形式，培养其终身体育锻炼的意识，形成小班小球、中班轮滑、大班篮球以及毕业幼儿会一套武术操和一套跆拳道套路的园本运动特色。（5）拓展形式。同班级、同年龄段、"大手牵小手"的户外活动组织形式交替进行，让幼儿在个体、小组、集体以及跨班级、跨年龄段的户外运动中，促进交往，相互学习。（6）强化指导。以关注幼儿运动兴趣、练习密度和难度、运动发展水平为切入点，提供运动发展支架，及时调整材料及运动量，促进幼儿健康成长。（7）重视评价。在深入健康专题研究中，将评价与活动、幼儿发展相联系，研制出《儿童体能发展评估指导》。（8）彰显特色。每期一次的幼儿运动会、两年一次的体育节，既保证了运动课程的落实，又彰显了"学校有健康特色、幼儿有健康行为、教师有健康意识"的办园特色。这样的动态课程管理将课程目标与幼儿独特认知方式、兴趣需求直接链接，促进了幼儿健康和自信品质的形成。

开放性运动区域活动既为幼儿创设了展现运动才能的无限空间，满足了幼儿运动需要，又增强了幼儿的运动技能，体现了"自由、自主、开放、互动、愉悦"的游戏精神。我们将继续秉持"为了每一个孩子的每一天"的课程理念，坚持"生活、生长、生成"三生教育模式，努力培养"健康又自信、礼貌会交往、好奇爱探索、独立能合作"的幼儿。

幼儿园户外游戏课程建构的实践与研究

重庆市北碚区朝阳幼儿园　李晓林

孩子们喜欢大自然，喜欢在花丛中、草地上自由自在地奔跑、嬉戏。幼儿园应提供适宜的户外活动环境，选择合适的课程。教师可依据课程模式，帮助幼儿获得更多发展和学习的方式。科学、合理地建构户外游戏课程，与课程目标、户外空间与环境、教师的指导密不可分。

一、以课程目标为导向建构户外游戏课程

以五大领域课程目标为例：

（一）健康活动

【案例】大班户外游戏活动"占领高地"：幼儿每四人一队，队与队之间竞技，通过过平衡木、钻木箱、迈过燃烧的"火堆"、过铁丝网等，最终到达目的地，看哪组率先完成。

"占领高地"旨在发展幼儿身体技能，其中，过平衡木可以锻炼幼儿的平衡力，钻木箱则可以锻炼幼儿对身体的控制能力，迈过燃烧的"火堆"旨在锻炼幼儿的跨跳能力，过铁丝网则是让幼儿练习匍匐前进。这些身体技能的发展与《3～6岁儿童学习与发展指南》里的健康领域目标相关联，而教师在游戏活动中对各项运动游戏强度的设置与要求又与幼儿的年龄特点相关联。

（二）语言活动

【案例】孩子们在户外自由游戏时，时常会聚在一起就刚才的游戏行为或游戏收获进行交流。他们会说：我刚才发现原来汽车在光滑的地面上会跑得更快，而在泥土上根本跑不动。这样的交流有助于孩子逐渐学会使用长句子，而幼儿听与说能力的培养与生活经验密切相关。

（三）科学活动

幼儿常常对户外的一切充满好奇。他们会大声惊呼："瞧！我看见了一条毛毛虫。"很显然，这样的发现与儿童的认知发展密切相关。我们要给予儿童更多的空间和自由，允许他们去自由发现，而不是束缚与限制，将其固定在一个框框或一个空间里，禁止他们做这做那。事实上，儿童的学习大多是在户外，在与大自然亲密的接触中建构起来的。

（四）社会活动

【案例】在户外活动时，我们可能会听到这样的话："请你帮我照顾一下小兔，我要去摘点新鲜的菜叶子给它吃。""我们一起来玩推车吧，看看谁最快。"

毫无疑问，这样的语言交流是促进幼儿交往和社会性发展的重要方式。幼儿了解自己的需求，为了活动能顺利进行，或者为了得到他人的认同，而寻求同伴的帮助，这样一来，他们就会主动与他人交流，在交流互动中，也许有质疑、争吵，但他们可以依据规则自主解决，不影响他们愉快地玩游戏。

二、营造良好的户外环境是建构户外游戏课程的基础

吸引人的户外环境应当是具有挑战性的，幼儿能自由选择、自由探索，因此，它至少应该具有以下几个特点：

1. 户外活动器械丰富

户外活动器械应该是多种多样的，不仅包括小型器械，而且包括一些大型的户外运动器械。借助户外活动器械，儿童走、跑、跳、攀爬、平衡、身体柔韧性等各方面的能力会有所发展，同时，幼儿还可以根据当地一些民间游戏自制器械。民间游戏具有很强的趣味性，极具借鉴价值。《3~6岁儿童学习与发展指南》建议幼儿可以玩一些传统民间体育游戏，如"跳竹竿""滚铁环"等。

2. 充满大自然气息

如今，幼儿不能时刻感受泥土的芬芳，与大自然亲密接触，这不能不说是一种遗憾。教育应当回归自然，而不是离自然越来越遥远。

3. 动静结合

动静结合的户外环境是指既有开阔的、阳光充足的、供幼儿自由奔跑、游戏的场地，也有幼儿玩累了之后小憩乘凉的地方；另外，还可以有一些供小朋友躲起来的地方，如一个树洞、一个木桩等。

4. 配套设施相对完善

（1）自动饮用机以及洗手池。幼儿在游戏之后可以补充水分，迅速将小手洗干净。

（2）玩沙和玩水的地方。玩沙区和玩水区应当足够大，能够容纳全班的幼儿，而且两个区域应当连在一起，这样方便幼儿选择。

（3）一块种植园地。幼儿在种植园地里可以充分享受种花、种草、种蔬菜等劳动以及收获的快乐。在种植园中，教师可以指导幼儿制订种植计划，如选择一些什么样的植物种植？怎样种植？这样一来，幼儿不仅能享受劳动及收获的乐趣，而且能更加深入地了解植物的生长习性、生长季节、适合的土壤等。

（4）饲养角。观察和照顾小动物是幼儿非常乐意的事情。孩子们都很喜欢小动物，在观察、照顾小动物的过程中，他们知道了如何保护小动物以及如何照顾小动物。

三、教师的支持与帮助是户外游戏课程建构的灵魂

在户外游戏中，教师是一个观察者、指导者、帮助者，他们会观察所有幼儿的表现，但又不会直接干预，而是让幼儿尽情去玩，当他们出现危险或产生较大的矛盾时，教师才会进行干预。另外，幼儿在户外游戏过程中会发现大自然的一些奥秘，教师要组织幼儿分享，为幼儿之间的交流牵线搭桥。因此，在进行户外游戏时，不论是集体活动还是自主游戏，教师都要充分把握幼儿学习的特点，帮助幼儿达成学习目标。

（一）从户外游戏的类型来看

1. 规则性游戏中教师的角色

户外游戏中，教师的作用非常大。教师在集中组织户外游戏前，应预设好游戏目标，在设计活动时应充分考虑幼儿的年龄特点，帮助幼儿在丰富的游戏中获得身体技能的发展。在规则性游戏中，教师的预设属于高结构活动，教师要把握好教学的节奏，当活动"顺利"完成时，教学活动也就结束了。

2. 创造性游戏中教师的角色

在户外，创造性游戏开展得更多，属于一种儿童的本体性游戏，也属于低结构的活动，教师组织起来会比较困难。在创造性游戏中，幼儿会随机出现一些问题，这就需要教师积极

引导、鼓励幼儿，帮助幼儿解决。但这样的游戏给予幼儿的空间更大，对幼儿更具有吸引力。比如玩沙类游戏，幼儿会思考我先玩什么、我想做什么，会不厌其烦地重复一些和沙或倒沙的动作，此时，教师就要仔细观察，考虑是不是应该投放一些新的材料。再比如，戏剧扮演游戏常在户外空旷的地方进行，应让幼儿自由发挥，但教师常常会因为一些安全压力而控制幼儿的游戏强度。其实，在此类游戏中，教师应该放手让幼儿自己玩、自己发现问题、自己想办法解决，只有这样，幼儿才会成长起来。

（二）关于教师与幼儿的互动

【案例】在一次户外自由游戏时，可可待在饲养角旁呆呆地看着小动物，一声不吭。

遇到上述情况时，教师应该考虑：可可是不是在思考关于小动物的问题，或者她在害怕什么。这时，教师应当和可可当面讨论：你认为这个小动物看起来有趣吗？哪些地方有趣？别的小朋友都对小动物做了什么事情？这只小动物心情怎么样？也许我们可以走近一点看看它。教师在与幼儿的互动中应注意鼓励幼儿在条件允许的情况下进行探索，认识危险。对于某些幼儿而言，一切都是新鲜的，什么都想去尝试，他们"天不怕地不怕"，横冲直撞，直到受伤才停下来；而另外一些幼儿胆小谨慎，害怕受伤，不敢放开去玩。因此，针对不同的幼儿，教师在关注的同时要采用不同的策略应对。针对胆大的幼儿，一定要让其树立"安全第一"的意识，请他思考这样做的危险性。对于胆小谨慎的幼儿，教师应以鼓励为主，伸出援手，帮助他们完成一些项目。

参考文献

［1］［美］黛安·翠斯特·道治，劳拉·柯克，凯特·海洛曼. 幼儿园创造性课程[M]. 南京：南京师范大学出版社，2006.
［2］朱家雄. 幼儿园课程[M]. 上海：华东师范大学出版社，2008.
［3］汪超. 幼儿园体育活动设计与指导[M]. 上海：复旦大学出版社，2011.
［4］刘建霞. 幼儿园户外体育活动探索[M]. 北京：北京师范大学出版社，2010.
［5］谭星. 幼儿园体育[M]. 北京：北京师范大学出版社，2007.
［6］王岚. 让孩子动起来：幼儿园体育活动全课程[M]. 北京：农村读物出版社，2010.
［7］段春梅. 户外区域体育活动的教与学[M]. 北京：北京师范大学出版社，2010.
［8］高峡. 聚焦幼儿园教育教学：反思与评价[M]. 北京：北京师范大学出版社，2007.

二、区域活动的组织与指导实例

"预见"下一步
——大班"土布家族"主题式活动区创设思考

西南大学实验幼儿园　刘小娟

建构主义认为知识只是人们在某一阶段的"认识成果"，处在动态发展的过程中，需要不断地检验和更新。因此，幼儿通过操作材料获得的知识经验只是适合目前阶段的一种解释或者一种认识，并不是最终答案。在主题活动"土布家族"中，笔者尝试根据主题内容创设主题式活动区，材料投放与主题活动的进程相辅相成，活动区与主题活动互为补充，共同促进幼儿的经验建构。因此，随着幼儿主题相关经验的发展，活动区的创设经历了以下四个步骤：

一、收集土布工艺品，创设主题氛围

在主题活动开展前，幼儿在家长的帮助下，将土布工艺品带到幼儿园，教师将这些工艺品悬挂起来，进行展示，整个教室立刻充满了民间艺术气息（见图7-3）。

图7-3　土布工艺品

二、提供与探索主题有关的前置性材料

在"土布家族"这一主题活动开展前，我们有意识地在活动区投放了各种各样的土布和各种常用美工工具。一日活动环节，教师组织幼儿到活动区玩耍，新近投放的材料吸引了幼儿的注意力，他们反复观察这些土布并进行交流，有的小朋友还将土布剪碎，分颜色装在操作盘里，还有的小朋友三三两两合作，在白色的土布上进行彩绘、印画，看得出来，孩子们对土布非常感兴趣，都跃跃欲试（见图7-4～图7-6）。

三、提供与巩固主题有关的操作性材料

在主题活动中，我们进行了欣赏土布、扎染蓝印花布、利用土布和废旧光盘制作光盘娃娃、利用土布和废旧塑料瓶制作各种物品等美工活动。为了给幼儿提供个别操作与学习的机会，我们将这些材料投入区角，利用区角活动巩固幼儿在主题活动中学到的经验和技能（见图7-7～图7-9）。

图7-4　常用美工工具　　　　　　　　图7-5　各式各样的土布

（1）

（2）

图 7-6　幼儿在土布上进行彩绘、印画

图 7-7　幼儿扎染蓝印花布

图 7-8　幼儿欣赏土布扎染作品

（1）

（2）

图 7-9　幼儿利用土布和废旧光盘制作光盘娃娃

四、提供与主题创造有关的后置性材料

主题活动开展到后期，幼儿的主题经验丰富了，原有的活动区材料已不能满足幼儿的需要，因此我们对材料进行了调整：第一，替换大部分材料，但是保留了孩子们兴趣正浓的扎染材料。因为有了前期经验，我们对于扎布提出了更高的要求——从最开始的中心扎发展到四角扎、对边卷着扎、对角卷着扎。教师将扎布的示意图粘贴在美工区，方便幼儿参考。看着不一样的扎布，孩子们觉得神奇无比（见图 7-10～图 7-12）。

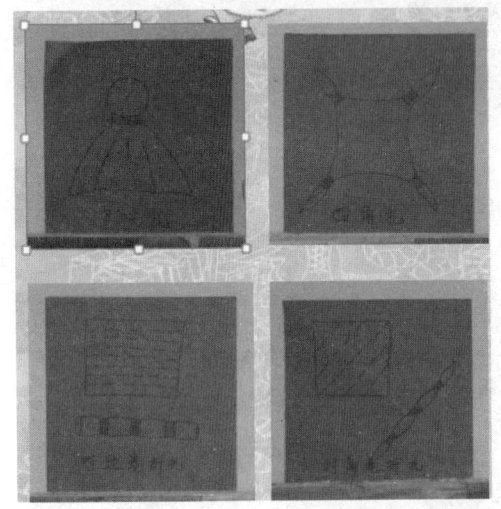
图 7-10　扎布示意图

图 7-11　幼儿现场扎染

图 7-12　幼儿展示扎染作品

第二，鼓励幼儿对作品进行二次创造。通过协商，我们创设了一个"茶庄"——幼儿将染好的蓝印布制作成头巾、围裙，再将古色古香的土布运用到茶庄的装饰上。用土布装饰的茶庄朴实无华，却不失温馨典雅。茶庄成为幼儿开展角色游戏的场所，幼儿在实践中掌握了土布的用途和特点（见图 7-13）。

后置性材料的提供使幼儿在活动区中有了更多的创作和操作的机会。幼儿通过提升已有经验进行与主题有关的创造性活动，加深对主题的认知，其相关技能也得到了发展。

从以上案例可以看出，建构主义取向的主题式活动区创设要求教师能够对即将发生的学习以提出建议、进行提示或者介入等方式给予支持，以此来推进主题活动的进程。

（1）

（2）

（3）

图 7-13 幼儿将染好的蓝印布制作成头巾、围裙等开展角色游戏

观察在前 指导在后
——谈区域活动中教师有效指导的点滴经验

重庆市北碚区和欣佳幼儿园 杜 梅

一、在疑惑中反思，在反思中践行

孩子们最感兴趣的区域活动游戏时间又开始了，他们根据自己的喜好选择区角。经过多次对区角游戏的观察，我发现每一次选择区角时，总会有孩子因为没选到建构区而感到沮丧。毫无疑问，建构区是我们班最热门的区角，而美工区里只有一个小朋友在剪纸，还有一个小朋友正在美工区与益智区之间徘徊，犹豫到底该选择哪个区角。为什么会这样呢？我猜想可能是因为美工区里的材料不够丰富有趣，吸引不了幼儿的兴趣，于是又往美工区里投放了一些材料，比如豆子、瓶盖、吸管、彩色纸杯之类的，可参与美工区活动的小朋友依然很少。

终于，我按捺不住了，在一次区角活动结束后的评价环节，首先，我对各个区角活动幼儿的表现进行了简单的评价与总结，然后请幼儿根据自己的想法回答老师的问题，我的第一个问题是：你今天最想去的区角是哪一个？第二个问题：为什么想选择这个区？这两个问题孩子们的回答都大同小异，如益智区、建构区、图书角……原因是好玩，有自己喜欢的玩具或者有自己最好的朋友一起玩等。接下来我问了最关键的问题，为什么大家都不喜欢美工区呢？孩子们的回答让我茅塞顿开。我们班的"小淘气"家家告诉我："老师，我们没有不喜欢美工区啊，只是美工区里的东西都太难了，我们怕自己做不好。"另一个小女孩丽丽说："我最喜欢剪纸了，可我怕碎纸屑会掉得满地都是。"那个独自在美工区剪纸的匀匀小声地说："我希望老师能允许我把自己的作品带回家给爸爸妈妈看。"原来我忽略了一些细节，孩子们的操作水平不一样，动手能力较弱，如果我能在动手操作这一环节及时给予他们帮助和鼓励，相信情况会大不一样。

二、在践行中指导，在指导中提升

听了孩子们的心声，在第二天的区角活动开始前，我与孩子们一起修改了美工区的游戏规则：

（1）当你遇到困难，请邀请同伴或者老师共同讨论并解决问题。

（2）游戏结束后，可选择一幅自己最满意的作品带回家。

（3）墙面的操作图示不定期更换，内容由孩子们自己定。

除了修改游戏规则外，我们还在美工区里张贴了部分折纸、剪纸图解以及其他形式的美术作品的操作步骤。

这样的改变使孩子们的兴趣大大增强了，个个争先恐后地参加美工区的游戏。在操作过程中，老师不间断地巡回指导，并鼓励幼儿大胆操作，充分发挥自己的想象力，在幼儿遇到困难时，提出一些建议，帮助幼儿完成任务，增强其自信心。评价活动时，鼓励、表扬做得好的幼儿，并选择部分作品张贴到作品栏。

通过这次区角活动，我深刻地意识到：在区角活动中，教师的观察与引导是非常重要的。只有在观察的基础上，教师才能更加深入地了解幼儿的兴趣和需要，有的放矢地指导幼儿。

区域活动中支持幼儿主动性学习的有效策略
——以中班区域活动"我们的城市"为例

重庆市北碚区缙云幼儿园　　王　琳　姜　平

一、活动背景

本月的主题活动是"上街去"。基于幼儿对街道上人和物有一定的了解和认识，在积木区构建时，萌发了创造性活动"我们的城市"。

二、活动目标

（1）幼儿能体验与同伴一起搭建的快乐，遇到困难能主动协商解决。

（2）能运用延伸、斜坡和转向进行合理连接。

（3）能选择不同的材料搭建，并保持楼房的平稳。

三、活动准备

（1）经验准备：幼儿能从不同侧面观察立交桥，并能了解立交桥的基本造型；有搭建立交桥、楼房的经验。

（2）材料准备：足量的空心积木、易拉罐、卷纸筒以及立交桥图片、楼房图片。

四、区域观察——案例回放

时间：2017年11月6日上午10:00—10:50

游戏区域：积木区

班级：中二班

人物：圣圣、雯雯、沛沄、家骏、程程

观察实录：

计划时间：区域时间到了，果果组的小朋友都坐在老师周围，端端正正，非常安静，都用急切的目光看着老师，好像都想告诉老师"我要第一个来做计划"。计划开始了，老师说："孩子们，今天我们来开火车选区域做计划，火车开到哪个区，想去这个区工作的就举手示意！"

"火车"开到了积木区，圣圣、沛沄、家骏、程程、雯雯都举起了手，"你们几个都想去积木区吗？"孩子们都笑嘻嘻地点点头，平时性格内向的家骏也急切地想将自己的进区牌放进积木区。"你们几个商量一下去积木区准备做什么？怎么分配工作呢？"孩子们叽叽喳喳地商量起来，纷纷举手说自己的想法。雯雯说："我和圣圣一起先去修路，再修房子。"程程说："房子修完了我还要修小区的大门！"家骏小声地说："我也想去修小区大门，修好了我就去开车。"

工作时间：工作开始了，圣圣和雯雯一同来到积木区，先去拿了两块长方形空心积木摆在地面贴黄线的位置，随后程程将长方形短积木块递了过来，放在了长方形积木块的下方，搭起了一座"桥"，沛沄也快速地将三角形积木放在了"桥"的两边，变成了一个斜坡，家骏也搬起长方形积木走了过来，沿着"桥"旁边继续延伸拼接变长，瞬间，积木区变得格外的热闹，直到柜子里的空心积木全用完了……

路修好了，沛沄立刻取了一块红色纸积木摆在了路的中间，程程和家骏拿了4个牛奶饮料瓶放在纸积木的四个角，雯雯和圣圣看见也加入进来，用同样的方法搭起了房子，就这样，几个孩子不一会工夫就搭建好了两栋楼房，然后又端了一篮雪花片坐了下来……

忽然，有一栋楼摇摇晃晃起来，老师看见了，说："你们有一栋楼快倒了怎么办？沛沄立刻起身看了一眼，马上走过去，移动了一下纸积木，然后又去拿了两块积木拼在一起。嘴里还嘟嘟道："这下不会倒了"！

大家又围坐在一起，各自将雪花片连接起来，地上摆了几条长长的"雪花龙"，但没有一个人去组合拼搭。老师看了看时间问道：你们现在都在建什么呢？"小区的围墙、大门，还有路！"孩子们回答道。"那你们谁去安装呢？"圣圣说："我去吧！"说完，圣圣就拿起拼好的雪花片，朝大门的方向走去，并将雪花片摆在了楼房周围。雯雯随后也拿着一小截雪花片跟圣圣一起连接起来……

小区终于修好了，家骏迫不及待地拿了一辆油罐车玩具，"开"上路了。

随后，雯雯、圣圣、沛沄也都分别取了一辆玩具车在搭建好的"桥"上"开"了起来，但大家一起只开了两分钟，收材料的音乐便响起来了……

回顾时间：材料收拾完了，孩子们回到了座位上。

师："谁来说一说自己的工作情况？"

沛沄高高地举起手说道:"我来说!今天我到积木区去工作了。开始修了公路,然后又修了房子,最后还修了小区的路。"

师:"你跟谁一起完成的?"

沄:"我跟圣圣、程程还有雯雯一起做的,我们一起修了 4 层楼的房子。"

师:"修了几栋?我看见你们小区的大门还没有修呀?"

沄:"我们修了 2 栋,就去开车了,因为没有时间了。"

师:"我们下一次应该怎样做才能有充足的时间开车呢?"

沄:"快点修房子。"

师:"非常好!还有吗?"

(游戏结束)

文献查阅:

目前,学前教育界积极倡导的高瞻课程(High/Scope 课程)来源于美国 20 世纪 60 年代提出的"开端计划",它提出的主动学习不仅是一种学习方式,更是一种学习的态度与品质。高瞻课程认为,幼儿的主动学习不会自然发生,要促进幼儿主动学习的发生,必须向幼儿提供主动学习的环境。

我的困惑:区域活动中教师是否有效地支持了幼儿的主动性学习呢?

我的思考:

我们知道,主动学习的环境包括五个要素,即材料、操作、选择、来自孩子的语言、来自成人的支持,这五个要素是主动学习的必要条件,是主动学习发生的前提。从游戏案例可以看出,幼儿的主动性学习虽然得到了教师大力支持,但还不够。

策略一:隔断低矮,材料透明

创设高瞻区域环境是支持幼儿主动学习必备的首要前提。本学期,我班设置了娃娃家、生活体验区、图书区、积木区、玩具区、艺术区、音乐区等几大基本区域,每个区域都用低矮的柜子相隔,做到动静分区,相互不受影响且又互通关联,多个通道方便孩子交流互动。

每个活动区投放的材料数量充足、种类丰富,而且多为开放式、低结构的材料;材料统一放在透明的储物盒里,没有盖子,孩子一眼就能看到盒子里装的什么;每个盒子的外壁都贴有标识,并且在柜子相应的盒子摆放位置也贴有一张一模一样的标识,方便幼儿拿取。

总之,教师给幼儿提供了丰富的、能适应孩子不同发展需要的材料,这些材料也是幼儿能够轻易取得的,但还可以再增加更多的辅助材料,比如纸板、纸盒等。

策略二:自主选择,自由操作

案例中,教师给孩子留出了一定的操作时间,但还不够。教师要给幼儿提供机会,让幼儿自主选择操作材料,并自由操作、转换、组合这些材料,这是幼儿主动学习的中心要素。

策略三:回顾描述,大胆交流

幼儿有机会描述事物,表达自己的想法,谈论自己做了什么以及与其他幼儿能很好地进行交流。案例中,孩子们在回顾环节大胆讲述自己工作的情况,教师给予了积极回应,并提出了问题,让幼儿自己寻找解决办法,给幼儿提供了鹰架支持。

总之,区域游戏中,教师只要支持、鼓励幼儿,鼓励他们按照自己的兴趣和想法去做,他们的主动性就会增强，能力也会得到发展。

基于高瞻课程理念指导下的区域活动组织策略
——以北碚区缙云幼儿园中一班为例

重庆市北碚区缙云幼儿园　王　琳　潘文锐

一、区域活动的价值

区域活动是幼儿园普遍开展的一种游戏活动。高瞻课程是众多幼儿教育课程模式中比较有特色的早期儿童教育课程，我们尝试将其主动性学习理念运用在区域游戏活动中，为幼儿提供丰富的材料和开放的环境，让儿童在学习的过程中构建新的认知，其独立解决问题、与他人合作等能力得到发展。

二、现状分析

孩子从小班升入中班，活动的持久性增强，需要更加丰富、充实的活动空间；萌发与同伴交往合作的意愿，语言能力快速发展，更愿意表达。在区域活动中，孩子们都有自己的想法，愿意按照自己的想法选择活动、同伴及材料，教师在组织区域活动时采取怎样的策略才能更有效地促进儿童主动性学习和发展呢？教师如何做到既不过度参与而限制幼儿的活动，也不放任不管而让幼儿的活动变得杂乱无序呢？在高瞻课程主动性学习理念的指导下，根据我班幼儿的具体情况，我们在区域活动的组织方面做了一些尝试。

三、区域活动组织策略

（一）明确分组和区域——让孩子成为活动的主人

一般观点认为，相对于他人要去做的事情，人们更愿意专注于自己的选择。有研究证明，在游戏前做过计划的幼儿比没做过计划的幼儿更明确游戏开展的目的，并且专注的时间更长。为了引导每一个幼儿在区域游戏活动前制订游戏计划，我们尝试对幼儿分组，确保每一个幼儿都能与其他幼儿分享自己的计划。开学之初，我班教师就区域游戏活动分组情况进行了讨论。结合我班39名幼儿"三教一保"的实际情况，按照孩子的年龄、个性、性别特点，我们将幼儿平分成3组，每组13人，小组活动的地点分别定在空间足够的小餐厅、图书区和积木区。

（二）确定组名和成员——我的小组我做主

小组活动环境可以根据其区域特点进行规划，教师可以采用地面贴点或者椅子定点等方法营造小组活动的氛围。接着，老师可以激发每一小组的幼儿共同讨论小组名称，让每一个幼儿都参与表达，说出自己的想法。当讨论出现分歧时，教师会询问幼儿该怎么办。有的小朋友说用"石头剪刀布"的方法解决，老师建议用猜拳的方法来决定，谁赢了就听谁的。有的小朋友点头同意，有的小朋友说"同意的请举手"，老师说"大家都喜欢的名字就可以当作该组的组名"。孩子们七嘴八舌地讨论着，最终每个区域活动小组的名称都定下来了，分别是彩虹组、云朵组、陀螺组。为了让大家知道自己属于哪一个小组以及该小组有哪些成员，教师还把小组内所有孩子的名字用图配文的方式在小组活动的相应位置进行展示，这样，孩子们明确了自己属于哪一小组以及有哪些新同伴。

（三）区域游戏计划"小道具"——分享计划真有趣

计划"小道具"，就是孩子们在制订区域游戏计划时，教师加入符合幼儿兴趣和能力的小策略或者小游戏，增加计划的趣味性。计划"小道具"一般由老师准备，材料来自教室内各区域，玩法符合幼儿的能力，例如蒙眼猜物、积木叠高、折纸、按照模式扩展串项链，看图说一句话等。分享区域计划的每个幼儿都积极参与，其小肌肉得到锻炼，手眼协调能力有所提升。

下面介绍三种"小道具"：

（1）猜球游戏。三个杯子倒立着放，一个杯子里有球。找到球的幼儿说出他或她的计划。

（2）积木搭高。用垒高的方式将积木搭高，每搭一层，幼儿便做相应计划。

（3）模式扩展。教师用红、黄两色雪花片排列好"AABAABAAB"模式，幼儿按照规律接着往下排列，每排列一组模式单元，幼儿便做相应计划。

四、区域游戏活动深度推进——观察为点，反思为线，分享为面

"教师是儿童主动学习的支持者和帮助者，是儿童的观察者和倾听者，是儿童的玩伴和知心朋友。"这是区域游戏活动中教师角色的定位。在区域游戏活动的开展中，儿童分享计划后，教师会观察儿童在活动中的游戏情况。如何观察、观察什么是老师最为头疼的问题。基于此，班级教师开展讨论，大家纷纷提出看法，最后大家一致决定一次只观察一名幼儿，但是问题又来了：每天每个小组有10名左右的幼儿参与活动，怎样才能顾及每一名幼儿？于是，我们又进行了讨论，大家决定每天重点观察2名幼儿，每名幼儿截取时间片段，保证每次观察的聚焦。观察对象确定了，那观察内容呢？老师们很困惑。我们在尝试后进行讨论：聚焦一名幼儿，真实记录该幼儿的语言和行为。每天，该幼儿离园后班级教师围绕该幼儿在园内的表现进行讨论，并结合《3~6岁儿童学习与发展指南》判断该幼儿的哪些语言和行为是表现其能力水平的？哪些是阻碍其发展的问题？以此为点教师进行反思，以促进幼儿进一步发展，以及教师自身专业素养的提高。

五、回顾反思——做自己学习的管理者

一般来说，区域游戏活动结束后教师会和幼儿共同回顾游戏开展情况，在这一环节中，幼儿会回忆、反思自己的活动行为，谈论自己的同伴、自己完成的作品，以及在活动中遇到的问题等。与此同时，教师可以与幼儿分享自己观察到的幼儿的活动情况，引导幼儿发表意见，促进其思维和语言的发展。

综上所述，教师在区域游戏活动的组织过程中，应该真正成为幼儿主动学习的支持者、引导者，放手让他们自主选择、自由探索，让幼儿真正成为区域游戏活动的主人。

参考文献

[1] 李峰. 论高瞻课程指导下区域活动中幼儿教师角色的转变[J]. 教学与管理，2016（03）.

[2] 徐小龙. HIGH/SCOPE学前课程模式近二十年的发展[J]. 学前教育研究，2001（04）.

[3] 席岳歆. 高瞻课程中的主动学习[J]. 幼教园地，2010（01-02）.

基于数学核心概念下的区域游戏活动探索
——以中班"数学超市"为例

重庆市北碚区缙云幼儿园　吴景秀　刘华梅

一、区域活动来源及经验准备

教师抓住班级十一月主题活动"上街去"的三条线索"畅通的路""我们的城市""逛逛商店和菜场",组织幼儿开展"逛逛商店和菜场"的活动。活动开展前,幼儿已经积累了逛超市买东西的生活经验。在区域游戏"小超市"活动中,我们融入了数学核心概念——集合与分类、数与运算的学习,创设了"数学超市",让幼儿在游戏中学习数学,在数学中快乐游戏。

二、创设"数学超市"活动区

（一）材料提供

幼儿从家里带来各种各样的玩具,班级购买部分材料。

（二）活动说明

当幼儿知道要建一个"小超市"时非常开心,从家里带来了各种各样的玩具。但这些东西该怎么摆放呢?如何才能调动幼儿的经验,让其按照自己的想法为材料分类呢?

活动一：为商品分类

活动目的：（1）能尝试按功能和用途给生活中常见物品分类。

（2）尝试说出分类的理由。

活动内容：老师以提问的方式引导幼儿观察、讨论,找到材料的相同之处并进行分类。

主要问题："这些东西哪些地方是相同的,哪些地方不同"？

案例实录：幼儿观察后找到相同的东西,即"黄色的骰子和黄色的骰子相同","黄色的气球和黄色的气球相同"。老师说："它们的颜色相同,都是黄色的。"幼儿首先把黄色的物品放在一起,然后把带有黄色的物品找出来放在一起,甚至还把毛绒动物玩具、仿真食品玩具上（物品的细小部分）黄色的部分也挑出来,并归类。老师问："这些东西是怎么摆放的？"幼儿说："黄色的东西放在一起,不是黄色的东西放在一起。"老师再次请幼儿观察："如果这些东西就这样分类放在超市,合不合适？"楷楷说："不合适。"老师请他把不合适的东西分出来放在一个垫子上。楷楷把袋装小吃拿了出来,说："这些是吃的,不能放一起。"老师问其他幼儿："大家认为楷楷这样分类可不可以？"大家都同意。老师继续问道："还有哪些是相同的？"佳佳把毛绒动物放在一起,她说："它们都是布的。"老师说："这些布的玩偶放在一起。"幼儿继续分类。覃覃把三把玩具枪放在一起,说道："可以打枪。"老师说："你是把玩具枪放在一起,它们可以用来玩打枪的游戏。"易易把玩具钢琴、玩具音乐小屋放在一起,说道："他们是用手弹的玩具。"皮皮把玩具车、滑板敲击琴放在一起,他说："它们都有车轮,可以开。"最后剩下小球、变形鸟、玩具套圈水机三样东西,幼儿不知道该怎么分类。廷廷把小球跟玩具钢琴放在一起,说道："这个小球可以用手按着玩,还有声音。"大家讨论后,然然把玩具套圈水机跟玩具钢琴放在一起,说道："它也是用手按的玩具。"覃覃把变形鸟玩具和玩具枪放在一起,说道："因为他们都可以打仗。"大家都同意按这样分类。最后,大家将小商品分为食品类和玩具类，又将其细分为实物小吃和仿真食品；将玩具分为毛绒玩具、打仗玩具、车轮玩具、弹琴类玩具、气球玩具、骰子玩具。

活动二：玩具多少钱？

活动目的：给商品标价，让幼儿通过多种形式感知常见数的实际意义，并能进行小数量的分解与组合，培养数感。

活动准备：各种形式的价格标签：有数字，有圆点，有数棒。

活动内容：老师提出问题，孩子们结合生活经验进行讨论，定下大家都认可的商品价格。

案例实录：我们将所有的商品分成了两类——玩具和食物。老师："在小超市中，这些商品分别卖多少钱呢？我们要不要给商品定价呀？"幼儿："需要。"老师："那怎么来定这个价格呢？我们先看这里，食物类的小饼干和仿真甜甜圈应该卖多少钱合适？"霏霏："都卖5元。"何易："18元。"小林："2元。"优优："3元。"豪仔："4元。"小米："1元。"楷楷："我觉得应该这个（用手指着小饼干）2元，这个（用手指着甜甜圈）5元。"老师："为什么这样定价呢？"楷楷："因为这个（甜甜圈）大，这个（饼干）小。"老师："楷楷是按照大小来定价的。小的应该钱少一些，大的应该钱多一些。小朋友们同意吗？"幼儿："同意。"老师："好，那我们现在就按照楷楷的这种标准来定价。"根据商品的大小，小朋友给所有商品标了价。

活动三：钱从哪里来？

活动目的：知道认真劳动才能有收获。

活动内容：教师引出问题，孩子们结合生活经验进行讨论，制定挣钱的规则。

问题讨论：到超市购物需要钱，小朋友的钱从哪里来呢？孩子们展开热烈的讨论。

案例实录：

钱钱："可以当警察、消防员、医生，也可以到超市当售货员。工作了就可以挣到钱。"小可乐："到超市挣钱。"蔡蔡："我们可以当消防员，挣了钱到小超市买东西。"雨晗："上班。"豆豆："我想去超市当工作人员挣钱。"老师："认真工作、劳动就能挣钱。在小班的时候，很多小朋友在幼儿园都哭喊着要爸爸妈妈，对不对？那时候，爸爸妈妈在干什么呢？"幼儿："上班。"老师："爸爸妈妈在上班，你们在干什么？"幼儿："上幼儿园。"老师："上班是爸爸妈妈的工作，上幼儿园是谁的工作？"大家回答："小朋友的工作。""小朋友上一天幼儿园多少钱。"我问道。大家又纷纷发表意见，有说1元的，也有说1000元的，甚至还有说10万元的。老师："刚刚小朋友说的数里面最大的数是多少？"幼儿回答"1000"，老师："1000？但豆豆说的10万元哟。这些数字都太大了，要数很长时间。最小的数是多少？"幼儿："1。"老师："我们上一天幼儿园，大家认为多少钱合适？"幼儿："1元。"老师："所以我们上一天幼儿园可以领到多少钱？"幼儿："1元。"老师："我们一个星期有几天？"幼儿："5天。"老师："一天是1元，一个星期是多少钱？"幼儿："5元。"老师："那这个钱该怎么记呢？时间久了大家可能就会忘记，怎么办呢？"蔡蔡："用本子记录。"通过讨论，幼儿决定上一天幼儿园就获得1元钱，并且用盖章的方式记录自己上幼儿园的天数，于是孩子们有了"我的存折"。

"我的存折"制作方法：（1）将A4的纸长边对折剪成两张并分给两名幼儿。幼儿将拿到的纸的短边对折成四份，"我的存折"就制作完成了。幼儿盖上自己的名字印章。（2）每周五幼儿在存折上盖章，一周上了几天幼儿园就盖几个印章。（3）为了方便孩子们取放存折，我们给每名幼儿做了一个小袋子，在袋子上分别贴上他们的名字贴，然后把所有的小袋子全部整齐地订在一块纸板上。

钱币的使用：幼儿园提供1元、5元的纸币及1元的硬币供幼儿使用。

自助银行制作方法：幼儿将1元和5元的纸币以及1元的硬币分别存放在自助银行里，教师提供日期印章，幼儿每次拿着存折来取钱，取完之后都要在存折上盖上日期印章，证明已经取过。

活动四："数学小超市"

活动目的：在买卖东西的过程中感知数的实际意义和数的分解组合，同时体验角色扮演的乐趣。

人物角色：超市收银员、顾客。

区域游戏中小朋友自选角色，扮演超市收银员和顾客。收银员要学习主动询问顾客："你想买点什么？"按照标价收取钱币卖出货品。

三、观察要点

（1）幼儿初步具有角色意识，知道自己是小超市的收银员。

（2）幼儿在取钱时不知道应该排队，在老师的提醒和引导下，逐渐学会排队取钱；但不能很好地区分钱币金额。

（3）在购买商品时，一些幼儿觉得5元钱不能购买3元钱的东西，只能买标价为5元的东西。

（4）大部分幼儿在找钱方面存在问题。比如顾客拿5元钱买4元钱的东西，有的说应该找1元，有的说应该找4元。或者有小朋友用5元钱买2元钱的东西，收银员不收5元纸币，只收两张1元的纸币。如果小朋友只有一张5元的纸币，收银员找钱就会出现问题：不知道是应该找2元还是3元。

（5）收银员对每样商品的价格不清楚。每次小朋友购买完商品来付钱时，收银员都要跑过去看一看商品的价格。

（6）孩子们在购买商品时，对仿真的蔬菜水果和蛋糕不怎么感兴趣，"假假的"点心盒更是无人问津。

四、反思和调整

针对孩子们玩耍时出现的情况，我们对策略进行了调整：

（1）食品区增加更多真实的食物，减少仿真食品数量。减少食物种类、增加数量。例如，我们在食品区增加了新鲜的水果（苹果、橘子、柚子）、坚果、小饼干和小糖果等。

（2）调整每样商品的价格。通过观察发现，孩子们对"5"的匹配和组合还不清楚。所以，我们将5元面值的人民币收回，只提供1元面值的人民币，并对商品价格进行调整，大多商品为1元、2元、3元，少数商品标价为4元。

（3）增加收银柜台。将专门的柜子摆放在超市出口，顾客买完东西后到收银台付钱结账，收银员站在柜台后收钱。

五、后期延伸

（1）丰富材料。幼儿在熟悉了超市的玩法后，可以继续跟其他幼儿共同讨论还需要增加哪些商品，以及如何对新增加的商品进行分类，深入感受物品的属性及分类标准。

（2）标识价格。根据中班下期的幼儿对数的感知情况，逐步将商品价格上调，但还是控制在10元以内，增强幼儿对数的实际意义的感知、匹配、组合、分解。

（3）引入数字来表示存折上的钱。目前我们是用印章来记录存折变动的情况，到中班下期，我们可以逐步引入数字书写，让孩子用数字来记录自己存折的变动情况。

我们会一直以进行时的状态开展和推进区域活动。以幼儿的兴趣爱好为立足点，以幼儿的游戏实况为调整依据，以幼儿的年龄特征为延伸基础，让幼儿在区域活动中真正得到自主的、有意义的发展。

动静相宜的语言区

西南大学实验幼儿园　　余　玲　刘小娟

开学初期，每次开展区域游戏活动时，我就发现美工区、娃娃家、建构区都是人气爆满，孩子们异常兴奋。然而，语言区只有零星的一两个人，幼儿安安静静地坐在里面随意地翻翻书。我开始反思，为什么语言区与其他区域的反差会这么大？

回顾《幼儿园工作规程》，其对幼儿语言发展方面的目标是"培养幼儿运用语言进行交际的基本能力"，其强调了语言的交际功能以及语言的表达水平。在一定的语言学习环境中，儿童的语言学习是由语言输入、内化、语言输出、反馈四个环节构成的连锁过程。促进幼儿语言的发展不能仅仅局限于信息的"输入"，更为重要的是该信息的"内化"和"输出"。如果只让幼儿在语言区安静地看书，其语言能力很难得到有效提升，这样的环境对幼儿的吸引也不够，自然没有幼儿愿意去语言区。那么，如何才能让语言区更具吸引力，让孩子们在玩中主动提升自己的语言运用能力呢？笔者做了如下探究：

一、分析班级幼儿语言发展水平

不同年龄段幼儿具有不同的年龄特征，相同年龄段幼儿也具有各不相同的特性。只有把握好本班幼儿的语言发展情况，才能设计和选择适合本班幼儿的材料和内容。

我班是小班，班上孩子的语言发展情况如下：

（1）多数幼儿的语言发展水平主要以简单句、陈述句和无修饰句为主。

（2）部分幼儿词汇匮乏、发音不准。

（3）个别幼儿因各种原因难以表达自己的想法或不愿意表达自己。

了解了本班幼儿的语言发展情况，才能针对问题设计出更好的语言区创设方案。

二、健全语言区创设目标

学前儿童语言教育目标分为四大类：倾听行为的培养、表述行为的培养、欣赏文学作品行为的培养、早期阅读行为的培养。因此，笔者在创设语言区时，从学前儿童语言教育的四大类目标出发，结合本班幼儿的年龄特征和语言发展水平，设定了本班语言区的目标，具体目标如下：

1. 倾听行为的培养

小班初期主要培养幼儿集中注意力安静地倾听的能力。当别人说话时，幼儿能保持安静，不随意打断别人。

2. 表述行为的培养

培养幼儿大胆用简单的语句讲述图片和事件，或自己感兴趣的事的能力。

3. 欣赏文学作品行为的培养

（1）能独立地念儿歌，讲述简短的句子。

（2）理解文学作品的情节内容或画面情景，能用语言、动作等方式表达自己对文学作品的理解。

4. 早期阅读行为的培养

（1）能初步看懂单幅儿童图画书的主要内容，知道可以用一段话来讲述一幅图的含义。

（2）学习正确的阅读方法，会按顺序翻阅图书，看出图书画面内容的主要变化。

三、合理规划语言区内部结构，提供全面适宜的材料

（一）合理规划语言区内部结构

结合学前儿童语言教育四类目标，笔者对语言区进行了一个内部空间的划分，规划了安静倾听或阅读的区域、语言表述交流的区域、动手操作材料的区域。具体布局如下（见图7-14）：

图7-14 安静温馨的阅读环境

（1）视听故事屋。用一个大的纸箱子做的房子，放在语言区最里面靠墙的角落里。

（2）故事墙。设计在语言区的窗户下面。

（3）阅读吧。设计在房子外靠墙的一排沙发上。

（4）操作台。设计在语言区地垫外面靠墙的桌子上。

（二）提供全面适宜的材料

语言区的材料不仅要丰富，还要全面、适宜。全面是指语言发展的几个核心领域都要涉及，适宜是指材料的难易程度要适合幼儿的年龄特征和班级幼儿的发展情况。

在准备材料时，我从"视""听""讲""做"四个方面入手，"视"即"看"，如图书、实物、图片、情景表演等；"听"即倾听；"讲"即表述；"做"即操作活动。这四个方面必须有机结合。下面介绍一下本班小班语言区材料的准备情况。

1."视"——图书阅读

（1）图书：早期阅读（见图7-15）。

结合小班幼儿的年龄特点，主要选择画面内容简单、文字少的图书。

图 7-15　整齐的书架

（2）视听故事屋：词汇量储备（见图 7-16）。

视听故事屋的桌子上放了一台笔记本电脑，电脑里下载了许多有声绘本故事，既有动听的声音，又有画面，既解决了幼儿不识字的问题，又能促使幼儿积累大量的词汇。

图 7-16　视听故事屋

2."听"——听说游戏

（1）猜猜乐。一位小朋友手拿动物图片，用语言描述自己看到的图片中的动物，如该动物的外形特征、喜欢吃什么、叫声是什么样的，但不能说出动物的名字，其他小朋友不能看图片，只能通过听到的描述猜图片中的动物是什么。

（2）魔法箱。魔法箱里有许多的宝贝，这些宝贝的特征明显，是幼儿在日常生活中经常接触的东西。两名幼儿依次轮流摸宝贝，摸到一个宝贝后，先用语言描述这个宝贝的特征，如什么形状、软软的还是硬硬的等，然后猜是什么东西，猜了之后可以拿出来看看，如果猜对了就可以得到这个宝贝。

3."讲"——故事墙

故事墙上贴了一些简单有趣的图片，幼儿通过观察图片、描述图片内容，以及对内容展开想象，培养独立观察、构思和简单表述的语言能力。

4."做"——结合文学作品欣赏

（1）散文诗"落叶"的立体操作材料和延伸材料（见图 7-17）。

散文诗内容:"秋风来了,一片片树叶飘落下来。小虫看见了,躺在上面,把它当作小床;蚂蚁看见了,坐在上面,把它当作小船;小鱼看见了,躲在下面,把它当作小伞。"

小朋友利用立体操作材料能更好地理解散文诗中的内容,边操作边讲述。除了诗里的动物外,我还提供了其他动物模型和各种形状的叶子,供孩子们创编诗的最后一句"谁看见了,做了什么,把它当作什么"。

(2)绘本故事《小老鼠摘果子》操作材料(见图7-18)。

将绘本《小老鼠摘果子》里的角色做成立体图片,小朋友们可以根据立体图片梳理故事情节,分角色讲述故事内容。或者一人讲一人操作,其他人当观众。

图7-17 "落叶"的立体操作材料　　　　图7-18 "小老鼠摘果子"桌面操作材料

(3)好饿的毛毛虫——学说数量词和单位词(见图7-19)。

幼儿在玩立体操作材料"好饿的毛毛虫"时边看边操作边说:"请你吃5个橘子、一块巧克力蛋糕、一根棒棒糖。"

 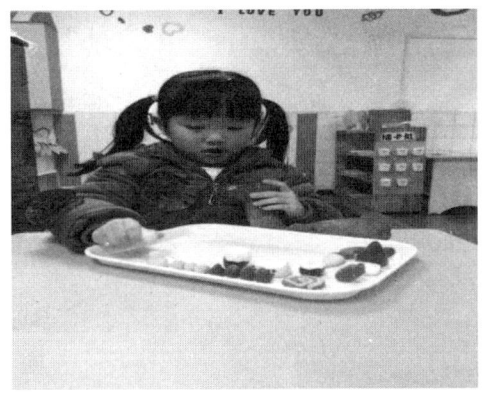

图7-19 "好饿的毛毛虫"操作材料

一种材料也许并不仅仅涉及"视、听、讲、做"中的一方面,而是几方面的有机结合。随着时间的推移,要适时增加材料的难度,并及时更新材料。经过"分析幼儿""健全目标""合理创设"三部曲后,我班的语言区已是门庭若市,语言区活动项目更加接地气,幼儿非常喜欢。

小班娃娃家区域案例分析

重庆市北碚区缙云幼儿园　杨　璐　王　琳

《幼儿园教育指导纲要（试行）》明确指出：游戏是幼儿的主要活动。游戏在幼儿园整个教育工作中占有极为重要的地位，是进行德、智、体、美全面发展教育的有力手段。角色游戏是幼儿最期待，也是幼儿最喜爱的活动。

角色游戏是幼儿创造性的活动，幼儿可以按照自己的意愿去发展游戏情节。幼儿必须学会开动脑筋，多想办法，才能使游戏顺利进行。这就要求幼儿综合运用所学知识、自身所积累的经验想象游戏过程，运用各类工具创造游戏内容。这样一来，幼儿的积极性被充分调动起来，认识能力和创造能力也有所提升。于是，笔者根据班级的实际情况，在每次开展的角色游戏中为幼儿提供丰富的材料和游戏空间，以促进幼儿交往能力与创造力的提升，除此之外，笔者还对幼儿开展娃娃家游戏的情况进行了跟踪记录和分析。

一、案　例

区域活动时间到了，老师鼓励幼儿自主选择区域，并说出今天要去哪个区域。而老师负责观察幼儿在娃娃家开展游戏的情况。

区域活动开始 3 分钟左右，杨老师的注意力放在了安芮小朋友身上，只见她拿着塑料材质的听诊器、塑料针走过来说："杨老师，我想帮你做一下身体检查。"杨老师微笑着同意了（见图 7-20）。

图 7-20　检查

检查完之后杨老师问安芮："心跳正常吗？"

她笑着说："正常，但是得打针。"

杨老师回答："好的，那你给我打吧。"

安芮一边打针一边念念有词道："打针要打手臂。"（见图 7-21）

过了一分钟，安芮又拿着针对杨老师说："杨老师，你还要再打一针，这次要打手指。"

接着安芮就拿着针准备打杨老师的手指（见图 7-22）。

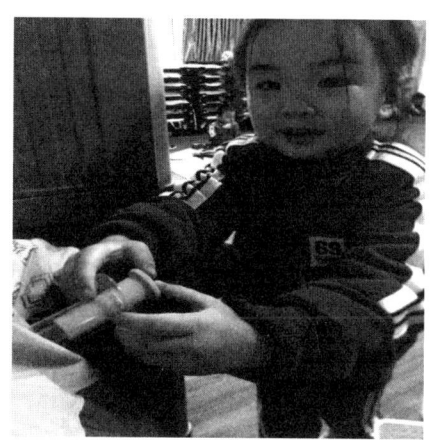 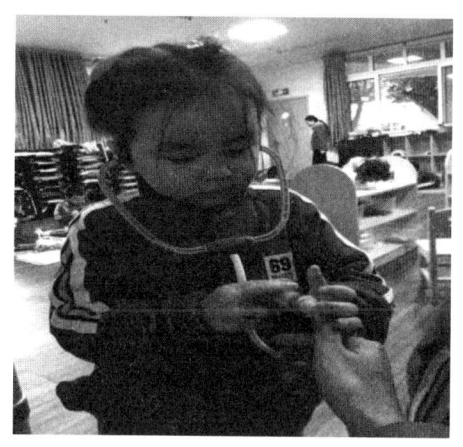

图 7-21　打针（手臂位）　　　　　　图 7-22　打针（手指位）

过了两分钟左右，安芮端了一篮蔬菜和水果来到老师面前，说道："杨老师，你要多吃饭，多吃有营养的东西，这样病才好得快。"（见图 7-23）

图 7-23　给老师送水果

二、分析与反思

小班幼儿年龄小，一日活动的各个环节反映的往往是幼儿的内心世界，而角色游戏是幼儿生活的主要内容，在角色游戏中幼儿能直接把自己在家在园的观察所得、已有经验以游戏的方式表现出来，反映了幼儿的情感、认知、个性特点等方面的发展情况。小班幼儿好模仿，已经初步具有了主体意识，可以担任游戏的主要角色或一般角色，如扮演妈妈给娃娃喂饭、哄孩子睡觉、给家人炒菜做饭等，幼儿明确了自己所扮演的角色的职责，游戏开展起来就会非常顺利。

娃娃家游戏是幼儿对现实生活的反映，它要求幼儿运用已有知识，按照自身对角色的理解扮演角色，如果幼儿不具备扮演某种角色的经验，那么游戏也会变得枯燥、乏味。因此，教师和家长应在平时有意识地引导幼儿接触生活，多观察生活，积累生活经验，这样他们就会更加容易融入角色，使游戏内容变得充实、新颖。上述案例中，安芮小朋友语言较为丰富，她在游戏最后对老师说："要多吃饭，多吃有营养的东西病才好得快。"从安芮的这些话可以看出她很有想法，语言发展较好。

每个班的孩子的发展有一定的差异，在以后的活动中笔者会考虑让能力强和能力弱的幼儿互相配合，互相带动，使能力较弱的幼儿也能感受到游戏的快乐，并能在学习与交往中得到进步与发展。

快乐涂鸦
——例说美工区教师有效指导策略

重庆市北碚区缙云幼儿园　田　苗　王　琳

一、情景再现

可馨小朋友是一个性格比较内向又非常喜欢画画的小女孩。每次老师组织小朋友们自主选择区域活动、自己做计划时，她总会告诉老师和同学："我想选择艺术区，因为我喜欢画画。"一般在艺术区里都可以看见她小小的身影。在今天的区域活动中，我又在艺术区里发现了她，只见她一个人静静地坐在一角，拿着棒棒彩认真地涂色。旁边的小朋友看见老师走过来了，都七嘴八舌地说："老师快看，我涂的绿色的山峰漂亮吗？""你猜猜看我画的这个粉红色的东西是什么？""老师，你还没有看我画的红色小花，真的很漂亮！"我看了看这些宝贝画的画，微笑着点头称赞道："哇，你们都画得好棒啊！"（见图7-24）

（1）　　　　　　　　　　　　（2）

图7-24　幼儿涂色

我走到可馨面前，看见她画的画也很漂亮，用不同颜色的棒棒彩涂色，而且相邻两个形状的颜色都不一样，就像各种颜色的小山峰连在一起，非常漂亮！我慢慢地蹲下来，称赞可馨，并问可馨："你可以告诉老师你画的是什么吗？"可馨小声地说："山。"我又继续问："你能告诉老师这些山是什么颜色的（我用手指着其中一座山峰）吗？"可馨没有回答我，只是坐在小椅子上不说一句话。旁边的小朋友听见了，迫不及待地想帮助她，大声地说："老师，是黄色。"我听见了其他幼儿的回答，说："我现在请可馨告诉我，老师没有请你们，请你们回到自己的座位上继续画画。"孩子们快速地回到了自己的座位上继续画画。我继续问可馨："你认识这种颜色吗？没关系，认识就是认识，不认识就是不认识。如果不认识，老师会帮助你；如果认识，就大声地说出来，说错了也没关系。"可馨依旧不说话，只是摇了摇头。老师："你不认识这种颜色，对吗？"可馨点了点头，腼腆又不好意思地低下了头。

为了证实我的猜测,我做了一个实验。在美工区的桌子上有许多不同颜色的颜料,我选了一瓶红色的颜料,问可馨:"这个是什么颜色?"可馨想了一会儿很小声地说:"红色。"接着,我又选了绿色、黄色、蓝色等颜色的颜料,可馨没有回答,只是腼腆地摇了摇头,表示不认识(见图7-25)。

图7-25 师幼互动

二、原因分析

(一)环境因素

《3~6岁儿童学习与发展指南》指出:3~4岁幼儿基本能够辨认红、黄、绿三种基本颜色。但是由于感知觉发展还不太稳定,幼儿对于颜色的辨认往往依靠直觉。所以,他们还不能很好地将颜色的名称与具体的颜色对应起来,尤其是把很多颜色放在一起,他们就容易混淆。上述案例中,可馨小朋友对于颜色的认识较弱,再加上教师把周围不同的颜色放在一起,难度加大,所以,她无法辨别。

(二)家庭因素

俗话说:"父母是孩子的第一位老师。"父母的行为习惯影响着孩子一生的发展。著名教育家洛克提出的"白板说"认为:孩子出生后就像一张白纸,没有任何的色调,主要受家庭和周围环境的影响。由于可馨的父母平时工作比较忙,经常早出晚归,她大多数时间和爷爷奶奶生活在一起,而爷爷奶奶文化程度不高,主要重视孩子的吃穿问题,对于孩子自身的发展很少关注。父母忙于工作,没有及时关注孩子的发展,导致可馨小朋友性格比较腼腆、内向、不太爱说话。在"涂鸦"活动中,可馨喜欢用各种颜色来表达画面,但是,不愿意用语言表达,甚至害怕用语言表达。

三、指导建议

(一)鼓励幼儿大声说出来,发展幼儿的语言能力

小班幼儿对色彩的认识和感受要借助语言进行表达,教师有意识地引导使幼儿在学习色彩的过程中丰富了词汇,促进了语言的发展。特别是通过赞美之词,如老师说:"哇,好漂亮呀,这是?有哪些颜色呢?"引导幼儿介绍并完整地表达,这样一来,幼儿的语言能力便能逐渐提升(见图7-26)。

图 7-26 教师引导幼儿完整表达

（二）游戏认识法：用玩游戏的方法使小班幼儿认识颜色

具体方法：每次游戏内容不能贪多，可只教幼儿辨认一种颜色，读音、颜色相近的，特别是红、黄两种颜色不能同时认，不然容易混淆。教师可先选择一个固定实物，比如一块红色积木，告诉幼儿这是红色的，然后引导幼儿观察、比较积木的颜色和周围物体的颜色，发现红色的东西。值得一提的是，教师还可在指导幼儿认识的基础上要求幼儿涂画，如画一朵小红花等（见图 7-27）。

图 7-27 游戏认识法

（三）加强家园交流与合作

孩子的成长离不开父母与教师。教师和家长应加强沟通与合作，为需要帮助的幼儿建立完整的档案，加强具有针对性的心理教育和色彩指导，帮助幼儿全面健康地发展。

老师！孩子们在游戏时请你"管住嘴""管好手""认真看""仔细听"
——对幼儿园区域活动 10 例观察记录的浅思考

重庆市北碚区复兴幼儿园　龚国莲　田　佳　聂庭菊

案例一

观察班级：小班

观察区域：角色区

观察时间：2016年11月

观察情境描述：

区域活动时间又到了，子浩、维维、凤仪几个小朋友来到了"小医院"，子浩的爸爸是一名医生，因此子浩对医生有一种特殊的感情，总要争当一名"医生"。他很快地穿好工作服，整理好听诊器之类的医用器具，有模有样，等着来医院看病的病人。不一会儿，凤仪来看病了，"医生，快给我看看，我生病了，头好晕。"说完，子浩就开始忙活起来，先给凤仪探病、诊断，然后打针，一边打针一边不停地安慰凤仪："别怕，打针不疼的，打完针就好了。"打完针后，子浩又给凤仪配了药。维维在一旁看着，一直不说话，也没有要加入游戏的意思。我悄悄地走过去提醒他："维维，该你去看病了。""老师，我不想去。"维维嘟着嘴说。我又问道："为什么呀？""我，我怕打针。"维维小声地说。我蹲下来，对他说："维维，生病了要去医院，要让医生检查，如果不严重就不需要打针，吃药、多喝水、多休息就会好的。如果你不去看医生，拖久了，病变严重了就会打更多的针，还会住院的，那就更难受了。"听了我的话，维维终于加入了游戏，但还是有点害怕。

给老师的建议：

小班幼儿对医院的印象都是不太好的，比较恐惧，几乎每个孩子都怕打针、吃药，因此，老师不仅要为幼儿提供游戏的机会，还应该正确引导幼儿正视生活中常见的问题。

角色互换。在游戏中，可以让那些害怕当病人的孩子先扮演医生的角色，比如让经常当医生的子浩扮演病人，让害怕打针的维维扮演医生，让维维体验医生的职责。这样，幼儿既了解了医生在我们生活中的重要作用，又减少了幼儿对看病、打针、吃药的恐惧感，坚强面对。

材料丰富。在小医院这一角色区除了投放一些常见的医用器具外，还要投放一些布娃娃、毛绒动物玩具等材料，让幼儿体验带着自己的"娃娃"和"动物朋友"去医院看病。通过这样的角色游戏，幼儿的角色扮演能力和生活认知能力会有所提升。

案例二

观察班级：小班

观察区域：美工区

观察时间：2017年4月

观察情境描述：

这几天，美工区投放了很多新材料，如卡纸、皱纹纸、颜料、胶水、橡皮泥、记号笔等，还提供了示意图，让幼儿进行手工制作。每天总有幼儿争抢着去美工区玩，但是通过观察发现，他们更多的是喜欢玩橡皮泥，搓搓、捏捏……今天，雨馨来到了美工区，拿起橡皮泥就开始摆弄起来。过了不久，她拿着卡纸像发现新大陆似的问我："老师，这个是什么纸，是用来干什么的？"我笑着看了她一眼，没有直接告诉她答案，而是打开了她旁边的示意图，请她看了看老师制作的小汽车。她发现小汽车是用这种纸做的，于是她也拿起纸开始摆弄起来。她领悟力很强，通过几次尝试，便像模像样地折了一辆小汽车。看到她成功了，我递给她一支记号笔，她纳闷地看着我："这个笔用来干什么？""给小汽车画上轮子，它才会动呀！"于是，她用记号笔给小汽车画上了四个轮子，一辆小汽车就完成了。后来我又用胶水将她的作品贴到墙面的"马路"上，她体验到了成功的乐趣，又开始积极尝试制作其他车辆。

给老师的建议：

（1）在美工区，教师既要为幼儿提供充足的材料和欣赏品，还要提供操作步骤图。上述案例中，幼儿发现新材料后来寻求教师的帮助，教师没有直接教她小汽车的折法，而是引导她观看示意图，欣赏作品，了解制作过程。在她成功做出小汽车模型后，教师又鼓励她尝试添画，丰富作品。最后，当教师把她的作品粘贴到主题墙时，她高兴地笑了。虽然这一举动很平常，但却激发了她想制作不同车辆的兴趣，这样会激励更多幼儿愿意尝试新的材料和玩法。

（2）教师在观察和参与指导中，最主要的是能引导幼儿运用已有的材料进行创作。

（3）在创作过程中，当幼儿遇到困难时，老师要适时引导和点播，并及时、适当地给幼儿一个微笑，对幼儿说一句肯定的话，朝幼儿点点头，从而增强他们自主操作的信心。

案例三

观察班级：中班

观察区域：建构区

观察时间：2016年11月

观察情境描述：

建构区中，哲哲先看了看墙上的图片，然后选择了几个奶粉罐，将其做成轻轨模型的柱子，他一边很认真地搭建，一边仔细地看着图片，嘴里还说着："再拿个奶粉罐。"不一会儿，他便按照图片搭建好了轻轨模型。而其他三名幼儿仍然是自己搭自己的，虽然他们都分别搭建出了图片上的高楼造型，但基本上都是三层楼高，而且以纸板为屋顶。我暗示三个孩子："怎么样才能把你们的房子连起来呢？房子和房子之间还有什么呢？"此时，佳佳说："有马路、有长江大桥。"心怡说："还有树。"这时，我追问："请你们再选一种材料来铺路，把你们三个人造的房子都连起来，像我们重庆的滨江路，再选其他材料来建大桥。"孩子们立即动起手来。他们选择了三块立体的方形泡沫作为桥墩，豪豪拿起一块长长的纸板放在桥墩上，很快，长江大桥就建好了。孩子们兴趣高涨："老师，我们还想建一个交警站台。""交警站台是什么形状的？"我问。"我知道，是圆形的。"一旁的佳佳抢着说。我追问道："那用什么材料合适呢？"鑫鑫看了看周围，眼睛一亮，说："将纸板剪成圆形。""那你们去试试吧！"我笑着说。

给老师的建议：

（1）幼儿经验的积累。通过谈话活动、家长带领实地参观等方式，让幼儿参观重庆，了解重庆的建筑风格、环境、交通情况等。

（2）调整材料。增加了一些树木、花草等，形象生动的材料使整个建筑区像一个整体。同时，也增加了一些废旧材料，如饮料瓶子、汽车及警察玩具等。这些材料都是幼儿与家长们共同收集的。幼儿已经积累了一些"拼搭"的经验，因而有选择地将这些材料投放到区域中，同时不断更新。

案例四

观察班级：中班

观察区域：益智区

观察时间：2017年3月

观察情境描述：

涵涵一进入益智区就选择了新投放的拼图开始拼起来。刚开始玩，涵涵就把有关联的图片找出来，将其摆放在底板的一旁，然后再慢慢地拼。几分钟后，涵涵就将拼图周围的大块拼完了。之后，涵涵看着剩下的小块的拼图不由自主地皱起眉头。左试试、右比比都不对，涵涵急得直抓头。就在这时，雯雯也来到拼图区，她看着涵涵手中拿着的拼图兴奋地说："这个我会，这块应该放在这，你看这不是吗？！"雯雯一边说一边把一块拼图放在了合适的地方。很快，在雯雯的帮助下，涵涵完整地拼好了一幅拼图。涵涵说："雯雯，要不我们一起玩吧？"雯雯说："好啊，我们一起来拼这个最大的吧。"于是涵涵与雯雯选择了大型拼图，两人很迅速地从很多小拼图中找出了边缘上的拼图拼搭起来，拼完后，雯雯拿起了其他拼图想了半天也没有找到合适的地方安放，这时，涵涵提示雯雯翻看卡片后的标记，不一会，两人便合作完成了拼图。

给老师的建议：

（1）根据幼儿的兴趣和能力，从两方面入手添加区域材料：

第一，投放新的拼图材料，分块数量在20件左右，适合中班幼儿的年龄特点和能力水平。

第二，在大型数量的拼图上作相应的标记符号，引导幼儿观察、判断，并根据中班幼儿年龄和已有水平，在拼图小卡上标记数量或图形符号，幼儿可以采用接龙的方式拼图，这样，所有的幼儿都可以得到发展。

（2）在区域活动时，教师可以有目的地对在益智区内玩拼图的幼儿进行个别指导，帮助其学习观察和分析两块拼图间有什么联系，掌握根据事物的颜色、图案等进行判断的方法，学会学习。

案例五

观察班级：中班

观察区域：语言区

观察时间：2017年5月

观察情境描述：

区域活动开始了，浩浩、勋勋、雨轩搬来小椅子，来到语言区。一开始，勋勋拿起《恐龙大世界》的绘本，而浩浩则找了一本《大卫，不可以》的绘本。浩浩随手翻了几下，就去换另外一本，又是随意地翻了几下，又要准备去换了。我走过去阻止他说："浩浩，你应该再仔细地看看，不要着急还书。"浩浩撅着小嘴对我说："我都看完啦，要看下一本了。"说完又去换了一本，连续换了五六次以后终于不换了。这时，只见雨轩拿起一个小熊手偶套在手上，然后跟它说起话来。勋勋看了也拿起小猫手偶，开始跟小猫说话。浩浩看他们两个说得那么开心，也走过去拿起小猪手偶，套在了自己的小手上。

给老师的建议：

语言区为孩子们提供了动手操作的机会，通过区角活动，幼儿自身的语言能力将有所发展。让图书"活"起来的关键是激发幼儿的兴趣，兴趣是其主动学习的内在动力。

（1）根据幼儿的兴趣，我们可以提供多元化的图书区材料，有利于幼儿由被动学习转化为主动学习。

（2）重点介绍语言区中的手偶材料，让幼儿知道手偶的操作方法。

（3）教师以角色的身份介入语言区，在语言区中引导孩子来当小小故事员或诗歌朗诵员等。

（4）将主题活动中的动物形象制作成棒偶或纸偶，提供背景图，供幼儿讲述。

案例六
观察班级：中班
观察区域：角色区
观察时间：2017年6月
观察情境描述：

今天的区域活动时间又到了，航航扮演的是理发店的发型师。一名幼儿扮演的顾客来到了理发店，航航开始为他理发。只见航航一只手拿着梳子，一只手拿着小推子，梳一梳、推一推，认真地、有模有样地为顾客理发，理完了，顾客照了照镜子，高兴地走了。航航看见顾客走了，又没有新的顾客来，就坐在椅子上摆弄起理发店里的物品。摆弄了一会，航航看还是没有顾客来，就起身离开了。航航来到乐乐超市，对服务员说："我渴了，给我一瓶橙汁吧。"他接过服务员递过来的橙汁，独自坐在小桌前开始"喝橙汁"。他"喝"了一会儿"橙汁"，听到旁边的小朋友说这个很香、那个很好吃，就又跑到服务员面前，大声地喊着："我还要一包这个和一盒这个。"他一边说，一边指着架子上的各种商品，不一会儿，他回到小桌前，一边"吃东西"，一边跟旁边的小朋友说着话。好长时间过去了，他还在"吃东西"，在老师的提醒下他才放下手里的各种食物，离开超市，回到理发店继续当理发师，等待顾客上门。

给老师的建议：

幼儿在游戏中经常会缺乏角色意识，出现离岗、串位等情况。案例中航航离岗的主要原因是失去了对理发师这一角色的兴趣，无所事事。

（1）教师指导。教师一旦发现幼儿在角色扮演过程中有无所事事的情况，可以去当一回顾客，到理发店去剪发，并指名要扮演理发师的幼儿剪发，让理发店的另一名工作人员去把他找回来，然后可以对他说："你剪的头发很漂亮，我就喜欢你给我剪，我刚才已经来过了，没找到你，你到哪里去了呀？"看幼儿怎么回答。接着教师可以说："一定有很多顾客来找过你，但找不到你就走了，如果长期这样，你店里的生意就不好了。下次你能在店里等我们吗？这样我们会经常来找你剪头发的。"教师用自己的角色身份暗示幼儿不能随便离开工作岗位，同时也暗示了幼儿应牢记角色任务——你是理发师，要为顾客服务。

（2）材料丰富。在游戏开展过程中，各个游戏区都会有时而人多拥挤、时而冷冷清清的现象，当冷清的时候我们该怎样让进行角色扮演的幼儿觉得不那么无聊呢？即提供游戏材料，激发幼儿的游戏积极性，延续游戏情节。比如：可以在理发店投放一些毛巾，让理发师在空闲的时候洗洗、晒晒、叠叠毛巾；给他们一些小抹布，让他们能经常把理发店的柜子擦一擦，把各种理发用品理一理。这样一来，他们就能长时间地玩一个游戏，对自己的角色任务也就会更加明确了。

案例七
观察班级：大班
观察区域：科学区
观察时间：2017年4月
观察情境描述：

最近，我在科学区中投放了各种各样的纸和一盆水，让孩子们自己玩。活动一开始，然然在折纸，涵涵把纸放在盆里玩，放进盆里的纸湿了一张又一张，扬扬看见了也把纸放进水里。玩了一会儿他们就没有兴趣了，拿着科学区的其他材料玩起来。我走过去，自言自语地说："哇，这里怎么这么多纸呀？要是我把不同的纸放在水里结果会是怎样的呢？"说完，我一边拿起不同的操作纸，一边拿出了记录笔、记录纸。完成一项，我就记录一项。小朋友看见我这样操作，不约而同地学起来。一段时间后，孩子们发现，这些纸放进水里都会浮在水面上，而且他们还发现，这些纸中，餐巾纸从水中捞出后水分最多，因此他们知道了餐巾纸的吸水性最强。"不对不对，聂老师，看，有一张纸沉下去了！"原来刚才不知道是谁把一张黄色的餐巾纸捏成了一团扔进了水里。这不，捏成团的餐巾纸没有浮在水面上，而是沉到了水底。"我要试一试""我也要试一试"……幼儿的活动兴趣再次被激发，他们通过不断尝试，想出了许多办法。然然将纸揉成了一大团，涵涵把餐巾纸捏成了一小团，扬扬将纸团放进去又拿出来……活动结束后，孩子们分享自己的实验结果。然然说："老师，我用的画画的纸，我把它捏成团它也没有沉下去。"扬扬说："老师，我把纸捏成团放进去，没沉，但是我把它捞出来重新捏了一下，它沉下去了。"涵涵说："我的餐巾纸没有沉下去。我发现我的是白色的，刚才那张是黄色的。"

给老师的建议：

幼儿对科学的认识不同于成人，他们对科学的认识具有直观性，是行动中的科学。在幼儿心中，科学不是那么高不可攀，科学就是生活本身，是他们的每一个行动本身。正因为幼儿对科学的认识有其独特性，所以，指导幼儿开展科学活动对教师而言要求也比较高。

（1）幼儿明确活动的目的。一个小小的问题，便可创造一种激励幼儿创造性思维的适宜气氛。幼儿通过努力找到了一个个新奇的答案，他们在操作过程中体验了创造的乐趣，游戏结束后，他们还在思考新的方法。

（2）为幼儿提供丰富的材料，创设宽松的心理环境，激发幼儿参与科学探索活动的兴趣。

（3）注重幼儿探索活动的过程。一方面，我们要解放幼儿的手脚，让他们在操作中发现问题，发现解决问题的方法，让他们在"做中学"；另一方面，要解放幼儿，让他们的创造潜能得到充分的发挥，而不是跟随着教师的思维方式去寻找某个问题的固定的、唯一的答案，让他们在亲历科学探究的过程中体验科学发现的乐趣。

（4）教师在活动中应该耐心地倾听幼儿提出的问题和对问题的讨论，赏识幼儿，成为他们的伙伴，与幼儿一起探讨，从观察、了解幼儿到理解幼儿，在师幼互动中促进幼儿的发展。

（5）组织幼儿交流，提炼探索结论。活动结束后，组织幼儿交流。一方面，让幼儿彼此分享经验，增长智慧，促进思考，发展思维能力和表达能力；另一方面，丰富科学结论。

案例八

观察班级：大班

观察区域：表演区

观察时间：2017年2月

观察情境描述：

元旦节，幼儿园的全体教师表演了《白雪公主》这一经典童话故事，孩子们被老师们夸张的表演、有趣的道具所吸引。这不，新学期一开学，孩子们进行区域活动时就迫不及待地选择了表演区。一进入表演区孩子们就忙开了，开始自由选择角色。雯雯说："我当白雪公主，因为我皮肤白。"云云说："好吧！我来当王子。"沣沣说："我当猎人，因为我比较壮。"岚岚说："我们剩下几个人个子不高，我们就当小矮人吧！""好呀！好呀！"角色很快就分好了，孩子们准备装扮了。突然，岚岚喊起来："哎呀，我们忘了一个重要的角色了，还有皇后呢？没有皇后我们怎么演呢？""对呀，那就从演小矮人的人里边挑一个来当皇后吧！""我不想当坏皇后！""我也不想当，因为皇后是坏人！""那怎么办？"看到孩子们一脸纠结的样子，我准备参与他们的游戏。突然，岚岚大喊一声："嘿，我有办法了！要不我们轮流当或者猜拳，谁输了谁来当？""那就猜拳吧！"按这种方法，不一会儿，皇后的人选也确定了。角色选择完毕，孩子们开始给自己"化妆"。云云把丝巾当成王子的披风，把体操棒当成宝剑；没有皇冠，雯雯就自己做了一个花环带在头上；莹莹演皇后，她把黑色垃圾袋当成皇后的披风；小矮人把体操棒当成劳动的工具。"大家快点，我们的表演马上开始了。""好的，来了，来了。"大家齐声回答道。雯雯说："聂老师，你帮我们放一下音乐吧！""好的。"表演开始了，演员们一个个按着故事角色和情节出场。莹莹扮演皇后，出场时一扭一扭的，眼神与动作到位，道具也用得很好，赢得了观众的阵阵掌声。角色扮演结束后，孩子们自我总结了一番。岚岚说："聂老师，我觉得今天莹莹演得最好，她的眼神真的像坏皇后。"云云说："聂老师，我觉得今天我们都演得很好，因为我们的道具都很搞笑。"小宇说："我们的动作不是太好，可以再夸张一点。"

给老师的建议：

大班幼儿的游戏已经慢慢突破了教师的高控制下幼儿对教师模仿和服从的传统表演游戏模式。教师除了提供时间、空间和基本材料外，很少干预幼儿游戏。如情节、台词的设计以及角色选择等游戏过程都是按照幼儿的意愿进行的。

要让幼儿真正成为游戏的主人，让幼儿在游戏中玩得开心，玩有所得，教师就要用心观察幼儿的游戏行为，带着童心去参与幼儿游戏。具体做法如下：

（1）重视良好游戏环境的创设，营造良好的游戏氛围，引导幼儿参与游戏环境、材料的创设，把游戏的自主权还给幼儿。

（2）重视活动后幼儿的经验交流，有助于提高幼儿的表演技能。同伴间的互动和影响对幼儿非常重要。大家讨论后会得出表演时要怎么表现人物的性格特征、表情、动作以及语言等结论。在以后的表演中，幼儿会以此为基础，同时加入自己的元素，充分发挥主动性。这样，不仅有利于幼儿社会性的发展，而且也有助于幼儿表演技能的提高和其他能力的发展。

（3）随时关注幼儿，观察幼儿与材料互动的情况，随时更换不适宜的材料，提倡一物多玩。

（4）做活动的旁观者、观察者，不干预、不主动帮助，管住自己的嘴和脚，用心了解孩子活动的情况。当孩子在游戏中遇到困难，或因思维受到限制、缺少创新而使游戏无法继续深入时，教师可以参与其中，但主要是引导幼儿自己尝试解决问题。

案例九

观察班级：大班

观察区域：运动区

观察时间：2016年11月

观察情境描述：

今天的运动区活动主要是运球。文文迅速地从篮筐中挑了一只好看的皮球，由于动作过快，差点把旁边的幼儿撞翻。文文拿到他想要的球后，先是原地练习拍球的动作，练习几分钟后，方才尝试运球。只见他缓慢地挪动着身体，运球速度本来就不是很快，但球还时常不在掌握中——不是把球拍到脚上就是把球拍得太远，跟不上球。球跑了很多次，每次他都是慢慢地走过去捡球，时不时地看看其他小朋友活动的情况。运球、捡球，运球、捡球……如此反复几次，文文逐渐失去了信心，索性坐在球上看着其他同伴玩。这时，我们班的"运球小能手"浩浩来到了文文身旁，自如地运起球来，还不停地催促："快拍啊！快拍啊！往前拍！你看我拍得多好！"结果文文更想逃避练习。文文抱着球，走到旁边的石阶上坐下，不想再练习运球了！浩浩不放弃，走过去说："文文，开始我也是怎么拍球都不行，后来我掌握了方法，反复练了很多次，终于成功啦。来，我教你方法吧！"说完，浩浩拉起文文的手，找了一个较宽的场地，当起了"小老师"。

给老师的建议：

文文由于身体原因（体质较差），很少积极主动地参与集体体育活动，动作发展欠协调；面对新的体育活动项目或是有点难度的活动，文文愿意去尝试，但是遇到困难就放弃了。从今天的活动可以看出，文文尝试运球时，遇到了一些困难，在尝试几次之后他便失去了信心，不想再尝试。

（1）活动中，用同伴鼓励示范的方式来带动孩子练习积极性。有了同伴的"一对一"帮助，短短的几天时间，文文的拍球、运球技术有了很大的进步。

（2）"大拇指效应"。文文取得了一点进步后，其运球的积极性有了一定的提高。再一次看见他运球，我微笑地对他竖起了大拇指："文文，你真棒。你前几天还只能运一两个球，现在一次都可以运七八个球了。我相信要不了多久，你会超过聂老师的。"文文听了我的表扬，羞涩地笑了，运球更起劲了。

（3）关注幼儿活动时的安全。在幼儿活动时，教师一定要提醒幼儿注意安全，特别是一些能力弱的幼儿或者体质较差、性格活泼的幼儿。让幼儿懂得自我保护。

（4）家园配合培养幼儿永不放弃的品质。永不放弃的品质不是一两天就可以形成的。教师应与家长配合，给予孩子足够的信任，帮其战胜容易放弃的心理，克服胆怯的心理，勇敢面对困难。

案例十
观察班级：大班
观察区域：生活操作区
观察时间：2016年10月
观察情境描述：

在生活操作区，我们精心设计了几个立体的没有头发的娃娃，让孩子们练习给娃娃编辫子。但是，除了刚投入材料的那天有几个小朋友去玩了一会，几天过去了，孩子们像忘了一样，再也没人去给娃娃编辫子了。"小朋友们，你们的发型每天都在改变，生活区的几个娃娃也想换一换发型，可是，没人帮它们编，怎么办呢？"教师话音刚落，几个女娃娃就迫不及待地进入生活操作区。莎莎、露露、彤彤、萱萱、倩倩用皱纹纸编起来……不一会儿，她们的大作便完成了。我上前看了一下她们编的辫子，发现有的娃娃的辫子长短不一，于是我问："哎呀，娃娃的辫子不一样长，它们有点不高兴，这是为什么呀？"莎莎抿了抿小嘴，显然，她被这个问题难倒了。"老师，是不是因为给它们一边辫子编得紧，一边辫子编得比较松呀！""我也不知道。""那我们一起来试一试吧！"莎莎、彤彤开始做起实验。她们发现编得松辫子就显得长；编得紧，辫子就显得短。她们发现这个秘密后，马上兴奋地跑来告诉我。我问："娃娃的辫子长短总是不一样，除了这个原因还会不会有其他的原因呢？"接着又有人去给娃娃编辫子，他们又有了新的发现，因为娃娃的头发是用皱纹纸做的，所以如果编的时候用力拉"头发"，辫子就会显得长，如果小心一点不用力拉"头发"，轻轻地编辫子，辫子就显得短一点。他们在编辫子的过程中发现了皱纹纸是有弹性的，稍稍用力就会变长，但也不能太用力，因为皱纹纸也是容易断的。

给老师的建议：

区域活动中有时会出现这样的情况：教师新投放的材料，有的幼儿仅摆弄几下就不愿意再碰了，教师随时忙着准备新材料。对此，教师们显得很无奈，甚至有些不知所措。经常抱怨幼儿的注意力不集中，操作活动持续的时间短。针对"编辫子"这一案例，我们探索了应对这一问题的方法。

（1）活动前明确要求。在每次活动前告知幼儿今天我们的任务是什么，要用到的材料有哪些，这样幼儿才能有任务意识，才能达到目标。

（2）深入发掘、利用现有材料的潜在价值。皱纹纸可以拿来编辫子，其实也可以编成跳绳、长绳；除了皱纹纸，彩带、编织袋等也可以用来编辫子。通过提高游戏的难度，或变换引发新的玩法，幼儿的注意力就会被吸引。随着游戏的深入，教师可将幼儿的关注由材料的玩法引导到对材料特征的认识探究上（如了解皱纹纸拉紧后易断的特性），这样，不仅可使幼儿掌握材料的一般玩法，而且能深入认识与玩法相关的一些材料特性，从而较充分地发掘、利用现有材料的教育价值。

（3）做活动的观察者。仔细观察分析、关注幼儿的活动情况，及时对幼儿进行引导，给予幼儿支持与帮助。

（4）把握介入指导的时机。当幼儿未意识到游戏出现了什么问题时，教师可以提问的方式适宜地对幼儿进行指导。

在区角活动中骨干教师对非骨干教师成长的引领策略探析
——以××幼儿园×班区域活动发展为例

重庆市北碚区澄江镇幼儿园　欧隆芳
重庆市北碚区教师进修学院　李春雨

充分发挥骨干教师的引领示范作用，对于促进幼儿园非骨干教师的专业成长具有重要作用。一般认为，发挥骨干教师作用需要开放骨干教师的课堂、师徒结对、骨干教师承担专题讲座等。幼儿园教师如何发挥引领作用呢？刘占兰认为幼儿园"骨干教师是先行的研究者，他们总能够展示出富有研究价值和启发意义的活动，引发教师们从符合《幼儿园教育指导纲要（试行）》精神的新角度看问题并进行思考。"本文就某幼儿园某班区域活动的前后转变探讨骨干教师如何发挥示范引领作用。

本文所指的骨干教师是指在教育、教学、教改、科研中能起带头作用，经过区级以上行政部门认定的市级、区级幼儿园骨干教师。非骨干教师指除此以外的其他教师。

一、以合作者角色引导非骨干教师初创区角

第一次区域活动组织——区角初创期：

在某农村幼儿园中班工作的祝老师是一名非骨干教师，刚从小学转岗过来。曾经从事过两年的幼儿教育，有一定的幼儿教育经验，但对于区域活动该如何设计与组织，却不知从何入手。提到参加区级主题活动下的区角活动创设比赛，她一片茫然，于是向园内的区级骨干欧老师请教：中班应该创设哪些区角？如何选择区角材料，并开展区角活动？

欧老师了解了相关情况，走进祝老师所在班级，与祝老师一起讨论目前班上存在的问题。狭小的班级空间里，只有娃娃家、建构区、体育角、图书角、美工区，材料也大多是一些成品的，只有美工区有一些半成品材料供幼儿操作。也就是说，祝老师所在班级的区角需要重新规划设计。于是，欧老师和祝老师一起思考区角设计，结合五月确定的区角主题"爱妈妈的教育"，并根据本班幼儿人数和幼儿发展需要确立了七个区角。接着，大家一起共同自制一些区角材料，比如共同制作餐厅的灶具，大家一起设计、规划，选取硬纸板，认真地刻着、剪着，配合彩色纸、双面胶，适当的装饰让灶具变得美观。她们还一起到示范幼儿园进行观摩学习，回来后进一步完善各个区角的设置。比如，建构区利用牛奶箱、鞋盒等进行加固，并请幼儿画一些动物图案贴在纸盒上；结合农村幼儿园实际自制大型"积木"供幼儿搭建。就这样，一个初具规模的区角便创立起来了。

【分析】面对一名对区角活动没有概念的老师，区级骨干教师选择以共同创设区角的形式引导非骨干教师在交流、探讨和共同制作中摸索区角活动的创设方法，这样使非骨干教师学到如何实实在在地创设区角。有时仅靠说是不行的，骨干教师身体力行带动非骨干教师成长不失为一种好的策略。这种以参与者、合作者身份的带动启发着非骨干教师思考如何将《幼儿园教育指导纲要（试行）》精神与实践有机结合，不断地改进区角活动实践。

值得一提的是，观摩学习也是非骨干教师掌握研究区角创设方法的一条捷径。每一个幼儿教师的情况都不一样，在某些方面也许是难以走出创新之路的。走出去学习，对于非骨干教师也是一种不错的选择，在观摩中思考，比静态的学习更有效。

二、以支持者的身份引导非骨干教师思考区角活动指导策略

第二次区域活动组织——区角组织期：

教师进修学院市级骨干教师周老师来园指导工作，祝老师按照事先的设计组织活动，整个活动有序进行：先集中引导，通过图片、谈话的方式回顾了上次游戏的优点，反思了游戏中的不足，并探讨了一些解决问题的方法。幼儿进行区角活动时，教师到各个区进行了指导，为幼儿活动提供了一些支持。但在观摩者看来，教师缺少方向性，幼儿在活动中还放不开，活动亮点不明显。

活动结束后，祝老师进行了反思并提出了三个问题希望得到解答：主题背景下是否每个区角的活动都必须跟主题有关？建构区幼儿的搭建方法有哪些？如何有针对性地指导幼儿操作？这三个问题恰好也侧面反映了本次区角活动教师组织上的一些不足。

周老师解答了祝老师的三个问题。第一个问题，在活动中，每个区域不必都与主题联系。一般来讲，幼儿园设计的区角包括常规区角（如娃娃家）、主题区角、特色区角（如交巡警平台）。区角可全部开放，也可部分开放，教师要根据幼儿上次玩区角游戏的效果和幼儿的人数确定每次活动开放区角的数量。

第二个问题，建构区幼儿搭建的方法有很多，如垒高、对称、封顶、围拢。本次活动幼儿的搭建方法单一、建构作品不丰富，什么原因？可尝试分析一下本次建构区设置的材料用到了几种形状、几种规格、几种方法。

第三个问题，如何有针对性地指导幼儿操作？在这次活动中，老师都很忙，每个区角都去指导，但作用却不大，为什么？是不是幼儿目标意识不强？比如迷宫游戏，很多幼儿园会因为幼儿静不下来而不选择迷宫游戏，你们却设置得很好，让幼儿自由地在墙壁上画迷宫图。可是幼儿如何通过迷宫游戏获得提高？幼儿画的迷宫，第一次、第二次、第三次有没有区别？幼儿的能力有没有提高？换句话说，幼儿只顾着玩，教师也忽略了引导幼儿对内在知识的建构。因此，教师们要多解读《幼儿园教育指导纲要（试行）》《3~6岁儿童学习与发展指南》的精神，每个区角的目标都要考虑到，找一找其他区角有没有类似的问题。

祝老师再一次反思时谈道："周老师一说我就明白了，原来我一想到要体现主题，就把与主题无关的区角暂时关闭，看来这太片面了。幼儿建构区单一，那我就多提供材料，提供多种形状的材料，并教一些方法给幼儿，不要让材料限制幼儿的想象力。"

【分析】区角活动要实现"四自"，即自选区角、自选玩伴、自选材料、自主活动，让幼儿在区角活动中充分实现"四自"，幼儿的经验、活动材料的提供显得非常重要。教师要观察幼儿，根据幼儿的需要来创设与指导。非骨干教师在指导中常常不知道该怎么介入，介入过多或过少都会影响幼儿区角活动。此次骨干教师对非骨干的教师的指导主要是通过为非骨干教师"解惑"来实现的。交流时，并非是直接抛出答案，而是列举一些例子，引导非骨干教师反思自己实践中的问题，并尝试找到隐藏在行为背后的理论观点。自我反思是教师成长的重要途径。

三、以观察者的身份静看非骨干教师的应对

祝老师采纳了周老师提出的建议，丰富了建构区的设置。不仅添加了纸板三角形、纸筒圆柱体等材料，还教给幼儿一些拼搭组合的方法，并丰富了其他区的设置。又一次区角活动有序地开始了，周老师将观察的重心放在建构区。孩子们搬的搬、搭的搭，五个孩子拼搭配合，将盒子变成了一个花园、一栋房子，原来规规矩矩的房子变得错落有致。不久，祝老师也走过来夸奖孩子们："这栋漂亮的房子有这么多层，我住第几层楼呢？""三楼。"一个孩子说。"第几层楼？""第三层楼。"另一个孩子抬头回答道。祝老师假装住了进去。

老师刚要离开，鑫鑫便自言自语地说："这是什么呢？"他手里拿着一块纸板，原来这是老师预设的盖房顶的材料。鑫鑫也很聪明，稍加揣摩就拿去盖房顶。鑫鑫轻轻地将纸板放在上面，纸板掉了下来；再放纸板，纸板再掉……有的孩子见状跑过来帮忙，大家一起放，小心翼翼地用手指在后面支撑，可一松开，纸板又掉下来了。一次又一次，房顶仍搭不稳。祝老师什么话也没说，只是蹲下来微笑地看着他们，但明显有些着急了。"搭不稳，别搭了。"有的孩子走了，唯有鑫鑫还在那儿，他试着压着纸板。过了好几分钟，纸板终于倾斜地立在了房顶上。他蹲下去看了又看，站起来伸伸懒腰笑着走开，还不停地回头看。周老师也对祝老师会心一笑。

这个活动，看似周老师并没有对祝老师进行指导，但实际上周老师进行了潜在的指导。非骨干教师在组织区角活动时往往会对幼儿的行为进行过多的干预，而这次活动中，祝老师没有直接干预幼儿的活动，而是通过语言、表情鼓励幼儿想办法解决问题，幼儿在立纸板变房顶的过程中小手指肌肉得到了锻炼，手眼协调能力得到了提高，克服困难的勇气有所增强。

短短的一个多月，祝老师的设计与组织区角活动的能力得到快速的提升。"发挥骨干教师在教师团队中的引领作用，放大骨干教师在教师团队中的榜样与教育作用。"在幼儿园区角活动中，充分地发挥骨干教师的示范引领作用，恰当地参与非骨干教师的活动，就像教师应成为幼儿活动的支持者、合作者、参与者一样，骨干教师成为非骨干教师的参与者、合作者、支持者，教师团队的成长会更加快、更加迅速、更加有效。

参考文献

[1] 刘占兰. 以点带面　以骨干带动全员——探索有效促进幼儿教师专业成长的教研方式之二[J]. 学前教育, 2004（10）.

[2] 高旺蓉. 骨干教师成长的支持性因素：生态学分析[J]. 教育发展研究, 2007（07B）.

何时出手？如何出手？
——浅谈教师介入区域活动的时机

重庆市北碚区朝阳幼儿园　童莉娅

重庆市北碚区教师进修学院　周　霞

"区域活动"是幼儿园教育活动的重要组成部分，也是幼儿最喜爱的活动之一，它以更为自主、更为独特的教育形式存在着。然而，面对更为自主的活动，加上一个个鲜活而独特的孩子，想要发挥区域活动的教育价值，教师有效的介入至关重要。皮亚杰认为：成人适时地介入能够帮助儿童更好地游戏。但目前，还有一部分教师在区域活动中不知何时介入，如何介入。那么，该如何提升教师在区域活动中的判断力以及准确把握介入时机的能力，做到该出手时就出手，势在必行呢？

一、不知何时出手？——介入时机不当

（一）强行介入

【案例】点点懵了

3岁的点点在建构区玩垒积木。他随意把积木一块一块地往上垒。老师走过去说："点点，你看！积木有红色、黄色、绿色、蓝色，可不可以把不同颜色的积木分开，分别垒一座红色的高楼、黄色的高楼、蓝色的高楼和绿色的高楼？"点点疑惑地看了老师一眼，然后又继续垒他的积木去了。

【分析】

很显然，这位教师的介入没有达到理想的效果。原因在于，点点是一个小班3岁的孩子，他玩积木的兴趣点就是垒高，对老师的主动建议完全不感兴趣。教师介入，其实是想通过垒积木提升孩子按颜色分类这一能力，但是老师提出了将不同颜色的积木分类，这超出了孩子的能力范围，孩子无法接受。教师按自己的主观意愿，不了解孩子的需求、不清楚孩子的年龄特点、不知道孩子的能力水平，冒冒失失地介入孩子的区域活动，效果可想而知。

（二）不适时地介入

【案例】老师来得不是时候

某小班娃娃家，孩子们正在尝试分角色，一个小女孩说："我们来当爸爸妈妈，好不好？"

几个孩子都高兴地同意了,他们都听这个小女孩安排角色。不一会儿,角色就分配好了,有"爸爸""妈妈""娃娃",还有一个幼儿扮演客人。角色分完后,孩子们都忙着各自装扮自己,这时,老师看到了孩子们的表现,马上让他们停下来,然后当着其他区域的孩子表扬了他们。孩子们很高兴,但是等老师表扬完之后,他们却不知道该做什么了……

【分析】

上述案例中,教师表扬的初衷是想把小班孩子"能合作、协商分配角色"这一亮点当成一个范例教育其他班的幼儿,同时鼓励小班的几个孩子,这是很好的。但是教师没有把握好时机,打断了孩子们正在进行的游戏,影响了孩子们的思考和同伴间的合作,所以才会有后来老师讲完之后,孩子们不知道该干什么的尴尬。

皮亚杰指出:"当我们教授幼儿某个东西时,我们正妨碍了幼儿创造力的发挥。"所以,不是每一次老师的介入都是有效的、可行的。教师介入时要考虑幼儿当前活动的需要。

(三)过度介入

【案例】老师帮你……

大班手工区,本阶段的主题是"中国风",所以老师为孩子们提供了瓷盘供幼儿装饰。孩子们兴奋地计划着要怎样装饰瓷盘,用什么材料……一切准备就绪,孩子们开始动起来:有的用颜料来涂色;有的用剪贴的方式填充;有的选用了黑色的笔作画。只见紫宸一直盯着自己面前的瓷盘,一动不动,老师问:"怎么还没开始呢?"紫宸说:"我还没决定。"老师着急地说:"别人都快装饰完了,你还没有想好吗?"老师赶紧找来一些材料,也没问紫宸的意见就开始帮她装饰瓷盘,嘴里还不停地说:"快,没多少时间了,老师帮你,我们一起装饰。"只见紫宸一脸的无奈……

【分析】

案例中,教师认为其他孩子已经动手操作了,但紫宸还没有开始,既担心时间来不及,又担心紫宸的瓷盘装饰效果不佳,所以及时地介入了。这时教师介入一点没错,但教师询问孩子没有操作的原因时,孩子已经告诉教师"还没有决定",教师忽略了这一重要的信息,而是一味地追求"瓷盘效果",将建议变指令、指令变独断、询问变质问,这种介入是非常不适度的。米勒(1992)认为,成人在儿童游戏中过度行使权力,将游戏过度结构化,从而抑制了儿童按自己意愿进行游戏的能力,并减少了儿童在游戏中探索发现、解决问题、承担风险以及与同伴交往的机会。

如果教师听到孩子说"还没有决定"时这样追问:"没有决定?是想了几种方法吗?说出来老师帮你分析一下。"这样引导,既尊重了孩子的意见,又推进了活动,还促进了孩子的发展,即使孩子不能准时完成瓷盘装饰活动也没有关系。

二、何时出手?如何出手?——准确把握介入时机

刘焱教授在《儿童游戏通论》中提出:教师对幼儿游戏的组织和指导过程在本质上也是一种决策过程。所以,教师在介入前必须明确为什么要介入、什么时候介入、怎么介入。

(一)当幼儿遇到游戏黑洞时介入,给予鼓励

区域活动时,如果教师发现有幼儿拿着提供的区域活动材料却无所事事,心不在焉不会玩,或者干脆站在一旁观看不去玩,就应该毫不犹豫地介入,了解原因并给予孩子鼓励和引导。

【案例】乐乐爱上科学区了

某天,大班开展区角活动,老师发现乐乐无所事事,便走过去问他:"乐乐,你怎么了?

为什么不玩了？"乐乐说："我想玩益智区，可益智区人数够了。"说完便耷拉着脑袋。原来，孩子们不想玩科学角啊。乐乐的年龄比班上其他孩子要小一些，探索能力也比其他孩子稍微弱一点，或许这就是他不想玩科学角的原因，因为他不会玩。于是，老师拿来放大镜，对着一个很小的动物模型进行观察，问乐乐能看见动物的眼睛吗？并告诉他在放大镜下面就能看清楚动物的眼睛，这果然激起了乐乐的兴趣。终于，孩子在老师的鼓励下，拿起放大镜，开始对着科学角的植物、标本进行观察。

（二）当幼儿发出求救信号时介入，给予支持

区角活动中有太多无法预设的情况，所以教师要经常参与幼儿的探索活动，成为幼儿探索发现活动的目击者和共同参与者。及时捕捉、关注孩子主动发起的求助信息，准确判断，积极回应，当孩子确实无法继续进行时及时介入，给予支持，帮助幼儿解决问题。

【案例】宁宁的苦恼

宁宁想到娃娃家玩，可娃娃家的人已经够了，他又不想去其他游戏区玩，已经在娃娃家外面徘徊了许久，这时，宁宁用焦虑、苦恼的眼神看向老师。老师及时走过去引导他："你想一想怎样才能进去？"最终，他想出"当一名客人"、以"叔叔"的身份进入娃娃家去玩。

（三）当发现安全隐患时介入，及时干预

活动区活动是采取个别或小组的形式，相对来说，活动空间比较开放，因此，在活动中，教师尤其要加强安全教育，避免不安全因素，以免影响孩子的活动。当游戏过程中出现不安全因素时，教师必须以教师的身份直接介入，对幼儿行为进行直接干预，并教育他们这样做的危害。

【案例】"农家乐"里的危险

大班区域活动"农家乐"是大班主题活动"我的家乡"的一部分，农家乐里有新鲜的蔬菜供孩子们切，也有部分用来装饰的农作物，比如大蒜、玉米、各种豆类。只见欣欣手里拿着一根玉米，剥下几粒玉米放在耳朵边上……这时教师急忙走过去，制止了孩子的这种行为。

（四）当出现负能量时介入，及时纠正

各大区域虽然是孩子的乐园，但有时也会出现一些与教育价值相悖的内容。这时教师就要果断判断、及时介入、悉心引导，拓宽幼儿的知识面，丰富游戏情境，避免消极的负能量再次出现。

【案例】"牛牛餐厅"里的闹剧

"牛牛餐厅"是孩子们特别喜欢玩的活动。两个小客人在餐厅的等候区发现了几个可以拆卸的芭比娃娃，于是他们把芭比娃娃的腿、手都给卸下来，放在了装菜的大盘子里，嘴里还念叨着："我们把芭比娃娃也一起吃掉吧！"这时，老师发现了这一情况，走过去直接告诉他们："你们把芭比娃娃的手、脚弄断了，芭比娃娃会疼的，还说要吃她，她真的好伤心。你们可不能说这些让她伤心的话，芭比娃娃可不是我们的食物。"

（五）当幼儿反复解决问题无果时介入，给予引导

当孩子尝试解决与同伴的矛盾、问题时，教师不宜过早介入，而应静静地观察，敏锐地判断。当孩子反复尝试解决问题无果时，教师应及时介入，避免扼杀孩子刚刚尝试去解决问题的勇气，产生沮丧、焦虑、丧失信心、自我否定等负面情绪。教师要当个称职的观察者，时时关注幼儿，敏锐地发现问题，正确地判断矛盾冲突，适时地介入。

【案例】建构区风波

中班区域活动时，沐沐和依依都在玩"建构区"。沐沐搭建的房子需要一扇门，他发现了一个很适合当门的马蹄形积木，正准备去拿，这时，依依一把将积木拿在手上，只见沐沐扯着嗓门对依依说："我先看到的，给我！"依依一脸无辜："明明是我先拿到的。"眼看矛盾一触即发，但是老师没有行动。只见沐沐讨好地走到依依身边："要不你玩一会儿就给我，行吗？"依依瞥了他一眼，又自顾自地玩起来，沐沐非常受挫，显得很沮丧。这时，老师走了过去……

（六）当幼儿出现认知冲突时介入，给予引领

认知冲突就是一个人已经建立的认知结构和当前情景之间的一种暂时的矛盾和冲突，这是一种心理失衡，是已有的经验和新知识之间存在的某种差距，幼儿如果产生这种冲突，就需要调整自己的认知结构，以达到平衡和适应，幼儿在这种平衡和适应中不断地完善自我。

【案例】壁虎的尾巴

大班科学探究区，几个孩子在观察小动物壁虎。不一会儿工夫就听见孩子们争论起来，洋洋说："我妈妈说壁虎的尾巴断了还会长出来。"丁丁却说："不对，书里说只有蚯蚓的尾巴断了才会长出来，壁虎不会！"洋洋说："不是这样的，壁虎会再长出尾巴的！"幼儿七嘴八舌地争论着。这时，教师出马了。只见老师朝几名幼儿走过去，他没有否定幼儿的观点，而是抛出问题：到底是洋洋说的对还是丁丁说的有道理呢？这样吧，咱们今天回家和爸爸妈妈去找答案，好不好？洋洋和丁丁欣然同意了。

建构主义认为：幼儿园游戏既要强调儿童主动建构的学习过程，也要意识到教师在儿童游戏中发挥的引导与支持的角色，避免自然状态下的游戏给幼儿发展带来的偶然性与不稳定性，从而使游戏对幼儿发展的促进功能得到实现。所以，教师应树立正确的区域活动观念，找到介入幼儿活动的最佳时机，做到既不干预太多，又不错失任何一个具有教育价值的时机，真正体现教师支持者、合作者、引导者的作用，最大限度地发挥区域活动的教育价值，促进孩子的发展。

从农村幼儿园建构游戏看《幼儿园工作规程》落实

重庆市北碚区教师进修学院　周　霞　屈宸羽

在社会高度发展的今天，教育的社会环境发生了根本变化，社会亟须独立、自主、自律、自信，敢于冒险、具有创造力、足智多谋的社会型人才。教育的价值观、知识观和人才观也随之发生了重大的变化。同时，随着新《幼儿园工作规程》（以下简称新《规程》）的颁布，幼教工作者进一步明确了幼儿园应当将游戏作为对幼儿进行全面发展教育的重要形式，应当因地制宜创设游戏条件，保证游戏时间，促进幼儿能力和个性的发展。那么，如何在游戏活动开展中践行新《规程》，发展幼儿的游戏主体性，落实新《规程》精神？现以重庆市北碚区农村幼儿园建构游戏为例，谈谈主要做法。

一、增加建构游戏材料种类

案例一：北碚区大部分农村幼儿园建构游戏材料主要以插塑材料为主，按照基本形状分类，如方块状的实木插塑、中空管状的弯管插塑、条状的螺丝积塑、中空凹形的智高乐积塑

等。通过访谈，我们得知老师们在材料的选择上，对插塑的认同率高于积木，对彩色材料的认同率高于素色材料。教师们普遍认为：彩色材料"颜色鲜艳，容易吸引孩子"；积塑"容易造型，成品不容易损坏，儿童喜欢"。认同素色积木材料的教师有相当一部分是从"环保、无污染"的角度考虑的，当然，也有部分教师认为素色积木更有利于儿童想象力的发展。我区农村幼儿园的建构材料主要以积塑材料为主，积木材料为辅；彩色材料较多，素色材料较少；小型材料充裕，中大型材料不足；大部分幼儿园在建构游戏中添加的辅助材料是低结构的废旧物品；教师普遍认同彩色材料和积塑材料。

基于以上现状，我们给农村幼儿园提出这样的建议：第一，增加建构游戏的材料种类。幼儿园老师可发动幼儿以及家长的力量，收集安全、卫生的废旧材料，如纸盒、塑料瓶、空线轴、包装纸等，成品的交通工具（玩具汽车、轮船等），纸张和笔，自然材料（贝壳、鹅卵石、木棒等），环境标志（交通标志等），彩色图片，动物模型及人偶等。相比之下，投放的材料中既有高结构的成品材料，也有低结构的开放材料。第二，加大建构游戏材料积木的投放量。通过前期调查我们发现，幼儿园总体积木拥有量不足。积木是传统而经典的建构材料，小小的积木可以促使幼儿建构能力的发展，为此，积木投放量减少肯定会影响儿童的建构水平。拥有充足的积木材料既可保证幼儿顺利开展活动，也有助于增加儿童建构作品的复杂程度，保证教师设定的教育目标能够顺利实现。为此，我们鼓励农村园所增加积木的投放量。

二、给予建构游戏各类保障

案例二：大班建构区游戏。一大早孩子们就来到游戏场地，期待活动的开展。由于老师在上周就告诉幼儿这周要开展以"自己的家乡"为主题的建构活动，并提醒幼儿周末可以和父母一同去北碚公园、游乐场、西南大学、地铁6号线、滨江路等地方参观游览，幼儿都完成了老师布置的任务，并且和自己喜欢的建筑物合影。时间一到，孩子们就按照自己的兴趣分组，老师选出了每一小组的小组长，大家在小组长的协调和安排下开始了今天的搭建活动。一位穿蓝色上衣的幼儿今天承担的任务是搭轻轨的轨道，他开心地寻找搭轨道所需的材料，拼接好轨道，并有模有样地把轨道按照车行的位置放置。这时候，一位穿黑色裤子的幼儿拿起轻轨玩具，将其放在轨道上"走"，刚开始他玩得非常开心，后来有点疲倦了，觉得没什么意思了，就对老师抱怨道："这辆轻轨怎么这么容易开啊，都没有弯道，也没有上下坡，我爸爸带我坐的轻轨可不是这样的。我坐的轻轨很长很长，里面有很多人，我坐在轻轨里一会儿感觉黑乎乎的，一会感觉光亮亮的……"老师引导道："为什么会黑啊？"幼儿回答："就是好黑好黑，黑了很久，'呜'的一下就黑了，一会儿就好了，一会儿'呜'的一下又黑了。"老师引导说："那黑黑的地方你知道是哪里吗？"幼儿说不上来，于是老师告诉他："那黑黑的地方是山洞。"两名孩子一听说山洞，开心地惊呼起来："我们要搭山洞，我们要搭山洞。"于是，老师引导两名幼儿相互配合，商量搭建山洞，并在山洞中铺垫轨道。

首先，幼儿园要为建构游戏提供丰富的场所，除了在园内设置一个公共建构游戏室外，还可以在班上设置建构区。这样可以保证农村幼儿园活动室至少有40%以上空间都可供幼儿玩建构游戏，这为农村幼儿园建构游戏的开展提供了基本保障。其次，农村幼儿园还要为建构游戏开展提供时间保证。教师应为幼儿开展建构游戏安排专门的时间，比如每天固定一次的区角活动游戏时间。公共建构游戏室的开放时间保证每个班每周2~3次，每一次游戏活动时间不少于50分钟。最后，从建构游戏课程上给予支持，如年级教研组通过商讨决定小、中、大班的建构游戏主题和实施方案，从而保证建构游戏的有效开展。

三、支持建构游戏中幼儿的想法

案例三：今天，孩子们要搭建北碚公园模型。活动一开始，张老师就犯难了，因为有一个孩子疑惑地问老师："张老师，北碚公园现在怎么没有游乐园啦，我想玩碰碰车。"孩子的这一疑问立即引来了多名幼儿的回应。这个说我想搭转转椅，那个说我想搭过山车。一时间围绕游乐园讨论了起来。张老师原计划让幼儿搭建北碚公园，可看到孩子们对游乐园如此感兴趣，她便机智地回答："那么今天我们就搭建我们梦想中好玩的北碚公园，好不好？"孩子们欣喜若狂，开心地对老师说道："张老师，我要搭一个大大的旋转木马，我可喜欢旋转木马了，我妈妈说，在旋转木马上转一圈，什么烦恼都会消失。"另一个孩子也不甘示弱地说："真幼稚！我喜欢赛车，我要搭自己的赛车场。""张老师，我觉得游乐场里最好有过山车，那个可刺激了，每次妈妈带我出去玩我都要排很久的队才能够玩一次，我可喜欢玩了。"孩子们七嘴八舌地说起来，张老师看到孩子们都跃跃欲试，赶紧给他们分组，并将孩子们提出的搭建意见进行记录。张老师说道："那现在开始行动吧。"在孩子们搭建各式各样美丽的建筑物时，张老师总是站在旁边默默地观看，当孩子们遇到困难向她求助时，她总是微笑着鼓励："能不能开动你的脑筋好好想一想有什么解决办法啊？"当孩子们争论谁搭建的好看的时候，张老师仍然保持微笑，鼓励地看着孩子们，似乎在说："老师相信你们是可以完成的。"整个活动过程张老师似乎都没有参与，却用自己的言行举止帮助着孩子们。

根据上面的案例，我们可以了解到，幼儿园教师的指导观念已经发生了变化，教师们已经开始使用无声的语言——关切的眼神、鼓励的话语在精神上为孩子的发展给予支持。在日常活动中，针对教师指导的特点我们建议：第一，幼儿园教师应具有游戏指导的教育意识，对幼儿园开展的游戏以及游戏的指导工作要有正确的理解。在课前充分了解幼儿的需求，针对幼儿的兴趣点设计开展活动。第二，教师要为幼儿游戏创设良好的环境，从提供良好的游戏氛围以及时间，投放适宜的、丰富的游戏材料，为幼儿游戏提供语言与精神的支持等各方面做好准备。第三，教师要在指导中不断地进行学习与教育反思，不断改进自己的教育教学行为，鼓励、支持孩子的健康发展。

鼓励、支持、欣赏——教师在创造性游戏中介入指导

重庆市北碚区教师进修学院　周　霞　屈宸羽

幼儿园游戏种类较多，可从社会性发展维度分类，也可从认知发展维度分类。幼儿园通常是按照游戏的教育作用进行分类，即把游戏分为创造性游戏和规则性游戏。创造性游戏是指以幼儿自由创造为主的游戏，游戏中幼儿完全可以按自己的需要、兴趣和意愿进行活动，具体包括角色游戏、结构游戏和表演游戏。幼儿可在游戏中表达自己对于生活、世界的认识、体验和感受。《幼儿园教育指导纲要（试行）》指出，教师是幼儿学习活动的支持者、合作者、引导者。那么，为实现教师的这一角色定位，凸显幼儿的主体地位，发挥教师的主导作用，幼儿园教师在创造性游戏中应当如何介入指导呢？笔者现以国培计划2015——北碚区乡镇幼儿园送教下乡培训项目为例，提出以下三种对策。

一、积极鼓励幼儿自主游戏，做幼儿学习活动的引导者

案例1：角色游戏——娃娃家

某园小班娃娃家活动，4名幼儿分别扮演爸爸、妈妈、哥哥、姐姐。游戏一开始，四个人一直忙着"做饭"，娃娃家的床上躺着两个布娃娃。突然，"爸爸"说："哎呀，孩子病了，赶紧送医院吧！"说着便拎起两个布娃娃，隔着玩具柜，把娃娃"甩"到了"医院"，然后继续"做饭"。很长时间，娃娃家的四个人忙着手里的操作，谁都没去关注"住院"的"孩子"。

分析：

维果斯基说过："游戏是促进学习的自助型工具，就像放大镜，能够比现实更早地发现儿童潜在的能力。"在创造性游戏中，虽然要大胆激发幼儿的创造力、想象力，鼓励幼儿自主游戏，但当幼儿的行为表现离现实生活经验相差太远，或者与现实规则发生冲突时，教师则有必要介入指导。教师可以角色身份介入，或用简单的语言、行动进行暗示，既保护了幼儿的想象力和创造力，又回归了自主思考与创造，同时也注重了生活规则的建立及对幼儿情感、行为的培养。

对策：

面对这种情况教师应当如何处理呢？角色游戏中，老师除了积极引导角色自主创造外，也要植入生活规则，注重儿童情绪情感、良好行为习惯的培养。案例中的老师可以发挥引导者的作用，以邻居的身份对"爸爸""妈妈"说："听说你们家两个孩子都病了，怎么不去医院陪陪啊？"同时，还可追问："爸爸，刚才你使这么大劲儿扔宝宝，宝宝不知会有多疼，病情肯定会加重的！"邻居还可来到小床前，故意放大声音说："宝宝，你怎么哭成这个样子？是爸爸把你放得不舒服吗？来，让阿姨抱抱，阿姨轻轻地抱啊！"然后，老师爱抚地、轻柔地抱起宝宝，像妈妈一样安抚宝宝。老师通过角色身份鼓励指导，既可隐形示范如何抱宝宝，也可让其他角色卷入爱的情感之中。除此之外，邻居还可给各角色提供一个抱孩子的机会，假装对娃娃说："宝宝，你哭得这样厉害，是不是想爸爸啦？宝爸，快来呀，宝宝想你啦！快来抱抱他吧！"宝爸过来抱孩子时，邻居还可提示说："宝爸，你轻点啊，宝宝会感觉很舒服的。"

二、适时投放游戏材料，做幼儿学习活动的支持者

案例2：表演游戏"三只小猪"

某幼儿园教师组织幼儿开展表演游戏"三只小猪"。教师采用提问的方式引导幼儿回顾故事情节。教师问："小猪们都用哪些材料盖了房子？"一名幼儿说用了草盖房子。教师又问："还有呢？"这时另一名幼儿回答："小猪用棉花糖造了一栋房子，既好看又好吃。"其他幼儿听到这种回答后，想象力大开。有的说想用巧克力盖房子，大灰狼肚子饿了就咬一口；有的说用橡皮泥盖房子，大灰狼来了马上换一种造型，大灰狼就不认识小猪的家了；有的说想用热气球盖房子，大灰狼来了之后房子就可以升空，离大灰狼远远的……老师听到幼儿奇妙的回答与自己预想的答案不同，赶紧追问：小朋友，我说的是故事中的小猪用了哪些材料盖房子？当听到有小朋友回答用砖修房子后，老师才点头微笑并出示图片将故事呈现出来。故事回顾环节结束后，在老师的指导下，小朋友开始表演"三只小猪"。刚才那个说用棉花糖盖房子的幼儿一直着急地说："我不想这样演，我想让小猪用棉花糖盖房子，大灰狼吃了甜甜的棉花糖，非常高兴，便和小猪成了好朋友。"

分析：

由于表演游戏是幼儿以故事为线索展开的游戏活动，是幼儿根据故事或童话等文学作品

的内容和情节，扮演角色，运用语言、动作和表情进行表演的一种游戏。鉴于此，老师在游戏过程中严格遵循故事原作，引导幼儿按照故事情节进行表演和理解。但想象是儿童的天性，天马行空是小朋友的创造，在天性的驱使下，孩子们可能更关注游戏的过程而非结果。表演游戏既然是创造性游戏的一种，就应当允许儿童根据作品提供的情节线索，通过角色扮演创造性地开展游戏活动。老师的引导应当重点集中在理解线索、体验角色心理，并用适当的语言、动作、表情再现人物形象及情节发展。那么，教师应当怎样介入指导呢？

对策：

以表演游戏"三只小猪"为例。由于幼儿在前期已经熟悉了故事素材，老师在指导表演游戏过程中，可用旁白或串联情节的方式推动游戏进程，不再要求幼儿记忆、复述故事的原话。教师可重点帮助幼儿分析作品中角色形象的特征，让幼儿自己讨论如何用动作、语言表现大猪、二猪、小猪的形象，讨论需要什么道具，可用什么材料来代替；还可引导幼儿思考小猪还可用哪些材料来建构房子，并可在表演游戏区中投放常见的自然材料和生活用品。另外，不宜投放装饰性过强或过实的道具，要易于操作，不用太复杂，鼓励幼儿以虚代实。如果幼儿将注意力集中在道具上，就会忽略了对角色动作和情感的体验。教师要鼓励幼儿大胆地想象和创新，支持幼儿的想法，适时投放游戏所需的材料。

三、静待幼儿成长，做幼儿学习活动的欣赏者

案例3：建构游戏"搭高楼"

某幼儿园里，小朋友们在建构区摆弄着积木，搭建着各种各样的建筑物。由于对图形结构的认识不到位，涛涛小朋友很喜欢将长条的积木搭在圆形或者窄窄的三角形积木上，他一次又一次尝试将圆形积木搭在三角形积木上，但都失败了，老师看着别的儿童的建构作品已慢慢成形，就着急地跑上前去，指挥着涛涛："将最长的积木搭在下面，正方形要平行地摆在上面，圆形和三角形放在顶端。"涛涛不明白老师的意思，坚持自己的想法，又一次将圆形积木摆在楼房的最下面，上面摆上长方形和拱形积木。"大楼"又倒下了，老师有些不耐烦地说："你怎么不按照我教你的去搭呢？"说完就直接代替了涛涛拿起了积木，三五下便搭好了大楼。涛涛被老师这么一说，不再坚持，其他幼儿也纷纷模仿老师搭建好大楼。

分析：

游戏应当是幼儿自我学习、自我探索、自我发现、自我完善的活动。结构游戏作为幼儿的一种创造性活动，应当体现幼儿自主探索、自我实现。结构玩具是一种素材玩具，应当为幼儿的结构活动服务。但在本次建构游戏活动中，老师一直紧张地观察着幼儿在建构活动中的表现，过分关注结果，忽略了幼儿在搭建活动中的每一次尝试，干涉幼儿的想象以及创造能力的发挥，甚至直接代替幼儿。表面上看老师积极地介入和指导，实则限制了幼儿的操作，剥夺了幼儿尝试的机会，忽略了幼儿学习品质的培养。结构游戏作为一种操作性活动，只有在实际的操作中，即材料构建中，才具有可玩性。因此，老师在此情境中应当担任幼儿学习活动的欣赏者和合作者。

对策：

意大利著名幼儿教育家蒙台梭利曾经说过："唯有通过观察和分析，才能真正了解孩子的内在需要和个别差异，以决定如何协调环境，并采取应有的态度来配合幼儿成长的需要。"这一教育过程可以概括为——大胆地放手、小心地观察、耐心地等待、适时地指导。以本情境为

例，由于教师害怕幼儿无法完成大楼的搭建任务，过早地介入到幼儿的创造性活动中，影响了幼儿尝试错误学习，不利于其创造性思维发展。同时，该老师的介入、指导过于直接，没有用一种等待、欣赏的态度去激励幼儿。老师可这样指导：当看到涛涛多次失败以后，首先以欣赏的口吻肯定幼儿的坚持，接着让幼儿换一种积木放在下面试试。老师也可以自己拿一些积木放在涛涛附近，不用直接干预涛涛，采用平行暗示的方法，自己边搭边说："我也来搭一座高楼吧，我把长的大的积木放在下面。小积木放在上面。""圆形的积木放在哪儿好呢？就当大楼的屋顶吧！""我的大楼稳稳地，搭好了！"老师这一行为，看似无意，却已经进行了隐形指导。除此之外，老师还可用欣赏的态度询问幼儿的想法：哇，看上去你们的作品很不错，搭的什么？几个人搭的？怎么搭的？游戏结束后，老师还应组织全班幼儿互相分享建构成果，照相留念，并将照片打印出来贴在建构游戏区。老师欣赏式的过程指导及成果交流，会促使幼儿在创造性游戏中更大胆、更自主，创意无限。关注幼儿，发展为本。只有教师在创造性的游戏中支持、鼓励、欣赏幼儿，基于幼儿的发展和需要，为幼儿提供多样化的游戏材料，引导幼儿尝试独立解决问题，才能真正使游戏的过程成为幼儿不断发现问题、解决问题的学习过程，促进幼儿学习品质不断提升。

（本文系"国培计划2015——北碚区乡镇片区幼儿园送教下乡培训项目"成果）

立三点　做三调——基于儿童立场的小班区域活动设计与实施

重庆市北碚区实验幼儿园　汪清娅
重庆市北碚区教师进修学院　周　霞

每一名儿童都是不可复制的奇迹和独特存在，是有独立人格的、生动活泼的生命个体。基于儿童立场，就是指尊重儿童的身心发展规律、兴趣、经验和情感需求，站在儿童的角度，为儿童主动学习和自主发展创造必要的条件，提供丰富的资源，使之在活动中愿学、乐学、会学、学好，从而获得适宜的成长。基于以上思考，在小班区域活动"声响大聚会"的设计与实施中，我们从儿童立场出发，坚持"尊重儿童，珍视儿童，呵护儿童；研究儿童，发现儿童，引领儿童"的核心价值引领，从儿童天性、需要和兴趣出发，坚持立三"点"，做三"调"。三"点"，即儿童的兴趣点、需求点、发展点；三"调"，即教师调整区域、材料、行为。以此建构多元、开放、自主的区域活动支持性环境，为儿童自由自主的发展提供支持和保障。

一、捕捉兴趣点，合理调整区域

活动案例1：声响大聚会

美国教育家布鲁姆认为："学习的最大动力乃是对所学材料的兴趣。"在"声响大聚会"主题活动开展前一周，班级教师根据主题目标和内容，基于幼儿年龄特点、核心经验和实际情况，梳理出了预设的区域活动目标，并根据区域活动目标，制定了预设投放的区域材料清单，尝试在美工区、图书区、表演区、玩具区投放一些与主题目标有关的材料（见表7.1），以此来观察和了解幼儿的兴趣点和已有经验，建构满足幼儿兴趣的区域活动环境。

表 7.1 预设投放的区域新材料清单

主题目标	区域活动目标	预设投放材料	数量
1. 尝试在大自然、生活中发现各种各样的声音,并愿意表达自己的发现 2. 经常自哼自唱,跟随熟悉的音乐做身体动作,并能用简单的线条和色彩大体画出自己的发现 3. 在生活中用适宜的声音交流,知道在不同的场合用不同音量讲话,如轻声讲话或大声发言	美工区目标:探索、享受和发现运用成品或半成品材料制作的过程,能尝试制作出有一点细节的简单物品。	1. 各种颜色、大小不同的铃铛 2. 各种颜色的软绳	若干
	科学区目标:喜欢操作科学区的玩具、材料,尝试通过敲、揉、抬、撕、碰等方法制造声音、分辨声音,体验发现不同声音的快乐	1. 各种豆子(豌豆、黄豆、黑豆、绿豆) 2. 各种塑料瓶子	若干
	图书区目标:对图书区中有关声音的图书、音像有兴趣,初步学会用象声词、简单语句讲述图片或音像的主要内容	立体会发声的绘本:《叮叮咚咚来唱歌》《噗——噗——噗》《啪嗒啪嗒蜗牛》《啪啪啪面包》《嗨哟嗨哟爬高高》;故事:《会唱歌的小路》	每种2~3本
	表演区目标:能用不同方式探索一件节奏简单的乐器的声音	三角铁、碰铃、沙球、响板等常见打击乐器	每周5~10个
4. 能感知和发现物体和材料的软硬、光滑和粗糙等特性,并尝试分辨其各自的声响,体验发现不同声响的快乐 5. 能注意物体较明显的形状特征和物体的空间位置,并能用自己的语言或简单的绘画方式来表达	积木区目标:(1)进行建筑房屋、架桥、搭路、修停车场等有主题的立体搭建活动,掌握架高、增宽、围拢、延长、对称等基本技能。(2)爱护玩具,能与同伴共同使用玩具,并爱护自己和同伴的建构成果。(3)游戏后能按标识把建构材料归类放好		
	娃娃家目标:(1)尝试发现生活中各种各样的声音,愿意分享自己的发现。(2)能关注一些动作制造出的声音,感受自制声音的乐趣		

解读分析:

在一周的观察中,教师主要针对各区域幼儿的人数、感兴趣的内容、相互交谈的话题等进行了详细记录,发现以下几种情况:(1)人数。投放有新材料的区域幼儿人数呈稳定或增长的状态。(2)关注内容及相互交流的话题。多数幼儿对新投放的材料感兴趣;喜欢运用成品或半成品材料制造各种可发出声响的物品,体验发现不同声响的快乐,尝试使用象声词描述自己读到或听到的声音(见表7.2)。

表 7.2 新材料投放区域观察记录表

进区情况 区域名称	进区人数					关注新材料人数					关注的内容	相互交谈的话题
	周一	周二	周三	周四	周五	周一	周二	周三	周四	周五		
图书区		2	3	3	4	1	2	3	3		1. 对有声音的画面感兴趣 2. 尝试使用象声词描述自己读到或听到的声音	话题1：看看，这本书好好玩，吃进去，肚子越来越大，"砰砰"，太大了，爆炸了 话题2：这本书里介绍了好多动物，你听我的声音学得像不像？
表演区		5	6	5	7	3	4	4	4		1. 喜欢用乐器制造出不同的声音 2. 胡乱敲击，并假装一边敲击一边唱歌	话题1：看，这个能敲出声音来，你拿一个试试 话题2：来，我们边敲边唱歌
科学区		3	6	7	6	2	4	6	6		1. 对空瓶子里装入不同东西后发出的声音表示好奇 2. 能根据装入东西的多少辨识声音的不同	话题：听，我这个有声音了，你使劲摇，声音好大。
美工区		3	2	4	3	1	1	3	2		1. 对制作的可发出声响的物品非常感兴趣 2. 尝试用绳子串接的方式制作风铃	话题：看，我做的风铃

跟进调整：

基于孩子的兴趣，我们做了以下调整。调整一：在原有基本区域（美工区、图书区、娃娃家、积木区、玩具区）的基础上调整或增设兴趣区，以满足幼儿现在的兴趣点。调整二：将孩子们感兴趣的内容与主题融合，调整为背景下区域活动的学习内容。如在晨间活动时间，利用回放孩子们在学习区内探索新材料的照片和视频，让孩子们说说他们用这些材料做了什么，发现了什么，接下来还想干什么？在孩子们充分表达自己的想法和发现后，教师提出想增设区域的建议。调整三：在原有的玩具区空间上层增设了科学区；在娃娃家的旁边，增设表演区；在美工区和图书区里分别设置一个小区域，并和孩子们一起为这些小的区域命名。如美工区的"丁零零加工厂"、表演区的"嗒嗒响小舞台"、图书区的"哗啦啦听赏区"。小区域的增设，既能激发幼儿的探索欲望，又能很好地体现主题教育的内容和教育价值，更好地支持和满足幼儿在主题活动中的发展需要。

二、追随需求点，适宜调整材料

活动案例2：美工区的变化

美工区内，刚开始的时候，孩子们对丁零零加工厂的材料还比较感兴趣，通常利用提供的铃铛和各种颜色的软绳，将铃铛穿成串做成风铃。一周以后，孩子的兴趣减小了，进入美工区制作风铃的孩子也少了，而且在制作中没有新的想法和创意。

解读分析：

儿童的兴趣各异，他们需要各种各样的材料来进行游戏和学习。丁零零加工厂只投放了各种大小、颜色不同的铃铛与软绳，材料的品种和功能单一，已经不能满足幼儿的需求，不能很好地帮助幼儿运用这些材料来促进关键经验的发展。

跟进调整：

（1）投放开放性材料，满足幼儿发展需求。开放性材料没有特定性功能，能为幼儿提供无限的使用方法，能够满足幼儿不同的兴趣和发展需要。我们经过观察和分析，在丁零零加工厂内投放了充足、丰富的开放性材料（见表7.3）。我们利用计划时间，向孩子们简单介绍这些投放的新材料，鼓励计划进入美工区的孩子说出使用这些新材料的想法；工作时间，我们支持幼儿积极探索，大胆使用新材料；回顾时间，及时肯定孩子的新点子，以激发幼儿使用新材料进行想象和创造的兴趣，帮助幼儿建构新的经验，满足幼儿开展探索、建构等游戏的需要。

表7.3 丁零零加工厂新增材料清单

种类	材料	数量	备注
工具	夹子、打孔机、压花器	满足3~5名幼儿同时使用	注意工具的安全；收集的材料卫生、安全
	剪刀、胶水、胶棒、双面胶		
材料	大小、颜色不同的铃铛；各类线绳，如鱼线、毛线、细铁丝、胶线；扭扭棒	若干	
	各种废旧材料：扣子、串珠、回形针、吸管、纸盘、小玻璃瓶、卷纸筒、木片、纸杯、钻孔的瓶盖、钻孔的贝壳、小石子		
	彩笔、橡皮泥、油画棒、彩纸		

（2）创设支架性立体环境，推进幼儿游戏发展。通过在丁零零加工厂所在区域的墙面上展示各式各样的风铃成品图片、幼儿制作风铃的过程的照片以及幼儿自制的风铃作品，引导幼儿模仿同伴、向同伴学习，激发幼儿的创作兴趣，促进活动开展。

通过调整，我们发现每一样材料都发挥了神奇的作用，激发了幼儿的想象与创造，许多精彩的作品也应运而生。如用压花器压出不同纹样，对风铃进行细节装饰；利用软铁丝变形的特性，制作了可送到表演区进行表演的串铃；将纸杯或纸盘变成了悬挂风铃的托盘；甚至还创造性地制作出可发出声响的装饰头环、手环等。每一次回顾环节，进入美工区的幼儿都争先恐后地分享自己的作品，而幼儿制作风铃的兴趣一直持续到学期结束。

三、深化发展点，调整鹰架行为

活动案例3：豆子的舞蹈

早上开始制订活动区计划时，兮兮就想在科学区玩投放豆子材料，然后听听它们是不是能发出不同的声响。活动一开始，兮兮就来到科学区，先看了看架子上不同的豆子材料和不同的容器（如塑料瓶、铁盒），然后打开铁盒，开始往铁盒里放大白豆。兮兮一边放一边听豆子砸在铁盒里发出的声音，快要装满时，兮兮盖上铁盒盖，用劲地摇了起来。兮兮一边摇一边说："老师你听，'轰轰'的声音，好像打雷呀！"接下来，兮兮将大白豆倒出来，又把绿豆放进了铁盒里，小心地盖上了盖子，又摇了起来。兮兮激动地说："老师，这次是'哗哗哗'的声音，像海浪声呢。"然后，兮兮又将米放进铁盒里，大声地跟老师说："老师老师，听，'沙沙沙'的声音，像下雨一样。"

解读分析：

在科学探究中，小班幼儿开始仔细观察自己感兴趣的事物，能用多种感官或动作去探索物体，并关注动作所产生的结果，发现其明显特征。我们在观察中发现，兮兮已经能熟练地使用不同材料探索制造出不同的声音，并能用象声词描述听到的不同声音，甚至能将其与生活中的自然声音进行联系。而在日常的观察中我们也发现，孩子们喜欢用涂涂画画来表达一定的意思。

跟进调整：

材料鹰架，推动幼儿学习。情境再现：当第二天兮兮走进活动区继续用不同材料玩声音的游戏时，教师在科学区投放了记录纸和记录笔，并坐在兮兮的旁边，将兮兮说出的不同声音用符号记录了下来。兮兮问："老师，你在做什么？"老师："我听见你说的那些声音，我就把它画下来了。"兮兮："我也要画。"老师："好吧。"在回顾时间，兮兮借助记录表，向同伴介绍了自己在科学区的发现。而在接下来的科学区和音乐区里，孩子们已经开始尝试用记录表记录自己对声音的不同发现。

这样的材料鹰架，帮助小班幼儿从用多种感官或动作去探索物体的核心经验，顺利过渡到用自己喜欢的符号或图画记录自己发现或收集到的信息，有效地促进了幼儿的发展。

活动案例4：爱玩打击乐器的丁丁

区域活动时间，丁丁自主计划进入表演区去玩打击乐器。活动中，丁丁选择了门铃和扬琴。她先敲打了扬琴，然后又拍打门铃。在区域活动的前10分钟，丁丁在表演区里一共换了6次打击乐器。

解读分析：

丁丁喜欢玩不同质地的打击乐器，并对打击乐器发出的声音非常感兴趣，但缺乏演奏经验。从观察及幼儿回顾情况来看，幼儿这种状况非常普遍。

跟进调整：

活动鹰架，建构幼儿新的经验。我们决定根据幼儿需要及主题活动内容，开展小组活动——"打击乐'大猫小猫'"。在熟悉歌曲的基础上，利用图谱教学的方式让幼儿理解两段乐句中强弱的力度差异，掌握最基本的打击乐器（碰铃和铃鼓）的演奏方法，探索用打击乐器表现动作幅度大小与声音力度强弱之间的关系。活动后，我们将"大猫小猫"的音乐图谱投放在表演区，并去掉了多余的打击乐器，只提供了数量充足的碰铃、铃鼓和扬琴，以便帮助孩子们运用已有经验进行打击乐演奏。当然，随着活动的推进，我们逐渐增加新的打击乐器。从固定乐器的图谱到动态的以及后期的简谱图谱，幼儿可自主换取打击乐器的音乐图谱。这些调整有助于幼儿从熟悉打击乐器的演奏方法到学习用打击乐器展现音色、音量表现力的核心经验的发展。

　　总之，在区域活动设计与实施中，只有基于幼儿立场，才能真正地做到研究儿童、发现儿童、引领儿童，促进幼儿核心经验的发展。我们以小班"声响大聚会"主题活动为例，进行了"立三点、做三调"的尝试，把"基于儿童立场"这个点挖深、做实，支持幼儿主动学习，促进幼儿全面发展。

第八章　幼儿园区域活动的评价

玩着玩着就会了
——大班区域活动结束时教师集体评价策略

重庆市北碚区澄江镇幼儿园　　欧隆芳

幼儿园区域活动中，教师常常采用多种形式的评价，比如小组式评价或集体评价、家长评价、同伴评价和教师评价，按照不同的标准，可以对评价进行不同的分类。恰当地使用不同的评价方式，能有效地推动幼儿园区域活动。

一般来讲，区域活动中的集体评价常常在活动开始前和活动后进行。活动开始前，集体评价帮助幼儿掌握一些游戏规则，并回顾上次游戏得失，提出本次区域活动要求。活动后的集体评价，是师幼共同分析错误经验、寻找正确经验，以及分享成功体验的过程，也是教师帮助幼儿迁移、整理和提升经验的过程。大班幼儿的自我意识强，有一定的分析判断能力，那么，大班区域活动结束时教师集体评价的有效策略有哪些呢？

策略一：在等待中幼儿自我评价，提炼经验

【案例】

在大班的一次美术区角活动中，教师第一次尝试让幼儿自己探索对折剪的方法。活动前，教师没有告诉幼儿剪的方法，只是出示剪好的作品，并简单示范了一下对折方法。活动中，有的幼儿用对折剪的方法，可剪出来的蝴蝶是断的。教师仍然没有讲方法，只是提供纸张，让幼儿多次尝试。有的幼儿在自我探索中很快掌握了对称剪纸的方法，剪出了蝴蝶、小兔子等。

集体评价时，教师抛出一个问题："美工区小朋友今天接受了一项新的任务，有没有新的发现？"

鹏鹏拿着自己的作品，站到前面来，说："我剪了一只蝴蝶，我是用这种方法剪的。"鹏鹏说完按自己的想法比画了一番。

教师问："你只剪了一次就剪出蝴蝶了？"

鹏鹏说："没有，一开始我剪断了。"

教师："怎么样才能不剪断？你拿一张纸示范一下。"

鹏鹏拿了一张纸，先折好，然后说："要让下边不断，剪上面就可以了。"

教师："下边是哪一边？对折处，还是打开的地方？"

鹏鹏说："下边不剪。"老师问了两次相同的问题，可鹏鹏还是只说出了"下边"。

"大家帮鹏鹏说说，下边是指对折的一边，还是打开的一边？"

"对折的一边。"幼儿异口同声地说。

区域活动是幼儿的一种自主的活动，在活动中要充分相信幼儿，给幼儿探索的时间与空间。最好的指导就是不指导，或者隐形指导。如何指导，的确是一门艺术。这个活动中，教师自始至终只是提供材料，默默地观察，并未对幼儿的操作提出任何要求，让幼儿在试误中操作、观察、总结。教师把指导放在了结束部分的集体评价环节，让幼儿分享失败和成功经验。案例中，鹏鹏尝试多次，都无法准确表达，但多数幼儿已经知道了正确剪法。在欢快的氛围中，幼儿获得的新经验不是一个人的经验，一个幼儿的经验成了全体幼儿的经验。这样的评价为幼儿以后的平行学习提供机会经验。大班幼儿已经基本能对自我和他人的行为进行评价与判断，教师就应放手让幼儿自我评价，在自我评价中提炼经验。

策略二：在讨论中幼儿相互评价，提取经验

【案例】

大班区域活动结束后，教师问："你们发现了什么问题？"

幼儿纷纷举手。

"你来说。"

幼儿甲答："我发现有很多孩子进到别的区，秩序很乱。"

教师接着问："怎么会乱呢？我们怎样才能做到不乱？"

幼儿乙答："交警犯规了。我发现交警离开了他的岗位。那些人都不排队，所以挤到了我们那里。"

幼儿丙答："我也发现××离开了自己的岗位。"

"你们认为交警能否离开自己的岗位？"教师问。

"不能。"

"不能乱跑，乱糟糟的。"

"开车的会乱开。"

"有人闯红灯了。"

幼儿七嘴八舌地议论开了。

教师看着扮演交警的小朋友说："游戏期间，你两次离开自己的岗位，这是不对的。我看到有的小朋友在开车过程中没有遵守交通规则，不看行驶标志乱开，这是不对的；我也看到交警罚了离开岗位的人的款，这是好的做法。"

教师在评价环节采用了幼儿讨论互评的方式。对案例中交警这一角色的评价不是教师说了算，而是由幼儿讨论决定的。显然，幼儿在评价别人时首先看到的是缺点，大班幼儿常常会"暴露"他人的缺点。日常区域活动中，我们也发现有类似的语言，如"我发现有人抢我们的鼓，我们就不干。""我发现有人拿我们吹头发的吹风机来玩。""我发现有人买东西不排队，偏要挤。"这时，教师用疑问的方式，引导幼儿讨论，幼儿在互评中获取有益经验。大班幼儿有讨论的经验与能力，教师只需稍加点拨即可。讨论式评价有助于教师了解幼儿在游戏中的真实情况，提高教师对游戏活动指导的针对性。这样的做法是值得肯定与学习的。

当然，该案例中教师组织幼儿讨论中也有两处欠缺的地方。一是问题设置不单一，幼儿回答易跑题。二是当教师一再引导幼儿讨论，但幼儿还是在"检举"他人，教师就自己直接讲述交警做得好的地方，教师直接说出答案，这样幼儿的记忆不会深刻，而且也可能打击扮演交警的小朋友的积极性。教师应该继续从正面引导幼儿讨论，比如，教师可说："交警有些做法不对，那有没有哪个小朋友发现交警做得好的地方？"或者直接问："有没有谁被交警罚过款的？为什么被罚款？"通过这样的提问继续让幼儿相互评价，学习正确地判断。同时让幼儿知道，我们在看到他人不足的时候，也要看到他人的长处，学会向他人学习。

策略三：在直接肯定中唤起记忆，迁移经验

【案例】

集中评价环节，教师发现幼儿一直没有谈到银行活动区和商店的区别。教师说："今天我看到两个小朋友，就是取钱的两个小朋友，他们输入的数字都没错，这很棒。我们为他们鼓掌吧。"

幼儿鼓掌后教师继续说："有的小朋友每次取钱金额很少，比如只取5块钱，但有的地方一次消费就需要5块钱，所以一次性就花掉了。我们要学会节省，但也要学会如何合理消费。我们要去哪些地方，需要多少钱，就取多少钱，这样才不会浪费时间，对不对？我希望下次角色游戏大家玩得更开心。"

"我发现一个问题，有一个小朋友买标价200元的商品，他拿两张100元的钱去购买，可以吗？"教师夸奖幼儿后提出一个问题。

"可以，可以，当然可以。""两张100元，一共就是200元，这个我知道。"有幼儿回答道。

"两张100元可以。4张50元可不可以？"

"可以。"有的幼儿快速回答，有的幼儿睁大眼睛欲言又止。

教师说："对呀，只要加起来总数是200就可以了。你们用了多少钱去买商品的？怎么买的？"

……

在集中评价时，大家常常会先评价最感兴趣的、活动量大的、热闹的区角，而有的区角因为活动量相对较小、冷清等原因被幼儿忽视。这样对于促进幼儿全面发展是不利的。怎么让幼儿评价这些被冷落的区角活动的开展情况呢？案例中，教师首先肯定了幼儿的正确做法，充分激发了幼儿的认同感，然后提出问题让幼儿思考。幼儿努力回忆并积极应答，迁移学习经验。大班孩子虽然没学过两张100元加在一起就是200元，但由于在日常生活中会看到成人使用钱，对此也并不陌生。教师的肯定与激励，有助于幼儿数学思维的发展。教师的评价使区域活动中的"冷门"逐渐热闹起来，更多的幼儿愿意投入其中。

综上所述，在区域活动中，幼儿的学习不是一次性到位的，教师在集体评价时，要学会引导幼儿自我评价、分享评价、讨论评价，既要有旧知识，也要有新经验。教师根据幼儿在区域活动中不同的表现做出不同的反应，支持幼儿的积极行为，共同反思幼儿的不当行为，让幼儿在自我探索、模仿同伴、师幼互动、幼幼合作中共同学习。

评什么？怎么评？
——从五个镜头看结构游戏的评价环节

重庆市北碚区朝阳幼儿园　童莉娅
重庆市北碚区教师进修学院　李春雨

幼儿园结构游戏深受幼儿喜爱，能促进幼儿想象力、观察力、创造力、空间思维能力以及动手能力的发展，帮助幼儿养成专注、坚持、不怕困难、勇于探索等学习品质。结构游戏结束环节的评价起着至关重要的作用。有效的评价可以引导幼儿积极表达情感、共享快乐、共解难题、提升建构经验。教师应为幼儿提供充分表现、交流、学习的机会，激发再次活动的欲望，实现教育的增值。然而，从以下五个镜头看结构游戏的评价环节，教师的组织还存在一些问题。结构游戏评价环节到底评什么？怎么评？是我们亟待解决的问题。

一、"五个镜头"——存在问题

镜头一：一人唱戏——包

某大班大型主题建构游戏"家乡的桥"评价现场。只见教师一人不停地说："萱萱搭的吊桥对吗？""这是人行天桥。"开始孩子们还跟着老师的思路，简单地回应"是""好"……不一会儿工夫，孩子们就花样百出，有的看似认真听，眼神却已经游离；有的东倒西歪，整个评价环节就成了老师一个人的独角戏。

镜头二：面面俱到——泛

小班桌面结构游戏活动结束环节。老师说："宝贝们，今天你们玩得高兴吗？老师把你们玩的样子拍了下来！"接着，老师逐一将孩子们在活动中的照片进行展示，整整用了10分钟。

镜头三：浮于表面——浅

中班结构游戏"有趣的积木"评价环节，老师挨个点名请幼儿回答。

师：你搭了什么？

幼 A：搭了城门，我……

师：搭得真棒！

幼儿 A 正想继续表达自己的感受，可老师又问了另一名幼儿 B。

师：×××，你又搭了什么？

幼 B：……

镜头四：自由发挥——随

某中班幼儿建构技能很强。一次，教师观摩班上孩子玩雪花片搭建游戏，孩子们在搭建中运用平铺、延长、十字插、花形插等技能十分熟练，个别幼儿在排序、色彩搭配、对称上表现很棒，作品非常出彩。最后评价环节，好期待老师能利用这个环节进一步提升孩子的搭建技能和游戏水平。只见老师随意拿起身旁的一个作品说"这是×××搭的城门"，又拿起身旁另一件作品说"这是×××搭的乌龟"。其实这两件作品很一般，根本不具有代表性和针对性，由于老师评价随意，错失了这次提升孩子搭建技能的机会。

镜头五：虎头蛇尾——轻

观摩一个大班积塑游戏活动，教师引入环节精心设计，组织搭建环节教师的表现也没什么问题，但到了最后的评价环节，不知道是不是该教师觉得这个环节可有可无，或是时间不够，或是不知该如何评价，他只说了几句话："孩子们，今天我们玩了积塑结构游戏，大家都很认真，希望下次玩的时候也像今天这样，好不好？"说完便草草结束了本次活动。

二、"两点思考"——原因分析

（一）观念偏差，形式单一

案例一（镜头一）中教师在观念上有所偏差，一个人大包大揽、喋喋不休；评价方式单一局限，只有老师评价一种方式。虽然老师评价是重要的评价方式，但单一的评价、孩子无法参与的评价会让孩子失去兴趣。因为孩子们都希望把自己在搭建过程中的思考、感受、困惑表达出来，得到同伴认可以及老师的鼓励、指导。

（二）评价技术，欠缺火候

案例二（镜头二）中教师虽然对每个孩子都评价了一番，但没有围绕重点，没有解决问题，没有经验提升，缺乏针对性和时效性。

案例三（镜头三）中教师一问一答式的评价看似热闹，实则浮于表面。幼儿根本不知道老师口中的"真好，真棒"到底好在哪里，又棒在哪里。可以说，根本没有针对幼儿的反馈信息及时地追问、引领、指导，这样的评价可以说是无效的，幼儿最终一无所获。

案例四、案例五（镜头四、镜头五）中教师无任何目标意识的随意评价和"蜻蜓点水"式的草草收场，根本没有发挥评价环节的教育价值。或许教师根本就不知道该怎么去总结评价，也就只能自由发挥或虎头蛇尾了。

三、评什么？——评价内容

幼儿园结构游戏评价环节到底评什么呢？内容可围绕搭建主题、遇到的问题、解决的方法、搭建技能、合作能力、学习品质、常规习惯养成、下一次努力的方向等方面开展。当然，不是所有的结构游戏评价环节都要面面俱到，还要根据本次结构游戏的目标有所侧重；同时，评价还要根据小中大班幼儿的年龄特点和发展目标有所不同。例如小班幼儿的评价，教师要借助幼儿搭建的作品，引导他们大胆表达自己的想法；对中大班幼儿进行评价时要让他们来发表自己的看法，彼此分享经验，教师也可结合自己的观察提出有讨论价值的问题。

四、怎么评？——评价策略

（一）围绕发展目标，前呼后应

结构游戏看似自由、自主，但"形散而神不散"，每次活动都设计有发展目标，教师要牢牢把握目标，围绕实现目标、解决问题介入指导、评价总结。总结评价时教师围绕目标提问、设疑，引导幼儿总结梳理，点拨引领，都会让结构游戏的教育价值得到最大程度的发挥。

（二）把握年龄特点，投其所好

总结评价、交流分享也要根据幼儿的年龄特点，有针对性地选取评价内容和评价方式，这样才能吸引幼儿积极参与，实现总结评价环节的价值。如对年龄小一点的幼儿来说，重点围绕其习惯养成、兴趣、情感、坚持性、专注性、学习方法等进行总结评价；而对年龄大一点的幼儿，则重点围绕其解决搭建遇到的问题、积累搭建经验、创造能力、合作能力、再探索的愿望等方面进行总结评价。

（三）关注活动过程，心中有数

在总结评价环节，总有老师抱怨不知该从何开始，也不知该怎么去交流评价。出现这种情况，主要是老师在结构游戏中没有真正关注游戏过程、观察孩子的表现，才导致没有评价"素材"。因此，教师要在活动过程中留心观察，敏锐捕捉有价值的信息，做到心中有数。

（四）适时、及时介入，搭桥铺路

结束环节评价交流时，教师及时关注幼儿表现，为幼儿搭桥铺路，梳理经验，提升能力。当孩子缺乏自信时及时鼓励、肯定；当孩子无法提炼自己的经验，一直周旋在"我是怎么玩的"而不知道"为什么这样玩"时，教师要通过追问、设疑等引导幼儿说出"为什么"；当孩子的经验只停留在"点"时，教师就应该做一个"穿珠人"，将颗颗珍珠串起来，将孩子零散的经验提炼出来，当一个称职的观察者、引导者和欣赏者。

（五）善于抓住典型，积累经验

教师要有一双善于发现的眼睛，利用有限的总结评价环节点评能提升幼儿建构能力和游戏水平的典型作品，促使每一位幼儿在原有水平上有所发展。例如，中班幼儿搭建雪花片时，C小朋友非常专注地搭建自己的转椅作品，搭建技能达到了大班水平。活动结束时，教师提

问：这个转椅好看吗？哪里好看？大家思考，幼儿C在大家面前讲述了自己的搭建方法，使同伴们了解到有序地排列能使作品更漂亮，而且排列的方法可以是多种多样的。

（六）丰富评价形式，多元并存

1. 自主与全面结合

评价方式有很多，既可以全班进行、分组讨论，也可以幼儿自评、教师评价、幼儿互评等，不论何种形式的评价，都不应只侧重于结果，而应侧重于活动的过程。

2. 主角与配角相辅

我们常常在评价环节看到教师一个人唱独角戏，他们认为自己的所见、所闻、所想、所讲是最有价值的，这种方式忽视了幼儿的主体地位。那么怎样把握教师在这一环节中所扮演的角色的度呢？这就需要教师敏锐地观察和快速地分析了，什么时候该做一个旁听者、什么时候该做一个欣赏者、什么时候做一个引导者……尽可能地满足幼儿表达、表现的需求，充分体现幼儿的主体地位。

3. 多样化与多角度并存

幼儿园结构游戏，每一次的重点都会有所不同，同一个主题，每次幼儿搭建出的作品都不一样，所以，教师在总结评价环节采用的方式不能千篇一律。

（1）交流讨论。教师通过对幼儿结构游戏的观察，抓取一些有价值的内容，让孩子进行交流讨论。可以是教师直接抛出问题，也可以是幼儿自己发现问题，还可以是教师用提问、设疑等方式引导幼儿去发现问题等。比如，老师说："今天我看见你们利用纸箱搭建房子，可房子总会倒，为什么呢？"教师引导幼儿思考、找到解决的办法，让幼儿积累建构经验。

（2）鼓励肯定。教师发现幼儿在活动中的良好表现，表扬、鼓励幼儿，进而影响其他孩子，促使大家共同进步。要做到这一点，教师要非常了解幼儿的发展情况和能力水平，还要留心观察幼儿在活动中的表现，善于提炼其闪光点。切忌用同一标准衡量每个孩子，防止"一刀切"，应有针对性地进行评价，如×××交往能力有提高、×××收拾整理玩具方面有进步、×××搭建技能高、×××创造性强等。

（3）成果展示。结构游戏结束时，教师可以保留幼儿的作品，如果条件有限，教师也可以将幼儿的作品照下来保存。讲评时集中展现交流，分享方法；或让幼儿自己将探索尝试的方法和过程再次当众介绍、演示。

总之，结构游戏结束环节的有效评价，能够进一步丰富幼儿的搭建经验，激励幼儿大胆创造，获得成功感。让我们行动起来，努力发挥结构游戏的教育价值。

把好区域活动"最后一道关"
——区域活动中评价环节的问题与策略

重庆市北碚区朝阳幼儿园　童莉娅
重庆市北碚区教师进修学院　周　霞

"区域活动"是指教师根据教育的目标和幼儿的发展水平，利用活动室、寝室、走廊、门厅及室外场地，有目的地创设活动情境，投放活动材料，让幼儿按照自己的意愿和能力，以操作摆弄为主的方式进行个别化的自主学习的活动。区域活动既是幼儿园教育活动的重要组成部分，也是幼儿最喜爱的活动之一。总结评价环节是区域活动必不可少的一环，起着至关重要的作用。有效的总结评价可以引导幼儿积极表达情感、共享快乐、共解难题、积累经验。教师应为幼儿提供充分表现、交流、学习的机会，激发其再次活动的欲望。然而，教师在组织评价环节还存在一些问题，笔者总结了区域活动评价环节存在的问题，并提出了相应的指导策略。

一、案例描述

案例1：面面俱到

中班区域活动结束环节。老师说："宝贝们，今天我们玩了那么多活动区，高兴吗？老师把你们玩的情况拍了下来，我们一起来分享一下吧！"接着，老师逐一将每个区域的相片都与孩子们分享、交流，用时12分钟左右。

案例2：浮于表面

大班的区域活动结束环节。老师挨个点名请幼儿回答。

师：你在哪个区玩耍？

幼A：我在表演区玩耍。

师：你们表演了什么节目？

幼A：表演了《三只蝴蝶》。

师：真棒。（转头问另一名幼儿）你又在哪个区玩耍了？

幼B：……

教师每提一个问题都请五六个幼儿回答，几个问题下来，全班幼儿都得到了回答的机会，看似教师顾及了全部幼儿，但活动效果却不佳，我们发现，刚开始的时候，幼儿还会为某个幼儿的回答鼓掌，但随着回答人数的增加，幼儿的兴趣越来越弱，甚至不再注意听了……

案例3：自由发挥

老师："孩子们，今天玩得高兴吗？都玩了什么呀？"老师请孩子来回答，孩子七嘴八舌，老师没"插一句嘴"，这个孩子说完后，老师又请另一名幼儿分享，就这样天南海北地说，有的孩子都说到周末爸爸妈妈带他玩的事情上去了，可老师都没"拉"一把。

案例4：虎头蛇尾

观摩某中班幼儿的区域活动，教师精心设计引入环节，中间环节教师的设计也没什么问题，可到了最后的评价环节，不知道是该教师觉得这个环节可有可无，还是不知该如何评价，老师只说了几句话："孩子们，今天我们玩了5个活动区，大家都很认真，希望下次玩的时候也像今天这样，好不好？"我还以为该教师会罗列几个好的典型重点评价，没想到她草草地就结束了本次区域活动。

案例5：独角戏

某大班区域活动评价环节中，教师不停地说，刚开始幼儿还能跟着教师的思路简单回应，但一会儿注意力就分散了，有的眼神游离，有的东倒西歪，有的与旁边的幼儿窃窃私语，评价交流变成了教师的独角戏。

二、案例分析

案例1中，教师虽然分享了所有区域的情况，但却没有重点，没有经验提升，缺乏针对性和时效性。

案例 2 中，教师一问一答式地评价看似十分热闹，但却浮于表面，幼儿不知道教师口中的"真好""真棒"到底是好在哪里。这样的总结评价没有针对性，幼儿不能获得有效经验，且无法集中注意力。

案例 3 中，教师缺乏目标意识，让孩子"自由发挥"，过分强调幼儿的主体地位，忽视教师的引导作用，削弱了评价交流环节的教育功能。

案例 4 中，由于教师没有合理地分配好区域活动的时间，前面环节用时太多，导致最后的评价环节草草收场，没有体现评价环节的教育价值，也没有展现教师的评价能力。

案例 5 中，教师缺乏与幼儿的互动，并且喋喋不休，没有顾及幼儿的情绪。

评价环节之所以出现上述问题，根本原因是教师对评价环节的认识和理解不准确、不透彻，没有明确评价的重要作用，而且教师在评价环节中以集体评价、个别评价为主，形式、方法单一局限，未能很好地激发幼儿大胆表达，制约了幼儿的发展。在每天的区域活动中，活动内容和活动重点都是不同的，每个幼儿在不同区域活动中的表现也是不同的，所以，教师在评价环节采用的评价方式也不能千篇一律。

三、改进策略

1. 围绕幼儿发展目标进行评价

区域活动看似自由、自主、分散，但"形散而神不散"，每次开展区域活动前都应设计幼儿发展目标，教师要牢牢把握目标，秉着实现目标、解决问题的态度去指导、评价，总结评价时，教师应围绕幼儿发展目标提问，引导幼儿总结梳理。教师的点拨引领会让区域活动的教育价值得到最大限度的发挥。

2. 把握幼儿的年龄特点

总结评价、交流分享也要根据幼儿的年龄特点，有针对性地选取评价内容和评价方式，才能吸引幼儿积极参与，实现总结评价环节的价值。

3. 把握教师的角色，体现幼儿的主体地位

在评价环节，经常出现教师"一言堂"的情况，幼儿的主体地位得不到体现。教师要清楚地知道自己什么时候该做一个旁听者，什么时候该做一个欣赏者，什么时候该做一个引导者，把握好自己在评价环节中所扮演的角色，尽可能地满足幼儿表达、表现的需要。

4. 结合幼儿的活动过程进行评价

在评价环节，总有教师觉得不知该从哪里开始总结，也不知该怎么去评价幼儿。究其原因，教师没有真正关注区域活动的过程，导致没有评价"素材"。教师在区域活动开展的过程中留心观察，借助记录表、照相机、数码摄像机等敏锐捕捉有价值的信息。评价时教师可以表扬、鼓励幼儿，可以组织大家讨论幼儿的某些不良行为，可以结合幼儿的认知发展水平分析其对区域规则的遵守情况等。

5. 及时介入，适时引导

在评价环节中，教师应在熟悉幼儿的发展情况和能力水平的基础上，及时结合幼儿的表现进行评价。当幼儿缺乏自信时及时鼓励、肯定；当幼儿无法提炼经验，只知道"我是怎么玩的"而不知道"为什么这样玩"时，教师要通过追问、设疑等方式引导幼儿说出"为什么"；当孩子的经验十分零散，无法连贯地表达时，教师就需要做一个"穿珠人"，将孩子零散的经验提炼出来。教师不仅在区域活动中要做一个称职的观察者，在评价环节也要做好引导者。

6. 捕捉个体差异，有针对性地进行评价

在评价环节，教师还应注意顾及不同幼儿的经验水平，引发他们进一步探索，使幼儿在原有水平上有所发展。切忌用同一标准衡量每个幼儿，防止"一刀切"，应有针对性地进行评价。

7. 捕捉幼儿的提出成果进行展示

教师在活动中发现某幼儿有创新的作品或有创新的玩法，讲评时可集中展现交流，分享成果；或让幼儿自己介绍操作的方法和过程。这种评价方式适用于美工区、建构区和科学区等。如美工区中，擅长美工的玉玉用各种图案的贴纸装饰盘子，她把不同贴纸沿着盘子边缘有规律地贴好。教师发现了玉玉的作品，活动结束时，教师提问："这个漂亮的盘子与其他盘子有什么不同？"其他幼儿纷纷表示玉玉的盘子特别漂亮，教师请玉玉在大家面前讲述自己用了哪些装饰方法，并解释了贴纸是按照什么顺序依次贴好的。很多幼儿都知道了其中的窍门，原来将贴纸有序排列能使作品更漂亮，而且排列的方式也有很多。教师继续引导："玉玉的装饰方法很好，大家可以像玉玉学习。玉玉，你还有其他的装饰方法吗？"在第二次区域活动中，玉玉兴致勃勃地继续探索装饰盘子的新方法，甚至开始尝试用颜料和贴纸配合装饰的方式。而其他能力强的幼儿在教师的引导下，也开始尝试用不同的方法装饰盘子。能力较弱的幼儿则模仿玉玉之前的方法进行操作。教师通过观察，敏锐地发现玉玉的美工能力突出，并通过玉玉的作品，生发了第二次活动。

8. 多元评价方式相结合

评价方式有很多，教师可以就观察、发现的问题组织全班幼儿讨论或分组讨论。如教师提问："今天美发区的顾客好像不是很高兴，是怎么回事啊？"教师由此引导幼儿讨论美发区各个角色应该做什么，该怎么做等。教师可以让幼儿提出自己在活动中遇到的问题，为幼儿指点迷津，甚至可以让幼儿之间互相评价。幼儿可通过这些方式充分地、大胆地表述自己的想法和见解，并总结出大家较认同的学习方法，积累经验。需要注意的是，教师不论采取何种评价形式，都不应只侧重于结果，而应侧重于幼儿在活动过程中获得的经验。

参考文献

[1] 刘焱. 儿童游戏通论[M]. 北京：北京师范大学出版社，2004.

[2] 冯晓霞. 幼儿园课程[M]. 北京：北京师范大学出版社，2000.

[3] 杨彦. 幼儿园区域活动环境的创设与指导[M]. 南宁：广西人民出版社，2008.

[4] 徐萍. 幼儿园区角活动[M]. 福州：福建教育出版社，2009.

[5] 傅建明，虞伟庚. 学前教育原理[M]. 上海：复旦大学出版社，2016.

[6] 朱凯利，冯国荣. 幼儿园教育活动设计与指导[M]. 西安：陕西师范大学出版社，2014.

[7] 杨梅. 自主、探索、合作——幼儿园区域创设及活动开展实践方案[M]. 上海：华东师范大学出版社，2016.

[8] 线亚威，李云翔. 幼儿园活动区课程实施指南[M]. 北京：高等教育出版社，2011.

[9] 董旭花，韩冰川. 小区域，大学问——幼儿园区域环境创设与活动指导[M]. 北京：中国轻工业出版社，2014.

[10] 吴邵萍. 幼儿园开放性区域活动指导（5~6岁）[M]. 北京：教育科学出版社，2015.

[11] 伍香平. 幼儿园区域活动新思考[M]. 武汉：长江出版社，2014.

[12] 杨旭，龙耀明. 幼儿园区域活动材料投放及指导[M]. 长沙：湖南大学出版社，2014.

[13] 沈娟. "玩中学、做中乐"——幼儿园区域活动的特点和价值[J]. 湖北科技学院学报，2013，33（11）．

[14] 梁冬冬. 区域活动与幼儿社会性发展的关系[J]. 课程教育研究（学法教法研究），2016（6）．

[15] 陈颖. 儿童本位：区域活动开展的基石[J]. 中学课程辅导（教师教育），2015（7）．

[16] 邵靖. 有效区域材料投放，培养幼儿创新能力[J]. 上海教育科研，2011（8）．

[17] 张莉. 如何有效组织区域活动[J]. 教育教学论坛，2013（33）．

[18] 黄俐. 当前幼儿园区域活动开展中存在的问题及解决策略[J]. 学前教育研究，2014（4）．

[19] 赵利杰，孙敬. 幼儿园区域活动中存在的问题及对策[J]. 才智，2011（3）．

[20] 顾丽梅. 幼儿园区域活动：问题及发展趋势[J]. 教育探索，2016（5）．

[21] 孙延永，朱佳佳. 幼儿园区域活动存在的问题及对策[J]. 集宁师范学院学报，2017（1）．

[22] 向建秋. 幼儿园区域活动中存在的问题及对策初探[J]. 成都大学学报（教育科学版），2008，22（5）．

[23] 张亚妮，程秀兰. 基于"学习故事"的行动研究对幼儿园教师实践智慧生成与发展的影响[J]. 学前教育研究，2016（6）．

[24] 周丽妍. 创新区域活动模式，开展特色区域活动：创造性开展区域活动的实践与探索[J]. 吉林教育，2014（21）．

[25] 杨冬兰. 浅谈幼儿园区域活动的材料投放[J]. 教育，2017（12）．

[26] 黄进. 幼儿园区域活动的来源与挑战[J]. 学前教育研究，2014（10）．

[27] 周小红. 关注区域活动的层次性，让环境材料推进游戏发展[J]. 新课程（小学版），2016（10）．

[28] 刘志清. 不同年龄班幼儿区域活动的特点及指导策略[J]. 学前课程研究，2007（4）.

[29] 杨京珊，李红霞. 幼儿园区域活动材料投放存在的问题及对策研究[J]. 铜仁学院学报，2013，15（B7）.

[30] 韩茜. 运用游戏材料的投放提高幼儿园过程性教育质量[J]. 开封教育学院学报，2015，35（12）.

[31] 管小花. 提高幼儿园区域活动材料投放的有效性[J]. 教育观察（下半月），2017，6（12）.

[32] 葛春晖. 试论幼儿园区域活动材料的投放[J]. 学周刊，2011（28）.

[33] 谢小彬. 合理投放材料，有效推进幼儿园区域活动[J]. 科教文汇，2016（9）.

[34] 吴山红. 幼儿园区域活动材料有效投放的策略[J]. 教育探究，2016，12（2）.

[35] 许茹. 区域体育活动中材料投放浅议[J]. 教育导刊（下半月），2014（8）.

[36] 朱正芳，蒲敏燕. 依托田野的园所构想[J]. 早期教育（教师版），2015（11）.

[37] 朱颖. 幼儿园区域活动中差异性教学研究[D]. 济南：山东师范大学，2013.

[38] 彭敏. 幼儿园区域活动的个案研究[D]. 西安：陕西师范大学，2015.

[39] 盛于蓝. 福禄贝尔"恩物"与蒙台梭利"教具"的比较研究[D]. 金华：浙江师范大学，2011.

[40] 黄玉娇. 材料结构及投放方式对幼儿创造性想象的影响研究[D]. 重庆：西南大学，2014.

[41] 邓双. 示范性幼儿园区域活动材料投放与指导的有效性研究[D]. 长沙：湖南师范大学，2012.

[42] 李丹丹. 幼儿园小班美工区物质材料投放存在的问题及对策研究[D]. 大连：辽宁师范大学，2015.

[43] 孙卫丽. 中班区域活动中教师评价行为研究[D]. 青岛：青岛大学，2013.